Beltz Taschenbuch 28

W0095093

Über dieses Buch:
Bei seinem Erscheinen vor 100 Jahren in Schweden ein völliger
Mißerfolg – vernichtend kritisiert und unbeachtet geblieben –,
hatte Ellen Keys Buch kurz darauf in Deutschland eine überwältigende Resonanz und wurde geradezu ein Kultbuch der deutschen
Reformpädagogischen Bewegung. Die Botschaft war prägnant und
herausfordernd: Die »Heiligkeit« und die »Majestät« des Kindes
fordern gebieterisch, mit den »Seelenmorden« in den Schulen und
mit anderen pädagogischen und gesellschaftlichen Verbrechen an
Kindern ein Ende zu machen und der jungen Generation Raum zu
geben für ein glückliches Leben und ihre Entfaltung zu »starken,
genialen Persönlichkeiten« für eine »neue Gesellschaft«. Erziehungsreform, Schulreform, Gesellschaftsreform sollten in einen en-
gen Wechselwirkungszusammenhang treten.
Damit traf Ellen Key präzise die Gemeinsamkeit der deutschen
Reformbewegungen um die Jahrhundertwende und in der Zeit
nach dem Ersten Weltkrieg. Die Botschaften von Rousseau und
Pestalozzi – der »Natur« zu ihrem Recht zu verhelfen und ihre Humanisierung durch liebevolle Zuwendung zu befördern – erfuhren
eine emphatische optimistische Steigerung, gestützt durch scharfe
Schul-, Kultur- und Gesellschaftskritik, aber auch durch die Forderung einer an Eugenik orientierten Familien- und Sozialpolitik.
Die »Pädagogik vom Kinde aus«, die Pädagogik des »Wachsen-
Lassens«, der Reifeprozesse in der »Ordnung der Natur« hat nichts
von ihrer Faszination eingebüßt, und sie erinnert auch nach 100
Jahren mit unveränderter Aktualität an die unerledigte Aufgabe,
den Kindern zu ihren Menschenrechten zu verhelfen.

Die Autorin:
Die Schwedin Ellen Key (1849–1926) erfuhr eine strenge Erziehung im Elternhaus, erhielt Privatunterricht, wurde Journalistin
und Mitarbeiterin ihres liberal-sozialpolitisch engagierten Vaters.
Sie unterrichtete als (autodidaktische) Lehrerin an einer Mädchenschule, am Stockholmer »Arbeiterinstitut«, in Arbeiterinnen-Bil-
dungskursen. Ihre Essay-Bände und ihre ausgedehnten Vortrags-
reisen machten sie zu einer in ganz Europa bekannten und
anerkannten Frauenrechtlerin. Ihr Eintreten für entschiedene
Schulreform brachte sie in Kontakt mit den Gründern der Lander-
ziehungsheime und Freien Schulgemeinden.

Ellen Key

Das Jahrhundert des Kindes

Studien

Aus dem Schwedischen
von Francis Maro

Neu herausgegeben mit einem
Nachwort von Ulrich Herrmann

Die Originalausgabe in der autorisierten Übertragung
von Francis Maro erschien im S. Fischer Verlag,
Berlin (34.–36. Auflage 1926). Wir danken dem
S. Fischer Verlag, Frankfurt/Main, für die
freundliche Nachdruckerlaubnis.

Besuchen Sie uns im Internet:
http://www.beltz.de

Beltz Taschenbuch 28
2000 Weinheim und Basel

Unveränderter Nachdruck
der Ausgabe Weinheim und Basel 1992

© 1991 Beltz Verlag, Weinheim und Basel
Umschlaggestaltung: Federico Luci, Köln
Umschlagphotographie: Staffan Key-Rasmussen

Druck und Bindung: Druckhaus Beltz, Hemsbach
Printed in Germany

ISBN 3-407-22028-6

Inhalt

ELLEN KEY

Das
Jahrhundert
des Kindes

Studien

Autorisierte Uebertragung
von FRANCIS MARO

Berlin 1902
S. Fischer, Verlag

Allen Eltern,

die hoffen, im neuen Jahrhundert
den neuen Menschen zu bilden.

I.
Das Recht des Kindes, seine Eltern zu wählen

Eurer *Kinder Land* sollt ihr lieben: diese Liebe sei euer neuer Adel, – das unentdeckte, im fernsten Meere! Nach ihm heiße ich eure Segel suchen und suchen!

An euren Kindern sollt ihr *gut machen*, daß ihr eurer Väter Kinder seid: alles Vergangene sollt ihr so erlösen! Diese neue Tafel stelle ich über euch!

Also sprach Zarathustra.

Alle, die, von wehmütigen Erinnerungen oder bebenden Hoffnungen erfüllt, der Jahrhundertwende harrten und bei dem Glockenklang des Zwölfschlages unzählige unbestimmte Ahnungen in die Welt hinaussandten, sie fühlten, daß das neue Jahrhundert ihnen selbst mit Gewißheit nur eines geben würde, Ruhe; daß die jetzt Wirkenden nicht mehr Zeuge der Entwicklung sein würden, deren Bahn die Richtung zu geben sie bewußt oder unbewußt das ihre beitragen.*

Die Ereignisse um die Jahrhundertwende veranlaßten eine Zeichnung des neuen Jahrhunderts als eines nackten Kindleins, das sich zur Erde hinabsenkt – aber sich erschrocken zurückzieht bei dem Anblick des mit Waffen gespickten Balles, auf dem für die neue Zeit nicht ein Zoll breit Boden frei ist, den Fuß darauf zu setzen! Die vielen, die über den Sachverhalt nachdachten, den das Bild veranschaulichte: wie auf den ökonomischen und den kriegerischen Schlachtfeldern alle niedrigen Leidenschaften des Menschen noch entfesselt werden; wie es der ganzen ungeheuren Kulturentwicklung des verflossenen Jahrhunderts noch nicht gelungen ist, dem Kampfe ums Dasein edlere Formen zu verleihen – sie haben ganz gewiß auf ihre Frage, warum dem noch so ist, sehr verschiedene Antworten gefunden. Einige begnügen sich damit, überlegen zu erklären, daß es so, wie es ist, bleiben müsse, da die menschliche Natur dieselbe bleibe; da der Hunger, die Fortpflanzung und das Verlangen nach Geld und Macht immer den Weltverlauf beherrschen würden. Andere wieder sind

---

* Dieses Buch erschien in Schweden – wo der Anbruch des neuen Jahrhunderts am Sylvesterabend 1899 gefeiert wurde – im Dezember 1900, wird aber erst jetzt und in etwas gekürzter Form meinem deutschen Leserkreis übergeben. Stockholm, Februar 1902.

Ellen Key

11

überzeugt, daß, wenn die Lehre, die durch 1900 Jahre vergeblich versucht hat, diesen Verlauf umzuwandeln, einmal eine lebendige Wirklichkeit in den Seelen der Menschen würde, die Schwerter zu Pflugscharen umgeschmiedet werden würden.

Ich hingegen bin überzeugt, daß alles nur in dem Maße anders wird, in dem die Menschennatur sich umwandelt, und daß diese Umwandlung sich vollziehen wird, nicht wenn die ganze Menschheit christlich wird, sondern wenn die ganze Menschheit zu dem Bewußtsein von der »Heiligkeit der Generation« erwacht. Dieses Bewußtsein wird das neue Geschlecht, seine Entstehung, seine Pflege, seine Erziehung zu der zentralen Gesellschaftsaufgabe machen, um die alle Sitten und Gesetze, alle gesellschaftlichen Einrichtungen sich gruppieren werden; zu dem Gesichtspunkt, aus dem man alle anderen Fragen beurteilen, alle anderen Entschlüsse fassen wird. Bis jetzt erfährt man bloß in Schulreden und pädagogischen Abhandlungen, daß die Erziehung der Jugend die höchste Angelegenheit des Volkes ist; in Wirklichkeit werden sowohl in der Familie wie in den Schulen und im Staate ganz andere Werte in den Vordergrund gestellt.

Denn die neue Anschauung von der »Heiligkeit der Generation« erhält die Menschheit nicht eher, als bis sie in vollem Ernst die christliche Lebensanschauung verlassen und die angenommen hat, die auch vor Jahrtausenden geboren ward, aber deren Siege erst das soeben vollendete Jahrhundert geschaut hat.

Der Entwicklungsgedanke wirft nicht nur Licht auf einen hinter uns liegenden, durch Millionen von Jahren fortgesetzten Verlauf, dessen schließlicher Höhepunkt der Mensch ist. Er erhellt auch den Weg, den wir zu wandern haben: er zeigt uns, daß wir physisch und psychisch noch immer im Werden begriffen sind. Während der Mensch früher als eine physisch und psychisch unverrückbare Erscheinung betrachtet wurde, die zwar in ihrer Art vervollkommnet, aber nicht umgestaltet werden könne, weiß man nun, daß er imstande ist, sich zu erneuern; anstatt eines gefallenen Menschen sieht man einen unvollendeten, aus dem durch unzählige Modifikationen in einem unendlichen Zeitraum ein neues Wesen werden kann. Beinahe jeder Tag bringt neue Kunde von bisher ungeahnten

Möglichkeiten erweiterter physischer oder psychischer Macht, engerer Wechselwirkung zwischen der Innen- und der Außenwelt, der Überwindung von Krankheiten, der Verlängerung des Lebens und der Jugend, des Eindringens in die Gesetze der physischen und psychischen Entstehung. Man spricht sogar davon, unheilbar Blinden eine neue Art Sehvermögen zu geben, Tote ins Leben zurückrufen zu können – all das und vieles andere freilich noch bloß dem Gebiet der Hypothese angehörig, den Möglichkeitsberechnungen der psychischen und physischen Forschung. Aber man sieht doch schon genügend große Ansätze, um zu zeigen, daß die Umwandlungen, die der Mensch durchgemacht hat, bevor er zum Menschen wurde, weit davon entfernt sind, das letzte Wort seiner Genesis zu sein. Wer heute erklärt, daß »die Menschennatur sich immer gleich bleibt« – d.h. so, wie sie sich in den ärmlichen Jahrtausenden gezeigt, in denen unser Geschlecht sich seiner selbst bewußt war –, verrät dadurch, daß er auf derselben Höhe der Reflexion steht wie z.B. ein Ichthyosaurus der Juraperiode, der vermutlich auch nicht den Menschen als eine Zukunftsmöglichkeit ahnte!

Wer hingegen weiß, daß der Mensch unter unablässigen Umgestaltungen das geworden, was er nun ist, sieht auch die Möglichkeit ein, seine zukünftige Entwicklung in solcher Weise zu beeinflussen, daß sie einen höheren Typus Mensch hervorbringt. Man findet schon den menschlichen Willen entscheidend bei der Züchtung neuer und höherer Arten in der Tier- und Pflanzenwelt. In bezug auf unser eigenes Geschlecht, auf die Erhöhung des Menschentypus, die Veredelung der menschlichen Rassen herrscht hingegen noch der Zufall in schöner oder häßlicher Gestalt. Aber die Kultur soll den Menschen zielbewußt und verantwortlich auf allen Gebieten machen, auf denen er bisher nur impulsiv und unverantwortlich gehandelt hat. In keiner Hinsicht ist jedoch die Kultur zurückgebliebener als in all den Verhältnissen, die über die Bildung eines neuen und höheren Menschengeschlechts entscheiden.

Erst wenn die naturwissenschaftliche Anschauung die Menschheit durchdrungen hat, kann diese die volle, naive Überzeugung der Antike von der Bedeutung des Körperlichen wiedererlangen. Schon in der Spätantike – bei Sokrates, bei

Plato – sah die Seele auf den Körper herab; die Renaissance suchte beide zu versöhnen, aber sie war leider nicht fromm genug – frech war sie hinreichend –, als daß ihr eine Aufgabe gelungen wäre, zu der man, wie Goethe von sich selbst sagt, frech und fromm zugleich sein muß. Erst jetzt, seit man weiß, wie Seele und Körper sich gegenseitig aufbauen oder untergraben, beginnt man eine zweite, höhere Unschuld in bezug auf die Heiligkeit und das Recht des Körperlichen wiederzuerlangen.

Ein dänischer Schriftsteller hat dargelegt, wie das mosaische sechste Gebot ins Nichts zurücksinkt, sobald man einsieht, daß die Ehe nur eine zufällige soziale Form für das Zusammenleben zweier Menschen, das ethisch Entscheidende aber die Art des Zusammenlebens ist. In der Moral vollzieht sich eine allgemeine Verschiebung von den objektiven Gesetzen, die befehlen und zwingen, zu der subjektiven Grundlage, von der die Handlungen ausgehen. Die Ethik wird so eine Ethik des Charakters, der Gemütsbeschaffenheit. Man fordert, absolviert oder verurteilt nach der inneren Beschaffenheit des Individuums, und man nennt nicht gern eine Handlung unmoralisch, die nur in äußerer Hinsicht mit einem Gesetze nicht übereinstimmt oder demselben widerstreitet. In jedem besonderen Fall entscheidet man nach dem inneren Zustande des Individuums. Und wendet man das auf die Ehe an, so findet man fürs erste, daß diese Form keine Garantie dafür bietet, daß die richtige geschlechtliche Gesinnung vorhanden ist. Diese kann ebensogut außerhalb wie innerhalb der Ehe da sein, und viele feine und ernste Menschen ziehen nun für ihr Zusammenleben die freiere Form als die sittlichere vor. Aber infolgedessen ändert sich der Inhalt des sechsten Gebotes, der darin bestand, daß jedes Geschlechtsverhältnis, das außerhalb der Ehe entsteht, unsittlich sei. Man macht schon seine Erfahrungen mit Verbindungen außerhalb der Ehe; man sucht neue Formen für das Zusammenleben zwischen Mann und Weib; man stellt das ganze Problem unter Debatte! Die Menschheit befindet sich in dieser Beziehung auf dem Gebiet der Entdeckungen. Man sieht immer mehr ein, wie zusammengesetzt, wie voll von Gefahren für das Glück des Menschen das ganze Geschlechtsverhältnis ist. Man macht beständig neue Beobachtungen, sowohl in bezug auf die Bedeutung dieses Verhältnisses für die Individuen selbst als für die Nachkommenschaft. Allmählich Licht in dieses Chaos zu bringen, ist das für die Menschheit vor allem Wichtige, und die Literatur sollte deshalb in diesem Falle die größtmögliche Freiheit haben – im geraden Gegensatz zu den Tendenzen der Gegenwart, die diese Freiheit einschränken wollen. Während ich dem oben Gesagten voll beistimme, möchte ich darauf hinweisen, daß das größte Hindernis einer freien Diskussion über dieses Thema jedoch noch immer die christliche Betrachtungsweise der Entstehung und der Natur des Menschen ist, nach welcher seine einzig mögliche Erhebung aus den Folgen des Sündenfalls durch den Glauben an Christus geschieht. Denn mit dieser Betrachtungsweise kam auch die durch das Christentum in das Abendland eingeführte Anschauung, daß alles mit der Fortpflanzung Zusammenhängende das Unreine sei, das man womöglich unterdrücken, und wenn schon nicht das, so wenigstens in Schweigen und Dunkelheit hüllen müsse. Für das Christentum ist immer noch das Ewigkeitsleben, nicht das Erdenleben das Bedeutungsvolle, und den Dualismus des Daseins sucht es in erster Linie durch die Askese aufzuheben, nicht durch die Veredelung des Trieblebens. Diese Auffassung feiert noch in unseren Tagen ihre Siege, z.B. in der Gesetzgebung gegen »das Nackte« in Kunst und Literatur!

Die christliche Betrachtungsweise des Geschlechtsverhältnisses als eines niedrigen und seiner einzig möglichen Heiligung durch die unauflösliche Ehe hat in einem gewissen Zeitabschnitt eine große mittelbare Bedeutung für die Entwicklung gehabt. Sie hat die Selbstbeherrschung gefördert, die das Seelenleben erhoben hat, und die Schamhaftigkeit, die Heimlichkeit, die Treue, die – neben unzähligen anderen Einflüssen – den Trieb zur Liebe entwickelt haben. Wenn diese Gefühle aus der Liebe verschwänden, so wäre sie nicht mehr menschlich, sondern nur tierisch.

Aber wenn auch die individuelle Liebe zwischen jedem neuen Menschenpaar immer Einsamkeit und Verschwiegenheit fordern wird; wenn auch die persönliche Schamhaftigkeit stets eine der Errungenschaften des Menschen vor dem Tiere bleibt, so ist es doch gewiß, daß diese Art von Geistigkeit, die mit Schweigen und Scham an allen mit diesem Gegenstand zusammenhängenden ernsten Fragen vorbeigeht – oder sie nur als Zweideutigkeiten, als Anlaß zu Scherz und Erröten behandelt –, daß diese Art von Geistigkeit ausgerottet werden muß!

Nur dadurch, daß jeder von frühester Kindheit an auf jede seiner Fragen über diesen Gegenstand ehrliche, dem betreffenden Stadium seiner Entwicklung angepaßte Antworten erhält und so volle Klarheit über seine eigene Art als Geschlechtswesen empfängt, sowie ein tiefes Verantwortlichkeitsgefühl in Beziehung auf seine zukünftige Aufgabe als solches, eine Gewöhnung an ernstes Denken und ernstes Sprechen über diesen Gegenstand, nur dadurch kann ein vornehmeres Geschlecht mit höherer Sittlichkeit hervortreten.

Aber schon als Björnson in *Thomas Rendalen* die Frage der Erziehung der Jugend zur Reinheit durch Einsicht stellte, führte ich als Einwand gegen sein Buch an, daß es so wie die Reinheitspredigten des Christentums sein Streben mehr auf die Beherrschung der Naturtriebe als auf deren Veredelung richte. Ich legte dar, daß Björnson allerdings zwei neue Gesichtspunkte brachte, den der körperlichen Gesundheit und den der Veredelung des Geschlechts, anstatt wie das Christentum einseitig die geistige und die persönliche Seite der Frage zu betonen, und daß diese neuen Gesichtspunkte bedeutungsvoll waren, weil sie den berechtigten Egoismus des Individuums zugleich mit dem verbindenden Altruismus des Solidaritätsgefühls einschlossen. Die Umgestaltung der ererbten Anlagen in bezug auf das Verhalten der Menschen zur Sittlichkeit und dadurch die Schaffung einer gesunden und glücklichen neuen Generation, bei der die Leiden der jetzigen geschlechtlichen Disharmonie aufgehört haben werden – das war das große Ziel des Björnsonschen Buches. Und für dieses wollte er, daß auch die Schule wirke, durch die Mitteilung der Kenntnis des Menschen als Geschlechtswesens, und wie er als solches sich selbst und dann seine Nachkommenschaft behüten sollte.

Ich wendete schon damals gegen diesen Plan ein, daß die Schule nicht der Ort sei, wo der Grund zu dieser Kenntnis gelegt werden sollte; diese müßte langsam und behutsam von der Mutter selbst mitgeteilt werden und in der Schule nur ihren theoretischen Überbau erhalten. Noch mangelhafter fand ich die eigentliche Auffassung der Keuschheitsfrage als einer körperlichen Reinheitsfrage allein, als eines negativen, nicht eines positiven Ideals, und ich behauptete, daß nur der erotische Idealismus Begeisterung für die Keuschheit wecken könne. Schon durch das Märchen, dann durch die Geschichte und durch die schöne Literatur muß der Grund zum erotischen Idealismus gelegt werden; die physiologische Einsicht ist in dieser Hinsicht sehr unzulänglich, wenn nicht Phantasie und Gefühl sich in derselben Richtung bewegen. Und weder Phantasie noch Gefühl werden durch Naturkunde und körperliche Übungen allein rein erhalten, ebensowenig wie durch christlichen Religionsunterricht!

Nein, man muß, auf naturwissenschaftlicher Basis, in neuer und edlerer Form die ganze antike Liebe zu der Stärke und Schönheit des eigenen Körpers wiedererlangen, die ganze antike Ehrfurcht vor der Göttlichkeit der Fortpflanzung, vereint mit dem ganzen modernen Bewußtsein von dem seelenvollen Glück der idealen Liebe! Nur so kann der Fanatismus der echten Keuschheit die Menschheit aus all den Qualen erlösen, die die sexuelle Zersplitterung und Erniedrigung jetzt mit sich bringen. Es ist tief bedeutungsvoll, daß in der Welt der Vergangenheit dem Weibe auf Grund von Beobachtungen über die Fortpflanzung Göttlichkeit zugesprochen wurde, während im Christentum die Frau als die Jungfrau-Mutter göttlich ward! Der heidnische und christliche Gedanke zusammen werden vereint und veredelt dem Weibe eine neue Andacht vor sich selbst als Geschlechtswesen schenken. Die antike und die moderne Liebe, die Liebe der Sinne und die der Seele werden vereint und veredelt die Menschen, Mann und Weib, dahin bringen, wieder Eros, den Allherrscher, anzubeten.

Die Bedeutung der Liebe verringern, sie als einen erniedrigenden Sensualismus bekämpfen, heißt nicht, für die Erhebung des Menschen wirken, das heißt im Gegenteil, seine Erniedrigung fördern. Denn ebenso erniedrigend, wie das Geschlechtsleben wäre, wenn er in ihm schamerfüllt eine tierische Forderung befriedigt, wäre es, wenn er zur Erhaltung der Art mit Widerwillen eine als niedrig angesehene Pflicht erfüllte!

* * *

Schon die Antike – z.B. wenn Lykurg Gesetze gab in der Gewißheit, daß in »blühender Frauen Schoß eines Volkes Stärke liegt«, und man demgemäß in Sparta die physische Ausbildung des Weibes überwachte wie des Mannes und das Heiratsalter mit Rücksicht auf eine kräftige Nachkommenschaft bestimmte – stand höher als die Gegenwart. Noch höher stand das Judentum in bezug auf die Auffassung von dem Ernst der Zeugung, eine Auffassung, die sich in der strengsten Gesundheitsgesetzgebung ausdrückt, die die Geschichte kennt. Die jüdische sowie andere morgenländische Gesetzgebungen ruhten in bezug auf die Geschlechtsmoral sowie in bezug auf die Diät auf scharfsinnigen Beobachtungen der Naturgesetze und der Krankheiten. Und ehe nicht die Menschen anfangen, mit alttestamentarischer Schlichtheit und alttestamentarischem Ernst die Lebensfragen zu behandeln, die der Idealismus des Christentums zwar vergeistigt, aber gleichzeitig erniedrigt hat, kann nicht der Grund zu einer neuen Ethik in diesen Fragen gelegt werden.

Diese neue Ethik wird kein anderes Zusammenleben zwischen Mann und Weib unsittlich nennen als das, welches Anlaß zu einer schlechten Nachkommenschaft gibt und schlechte Bedingungen für die Entwicklung dieser Nachkommenschaft hervorruft. Und die zehn Gebote über diesen Gegenstand werden nicht vom Religionsstifter, sondern vom Naturforscher geschrieben werden.

Aber noch – teilweise infolge der verkehrten Schamhaftigkeit in diesen Dingen – hat die Wissenschaft nur sehr unvollständige Beobachtungen über die physischen und psychischen Bedingungen für die Erhöhung des Menschentypus schon in und mit der Zeugung anstellen können.

Die Ontogenie ist eine für unser Jahrhundert neue Wissenschaft. Von Leeuwenhock, de Graaf und anderen vorbereitet, wurde sie von v. Baer 1827 begründet. Die Meinungsverschiedenheiten und die Entdeckungen der verschiedenen Theorien sind noch lange nicht zu Ende geführt, und neben den rein wissenschaftlichen treten die sozialen oder physiologischen oder ethischen Gesichtspunkte hervor. Man hat behauptet, daß durch Veränderungen in der Ernährungsweise der Mutter das Geschlecht des Kindes bestimmt werden könne; man hat beweisen wollen, daß ungefähr $\frac{3}{5}$ aller genialen

Menschen Erstgeborene seien.[1]* Viele männliche und weibliche Ärzte heben die Wichtigkeit, nicht durch künstliche Mittel die Mutterschaft zu verhindern, sowie die Bedeutung der Enthaltsamkeit während der Schwangerschaft als Grundbedingungen für die physische und psychische Gesundheit der Mutter wie des Kindes hervor; andere wieder sehen jenes für ungefährlich, dieses für unnötig an. Die Absolutisten betonen, daß die Mutter vor der Geburt des Kindes keine Sprituosen über die Lippen bringen dürfe, sowie daß alkoholartige Getränke nicht in die Diät der nährenden Mutter oder später in die des Kindes fallen sollen. Der Vegetarismus hebt die Bedeutung seiner Prinzipien für die Gesundheit und Gemütsart von Mutter und Kind hervor, usw. Man studiert, von welchem Einfluß das Alter der Eltern auf das Kind ist. Große Jugend der Eltern scheint ungünstig für die Nachkommenschaft zu sein, ebenso wie hohes Alter. Das erste Kind einer zu jungen Mutter ist oft schwach; und außerdem ist von ihr gewöhnlich die Mutterfreude nicht ersehnt, weil sie fühlt, daß sowohl physisch wie psychisch das Kind eine zu große Bürde für sie ist, die selbst eben noch Kind gewesen. Der Wunsch nach einem kräftigen, gut aufgezogenen Nachwuchs erfordert so die Hinausschiebung des Heiratsalters für die Frau, das im Norden – wenn nicht vom Gesetz, so von der Sitte – auf ungefähr zwanzig Jahre festgesetzt werden sollte. Und das ebensosehr, damit das junge Weib einige Jahre sorgloser Jugendfreude und ungestörter Selbstentwicklung hinter sich, wie damit sie die für die Mutterschaft notwendige physische Entwicklung erreicht habe. Wenn zwanzig Jahre als das früheste Heiratsalter betrachtet würde, so würde das faktische oft noch um einige Jahre hinausgerückt werden, zum Wohle der Frau, des Mannes, der Kinder und der ganzen Ehe, in der die meisten Konflikte dadurch verursacht werden, daß die Frauen über ihr Schicksal entschieden haben, bevor ihre Persönlichkeit noch bestimmte Formen annehmen, bevor ihr Herz noch seine Wahl treffen konnte. Die Liebe des Mannes wählt, und das junge Mädchen verwechselt oft das Glück, geliebt zu werden, mit dem Glück zu lieben, das sie später vielleicht in tragi-

---

*   Anmerkungen, nach den Kapiteln geordnet, im Anhang S. 244ff.

scher Weise erlebt. Zu den vielen Fragen, die im Zusammenhang mit der Erblichkeit und der Auslese stehen, gehört auch die von der Bedeutung der Absicht der Natur, oft starke Gegensätze die stärkste Anziehung ausüben zu lassen, eine Anziehung, die sich dann während des ehelichen Zusammenlebens oft in Widerwillen verwandelt, und beinahe immer in Unduldsamkeit gerade gegen die Eigenart, die urspünglich einen so tiefen Zauber besaß. Die Natur scheint in diesem Falle ihr Ziel mit großer Rücksichtslosigkeit gegen das Glück des Individuums erreichen zu wollen. Manchmal zeigen sich nämlich wirklich die Gegensätze der Eltern in dem Kinde zu voller Harmonie verschmolzen; zuweilen hingegen äußern sie sich als tiefe Disharmonie, aber in beiden Fällen entsteht oft das Ausnahmewesen. Zu richtigen Schlußfolgerungen in diesem Falle zu gelangen, gehört zu den zahlreichen noch offenen Möglichkeiten.

Am allerstärksten bekriegen sich die Meinungen in der Vererbungstheorie, wo der Kampf zwischen Darwins Ansicht, daß auch erworbene Eigenschaften sich vererben, und Galtons und Weismanns Überzeugung, daß das nicht der Fall sei, geführt wird. In Zusammenhang damit steht auch die Frage der konsanguinen Ehen, die einige als an und für sich gefährlich für die Nachkommenschaft betrachten, andere als nur aus dem Gesichtspunkte gefährlich, daß derselbe Familienzug sich oft bei beiden Eltern vorfindet und dann so bei den Kindern verstärkt auftritt, z.B. daß die angeborene Kurzsichtigkeit beider Gatten Blindheit wird, ihre Dummheit Idiotismus, ihre Schwermut Schwachsinn usw.

Das Abendland hat allmählich die morgenländische Ehegesetzgebung aufgehoben, die Moses geltend gemacht hat – während die anderer morgenländischer Gesetzgeber, zum Beispiel Manus und Mohammeds, noch zum großen Teil befolgt werden, sowie auch in China entsprechende Gebote verpflichtende Macht haben. Hie und da hat das Gefühl von der Bedeutung der Erblichkeit bei einigen abendländischen Schriftstellern durchgeschimmert, z.B. bei Thomas Morus, der ebenso wie Plato eine körperliche Untersuchung vor dem Eingehen der Ehe fordert. Aber erst im 19. Jahrhundert hat die Frage nach dem Recht des Kindes in jeder Hinsicht begonnen, die Aufmerksamkeit auf sich zu ziehen. Und so wie Robert Owen es war, der in einem Fall das allgemeine Rechtsbewußtsein zugunsten der Kinder wachrief, durch seine 1815 begonnenen Untersuchungen – die zeigten, daß Kinder unter acht Jahren, von den Hieben der Lederpeitsche angestachelt, 15 bis 16 Stunden arbeiteten, mit der Folge, daß ein Viertel oder Fünftel von ihnen als Krüppel endete –, war es ein anderer Engländer, Malthus, der durch seinen schon 1798 herausgegebenen *Essay on the Principle of Population* die Aufmerksamkeit der Gesellschaft auf die Verhältnisse lenkte, die ihn veranlaßt hatten, seine Arbeit zu schreiben, nämlich den durch Übervölkerung hervorgerufenen Mangel an Lebensmitteln und die hierdurch verursachte Schwierigkeit, Ehen zu schließen, was wieder seinerseits teils große Kindersterblichkeit, teils Kindermord zur Folge hatte. Schon Malthus sah die Bedeutung der Auslese und die Gefahr der Degeneration der Art ein. Und mit vollkommener Gewissensruhe trotzte er dem Sturm, den er hervorrief. Persönlich ein ebenso untadeliger wie zartfühlender Mensch, mußte Malthus, wie alle anderen Reformatoren der Sittlichkeitsbegriffe, unverschämte Beschuldigungen der Verderbtheit und Unsittlichkeit über sich ergehen lassen. Dasselbe widerfuhr Harriet Martineau, die für Malthus' Ansichten eintrat. Als sie ihre Novelle über diesen Gegenstand schrieb, wußte sie sehr wohl, welchen Dingen sie sich aussetzte. Aber diese seltene Frau, die selbst unvermählt und kinderlos starb, war so früh von dem Gefühl der Heiligkeit des Kindes durchdrungen, daß sie, erst neunjährig, bei der Geburt eines kleinen Schwesterchens auf die Knie fiel und inbrünstig Gott dankte, der ihr die Gnade zu Teil werden ließ, Zeuge des großen Wunders der Entwicklung eines Menschenwesens vom Anfang an sein zu dürfen! Und dasselbe Gefühl veranlaßte sie, in der obenerwähnten Novelle die Pflicht einer freiwilligen Beschränkung der Volksvermehrung darzulegen, weil sie bei dem Gedanken an das Schicksal litt, das die Kinder trifft, deren Anzahl nicht in richtigem Verhältnis zu der Möglichkeit der Eltern steht, sie zu erhalten und zu erziehen. Dieser Teil der Frage von dem Rechte des Kindes hat in allen Ländern Schriften und Gegenschriften hervorgerufen; und da diese Frage in Deutschland wie überall sich noch im Stadium der Diskussion befindet, gehe ich dazu über, in größter Kürze die Meinungsverschiedenheiten über andere Seiten des Rechts des Kindes zu berühren.

In Francis Galtons berühmter Arbeit *Hereditary Genius*[2] ist beinahe schon alles, was aus dem Gesichtspunkte der Rassenveredelung heute gefordert wird, ausgesprochen. Galton, der schon in den siebziger Jahren anfing, Darwins Ansicht, daß auch erworbene Eigenschaften sich vererben, entgegenzutreten, hat seither in dieser Beziehung einen Mitstreiter in dem Deutschen Weismann erhalten, der seinerseits wieder bekämpft wurde, u.a. von dem englischen Darwinisten Romanes.[3]

Galton, der aus einem griechischen Wort einen Namen für die Wissenschaft von der Veredelung der Rasse geschaffen hat, »eugenics«, beweist, daß der zivilisierte Mensch, was die Fürsorge für die Veredelung der Rasse betrifft, jetzt viel tiefer steht als die Wilden, um nicht von Sparta zu sprechen, wo es den Schwachen, den zu Jungen, den zu Alten nicht gestattet war, zu heiraten, und wo der nationale Stolz auf eine reine Rasse, eine kräftige Blüte so groß war, daß die Einzelnen sich in die Opfer fanden, die dieses Ziel erheischte. Galton – sowie Darwin, Spencer, A.R. Wallace u.a. – hebt hervor, daß das Gesetz der natürlichen Auslese, das in der übrigen Natur »the survival of the fittest« gesichert hat, in der menschlichen Gesellschaft nicht mehr gilt, wo ökonomische Beweggründe zu unrichtigen Heiraten führen, die der Reichtum ermöglicht, während die Armut die richtigen Heiraten hindert, und wo außerdem die Entwicklung der Sympathie als ein die natürliche Auswahl störendes Moment aufgetreten ist. Die erotische Sympathie wählt nämlich nach Motiven, die allerdings auf das Glück des Einzelnen abzielen, aber darum nicht die Veredelung der Rasse verbürgen. Und während andere Schriftsteller[4] einen freiwilligen Verzicht auf die Ehe in jenen Fällen erhoffen, wo dieselbe eine schlechte Nachkommenschaft erwarten läßt, befürwortet Galton hingegen sehr strenge Maßregeln, um die schlechten Menschenexemplare zu hindern, ihre Laster oder Krankheiten, ihre geistige oder physische Schwäche fortzupflanzen. Gerade weil Galton nicht an die Erblichkeit erworbener Eigenschaften glaubt, ist für ihn die Auslese von allergrößter Bedeutung.

Andererseits tritt er dafür ein, mit allen Mitteln jene Heiraten zu fördern, bei denen der Stammbaum auf beiden Seiten eine ausgezeichnete Nachkommenschaft verspricht. Denn für ihn, wie später für Nietzsche, ist das Ziel der Generation die Hervorbringung starker, genialer Persönlichkeiten.

Galton betont, daß der zivilisierte Mensch durch sein Mitgefühl mit schwachen, lebensuntauglichen Individuen dazu beigetragen habe, deren Fortdauer zu unterstützen, während dies seinerseits die Möglichkeiten der Lebenstauglichen, die Gattung fortzupflanzen, verringerte. Auch Wallace und mehrere andere heben bei verschiedenen Anlässen hervor, daß die Menschen in bezug auf diese Fragen härter werden müssen, wenn die Art sich nicht verschlechtern soll; daß die moralischen, sozialen und sympathischen Faktoren, die in der Menschheit dem Gesetz von »the survival of the fittest« entgegengewirkt und es den Niedrigsten möglich gemacht haben, sich am meisten zu vermehren, neuen Gesichtspunkten in der Betrachtung gewisser moralischer und sozialer Fragen weichen müssen, wodurch dann das natürliche Gesetz durch den Altruismus unterstützt werden wird, anstatt daß ihm wie bis jetzt dieses Gefühl entgegenwirkt.

Es liegt eine große Wahrheit in Spencers Gedanken, den jemand gerade in diesem Zusammenhang angeführt hat: »Wir sehen den Keim zu vielen Dingen, die sich späterhin in einer Weise entwickeln, die keiner nun ahnt, und tiefe Umwandlungen der Gesellschaft und ihrer Mitglieder bewirken, Umwandlungen, die wir nicht als unmittelbare Resultate zu hoffen haben, aber die wir als schließliche Folgen getrost erwarten können.« Das Streben, die natürlichen Gesetze zu finden, von denen die Hebung oder das Sinken der Rasse abhängt, ist einer dieser Keime. Aber von der wissenschaftlichen Forschung auf diesem Gebiete gilt auch ein anderes, von der Wissenschaft oft übersehenes Wort desselben Denkers: »Zu dem Eifer, die Wahrheit zu entdecken, muß der Eifer kommen, sie für das Glück der Menschheit zu gebrauchen!« Doch erst wenn die Wissenschaft wirklich in gewissen Schlußfolgerungen zur Einigkeit gekommen ist, kann man erwarten, daß die Menschheit ernstlich ihre Selbstpurifizierung beginnt. Aber dann wird es auch gewiß dazu kommen. Wenn man in ethnographischen und soziologischen Werken[5] liest, welchen ehelichen Restriktionen die wilden Völker sich oft nur auf

Grund abergläubischer Vorurteile mit religiösem Gehorsam unterworfen haben, da dürfte die Hoffnung, daß die Kulturmenschen sich einmal vor wissenschaftlich bewiesenen Sätzen beugen werden, wohl nicht zu optimistisch sein!

Wallace befürwortet nicht so absolute Maßregeln wie Galton, um die Ehen der Minderwertigen zu hindern und die der Übermenschen zu fördern. Er sieht ein, daß das Problem ungeheuer verwickelt ist. Unter anderm, weil die persönliche Erotik gerade aus dem Gesichtspunkt der Rassenveredelung außerordentlich wesentlich ist. Wenn die Menschen gleich Zuchtvieh gezüchtet werden könnten, so dürfte das wohl kaum den Übermenschen hervorrufen! Die Menschenrasse des Mittelalters sank, sagte Galton, weil die Besten in die Klöster flohen und die Schlechteren sich fortpflanzten. Aber wenn Galtons strenge Forderungen an jeden Stammbaum erfüllt werden müßten, bevor eine Ehe gestattet würde, so würde nicht nur die Ehe ihren tiefsten Inhalt verlieren, sondern auch die Rasse ihr edelstes Erbe.

Aber auch mit einer starken Begrenzung von Galtons Sätzen und einer weisen Einschränkung seiner Forderungen hat die Wissenschaft schon so viele der ersteren bestätigt, daß man im ganzen genommen die Bedeutung der letzteren zugeben muß. So weiß man, daß die ererbte Anlage bei den Kindern oft eine andere Gestalt annimmt als bei den Eltern; daß z.B. von 300 Idioten 145 zu Eltern Trinker hatten, und daß die Epilepsie oft durch dieselbe Ursache hervorgerufen wird. Man weiß, daß scheinbar gesunde Individuen oft in demselben Alter von einer Krankheit ergriffen werden, in welchem die Eltern von ihr heimgesucht wurden. Andererseits gibt es auch erfreuliche Erfahrungen dafür, daß Individuen mit Willenskraft gewissen gefährlichen, erblichen Belastungen entgegenarbeiten können. Und was auch mit vollem Recht in der Diskussion über den Gegenstand hervorgehoben wird, ist die Möglichkeit, daß die krankhafte Anlage des einen Teils durch die Gesundheit des anderen bei den Kindern neutralisiert werden kann. Aber sowohl dieses wie viele andere Momente ist, wie ich auch oben hervorhob, noch lange nicht ergründet.

Maudsley[6] hat besonders die Frage von der Erblichkeit der Geisteskrankheiten beleuchtet, obgleich auch in diesem Fall die nervösen und psychischen Krankheiten der Eltern bei den

24

Kindern oft ihren Charakter verändern. Auch er fordert ein ärztliches Zeugnis vor der Eheschließung und verlangt, daß das Auftreten einer Geisteskrankheit in der Ehe einen gesetzlichen Grund zur Scheidung bilde. Und er hofft, daß ein »reiner« Stammbaum, in einem neuen Sinne des Wortes, ebenso wichtig für die Ehen der Zukunft werden wird, wie für die des Adels in früheren Tagen. Einer von Maudsleys Sätzen ist so interessant, daß er hier angeführt werden soll, nämlich daß Väter, die ihre ganze Energie für die Erwerbung von Reichtum angespannt haben, entartete Kinder erhalten; denn die erwähnte Nervenspannung untergräbt das System ebenso unfehlbar wie Alkohol oder Opium! Sollte dieser Satz sich bestätigen, so würde man noch einen Gesichtspunkt zu den vielen besitzen, die zeigen, wie lebensfeindlich das jetzige, nur auf Macht und Gewinn abzielende Gesellschaftsleben ist und wie notwendig jene Umgestaltung des Daseins, die die Arbeit und die Produktion einem neuen Zwecke dienstbar machen wird: der Forderung jedes Menschen, ganz, allseitig und menschenwürdig zu leben und eine mit allen Möglichkeiten für ein ähnliches Leben ausgerüstete Nachkommenschaft hinterlassen zu können. Bricht dieser Tag an, dann wird man wie einen erschreckenden Atavismus auf dem Antlitz eines Kindes den Ausdruck entdecken, den ein Künstler der Gegenwart in dem Bilde des Knaben, der »mit der Zeit Millionär wird«, bewahrt hat!

* * *

Schließlich will ich aus der Literatur über diesen Gegenstand Nietzsches Werke hervorheben. Obgleich Nietzsche seine Gedanken vom Übermenschen nicht unmittelbar auf Darwins Theorien stützt, sind doch die ersteren, wie Georg Brandes kürzlich dargelegt hat, die große Konsequenz des Darwinismus, die Darwin selbst nicht einsah. In keinem Zeitgenossen ist die Gewißheit stärker gewesen als in Nietzsche, daß der Mensch so, wie er nun ist, nur »eine Brücke« ist, nur ein Übergang zwischen dem Tier und dem Übermenschen; und im Zusammenhang damit sieht Nietzsche die Pflichten der Menschen für die Veredelung der Art ebenso ernst wie Galton, obgleich er seine Sätze mit der Stärke der Seher- und

25

Dichterworte, nicht mit der der naturwissenschaftlichen Beweisführung ausspricht.

Die Literatur über diese Themen wächst mit jedem Tage, und die verschiedenen Meinungen prallen noch hart aufeinander. Solange dies der Fall ist, hat man allen Grund, die Warnung des deutschen Soziologen Kurella zu beachten, der, als er sich über diesen Gegenstand äußerte,[7] Ammons umstrittenes Buch *Die natürliche Auslese beim Menschen* angriff und darlegte, daß man immer mit sozialen sowohl wie mit anthropologischen Momenten rechnen müsse, wenn man der Entartung der menschlichen Gattung entgegenwirken wolle. Er betonte auch, daß – ob nun die Darwinsche Theorie von der Erblichkeit erworbener Eigenschaften, oder die seiner Widersacher die siegreiche bleibe, d.h. die Theorie von einer unveränderlichen »Erbmasse«, die von den Eltern auf die Kinder übergeht, so daß bessere Typen nur durch die neue Mischung der Eigenart des Vaters und der Mutter, sowie durch die natürliche Auslese im Kampfe ums Dasein entstehen könnten – man doch behutsam sein müsse, bevor man anfange, auf Grund von anthropologischen Motiven sozial-politisch zu *handeln*. Er setzte schließlich mit vollem Rechte auseinander, daß das Material, das man in den Arbeiten von Spencer, Galton, Lombroso, Ferri, Ribot, Letourneau, Havelock Ellis, J.B. Haycraft, Colajanni, Sergi, Ritchie u.a. besitzt, erst systematisch bearbeitet werden und der Soziologe auch Zoologe, Anthropologe und Psychologe werden müsse, bevor man neue Kulturpläne für die Erhebung des Menschengeschlechts durchführen solle und könne.

* * *

In bezug auf die seelischen Anlagen meinen einige – und das hat ja in unserer Zeit das Interesse für die Mütter berühmter Männer so sehr gesteigert –, daß die Ausnahmebegabung meistens ihre Eigenart von der Mutter ererbt hat, wenn es ein Sohn, aber vom Vater, wenn es eine Tochter ist. Eine andere, schon besser ergründete Erscheinung scheint die zu sein, daß wenn in einer Familie die Anlagen in einem Säkulargenie ihren Kulminationspunkt erreicht haben, dieses Genie dann entweder kinderlos bleibt oder seine Kinder nicht nur gewöhn-

26

lich, sondern oft unbedeutend werden – sei es, daß die Natur ihre Produktionskraft in der großen Persönlichkeit erschöpft hat, oder daß, wie man oft annimmt, die schaffende Kraft derselben in geistiger Richtung die Schaffenskraft in geschlechtlicher Beziehung verringert.

Im Zusammenhang mit der Erblichkeitsfrage steht die von der Entwicklung der Rassen. Schon im Anfang von *Origin of Species* hat Darwin gezeigt, wie wesentlich die reine Abstammung für die Heranziehung einer »edlen« Rasse ist, und auf diese Erfahrung stützt sich ein moderner antisemitischer Schriftsteller,[8] der die Juden als das typische Beispiel für die Stärke der reinen Rasse hingestellt hat, ein Gedankengang, den einer der hervorragendsten Repräsentanten des Judentums, Disraeli, auch in den Worten ausgedrückt hat: »Rasse ist alles; es gibt keine andere Wahrheit, und jede Rasse, die sorglos Blutvermischung zuläßt, geht unter.« Andere Gelehrte hingegen halten gewisse Rassemischungen für höchst ersprießlich für die Nachkommenschaft.

Ein finnischer Soziologe[9] hat die Bedeutung, die die Schönheit für die Liebe und so für die Rasse erlangt hat, gut motiviert, indem er darlegte, wie der Mensch als körperliche Schönheit die volle Entwicklung all jener Züge aufgefaßt hat, die dem menschlichen Organismus im allgemeinen, den beiden Geschlechtern im besonderen und der Rasse in erster Linie ihr Gepräge geben. Er meint, daß dies darauf beruht, daß Individuen mit diesen Zügen gerade die ihren Lebensaufgaben am besten Angepaßten sind. Es wird so eine Folge der natürlichen Auslese, daß gerade jene Individuen am schönsten gefunden und am meisten begehrt werden, die zuerst als Menschen am besten die allgemeinen Aufgaben des menschlichen Organismus, als Geschlechtswesen die ihres Geschlechts erfüllen, und die als Rassewesen am besten den sie umgebenden Bedingungen angepaßt sind. Im Kampfe ums Dasein sind diejenigen besiegt worden, welche von Menschen abstammen, deren Liebesinstinkte sie zu Individuen zogen, welche jenem Kampfe schlecht angepaßt waren, während die Siegenden hingegen Kinder glücklich angepaßter Individuen sind. So hat sich der Geschmack ausgebildet, nach dem die beste Anpassung als die höchste Schönheit erscheint. Diese ist gleichbedeutend mit Gesundheit, mit der Kraft, den Angriffen der Außenwelt zu widerstehen; während jede größere Abweichung vom reinen Typus des Geschlechts und der Rasse einen geringeren Grad von Anpassungsvermögen in sich schließt, d.h. von Gesundheit und so auch von Schönheit.

Ein anderer Schriftsteller hat den Fuß als Beweis für diese Sätze angeführt. Der schmale, hochgewölbte Fuß mit feinem Knöchel wird ja – sagt er – als der schönste betrachtet. Aber dieser findet sich nur zugleich mit einem feinen, starken und elastischen Knochenbau vor. Ein solcher Fuß bekommt außerdem durch seine starke Elastizität eine größere Tragkraft als der platte Fuß. So erleichtert der hochgewölbte Fuß beim Gehen und Springen die Tätigkeit der Lungen und des Herzens. Diese macht wieder den Gang elastisch, fest und leicht, behend und stolz, was, aus demselben Grunde wie die Schönheit des Fußes selbst, als ein Rassezeichen angesehen wird. Diese physische Kraft und Leichtigkeit wirkt auf den Mut, auf das Selbstvertrauen zurück und steigert so das Herrschergefühl und die Lebensfreude, die eines der Merkmale des Adelsmenschen sind.

In welchem Maße diese Beweisführung in diesem einzelnen Falle Stand hält oder nicht, beweist nichts gegen die Wahrheit der Grundanschauung, auf der sie ruht und die sich allmählich durchringt, der Anschauung, nach welcher Seele und Körper sich unter Anpassung an die Umgebung gegenseitig aufbauen.

Es gilt demnach, nicht nur herauszufinden, welche Bedingungen die beste Auslese geben, sondern auch, welche äußeren Bedingungen die schon durch die natürliche Auslese begründeten Eigenschaften stärken und schwächen. Man hat wieder die Bedeutung der körperlichen Übungen eingesehen, und nachdem man die schmerzlichen Erfahrungen gemacht hat, die notwendig sind, um die Folgen der Übertreibung und Überanstrengung, der Wettraserei und der Sporttorheit zu hindern – die sich besonders für die Frauen mit Hinblick auf die Mutterschaft oft verhängnisvoll gezeigt haben –, wird Sport und Spiel, Gymnastik und Fußwanderung, Natur- und Freiluftleben und eine nach dem Muster der schwedischen Volkstänze regenerierte Tanzkunst eine der herrlichsten Quellen der psychischen und physischen Erneuerung der Generation werden.

In dem Gedanken an diese Erneuerung hat man auch auf den Einfluß der Kunst hingewiesen. So hat man z.B. gezeigt, wie ein Burne-Jones den neuen englischen Frauentypus geschaffen hat, der sich unter einer allmählich sich vollziehenden Anpassung an den vornehmen und stillen Stil bildete, der durch ihn als der mustergültige angesehen wurde! Es wird behauptet, daß man nur eine Schar junger Engländerinnen vor seinen Bildern zu sehen brauche, um zu merken, wie nicht nur der Ausdruck, sondern auch die Gesichter eine auffallende Übereinstimmung zeigen! Der Künstler hat der Jugend dieses Gepräge aufgedrückt, bevor sie noch bewußt war; sie sind vor diesen Formen aufgewachsen, haben sie in ihren Bilderbüchern gesehen, sie wurden in Kleider von einem Schnitte gekleidet, der auf die Bilder des Meisters zurückzuführen ist. Ja, noch mehr: aus denselben Gründen, aus denen der griechische Reiz von der statuesken Schönheit beeinflußt wurde, mit der sich die Mütter umgaben, sollen die jetzigen Mütter ihren Kindern den Burne-Jones-Typus vererbt haben! In der Antike glaubte man ja auch in anderen Fällen – z.B. bei der Erreichung des erstrebten blonden Haares –, daß man dieses, sein Ziel, vorsätzlich erreichen könne.

Was die Bedeutung derartiger äußerer Einflüsse auf die Mütter betrifft, so hat man doch noch zu wenig Material, um darauf Folgerungen aufzubauen; und auch in diesem Falle sind die Gelehrten untereinander uneinig. Ich habe darum nur im Vorbeistreifen auch dieses Moment unter den unzähligen erwähnen wollen, die ergründet werden müssen, bevor die Menschen schließlich sicheren Einblick in die Bedingungen der Menschenwerdung erhalten. In Ermangelung wissenschaftlicher Kenntnisse konnte ich nur die Literatur und die umfassenden Untersuchungen andeuten, durch die man im vorigen Jahrhundert angefangen hat, Licht über die Rätsel des Werdens zu verbreiten. Noch ruht Dunkelheit über vielen derselben. Aber des Menschen Geist schwebt nun über den Tiefen und wird allmählich eine neue Schöpfung aus ihnen hervorrufen!

Im Zusammenhang hiermit steht die Entwicklung neuer Rechtsbegriffe auf diesen Gebieten. Während die heidnische Gesellschaft in ihrer Härte die schwachen oder verkrüppelten Kinder aussetzte, ist die christliche Gesellschaft in der »Milde« so weit gegangen, daß sie das Leben des psychisch und physisch unheilbar kranken und mißgestalteten Kindes zur stündlichen Qual für das Kind selbst und seine Umgebung verlängert. Noch ist doch in der Gesellschaft – die unter anderem die Todesstrafe und den Krieg aufrecht erhält – die Ehrfurcht vor dem Leben nicht groß genug, als daß man ohne Gefahr das Verlöschen eines solchen Lebens gestatten könnte. Erst wenn ausschließlich die Barmherzigkeit den Tod gibt, wird die Humanität der Zukunft sich darin zeigen können, daß der Arzt unter Kontrolle und Verantwortung schmerzlos ein solches Leiden auslöscht. Dagegen aber behält diese christliche Gesellschaft noch immer den Unterschied zwischen »ehelichen« Kindern und »Kindern der Sünde« bei, einen Unterschied, der mehr als irgendein anderer dazu beiträgt, eine wirklich ethische Auffassung der Elternpflichten zu erschweren. Solange nicht jedes Kind sowohl dem Vater wie der Mutter gegenüber ganz dasselbe Recht hat, und beide Eltern jedem Kinde gegenüber ganz dieselbe Pflicht, ist noch nicht einmal der Grundstein zu der zukünftigen Sittlichkeit im Zusammenleben zwischen Mann und Weib gelegt.

Die Gesellschaft wird einmal die Gestaltung der erotischen Verhältnisse als die Privatsache der mündigen Individuen ansehen. Die Liebenden, die Verheirateten werden sich als vollkommen frei betrachten und auch so betrachtet werden; bindende Versprechung in bezug auf Gefühle, eigentumsrechtliche Forderungen in bezug auf die Persönlichkeit werden ja schon jetzt von feinfühligen und entwickelten Menschen als ein Überbleibsel niedriger erotischer Gefühle angesehen, Gefühle, verunstaltet durch Machtgier und Eitelkeit, Grausamkeit und blinde Leidenschaft. Man fängt an einzusehen, daß die vollkommene Treue nur durch die vollkommene Freiheit zu erringen ist; der vollkommene Wesensaustausch nur in vollkommener Freiheit statthaben kann; die vollkommene Güte nur bei vollkommener Freiheit zu erwachsen vermag. Wenn jeder aufhört, die Gefühle und Stimmungen, die Gewohnheiten und Neigungen des anderen nach seinen eigenen zwingen und beugen zu wollen; wenn jeder die Fortdauer des Gefühls des anderen als ein Glück betrachtet, nicht als ein Recht; wenn jeder das mögliche Aufhören dieses Gefühls als einen Schmerz erlebt, nicht als ein Unrecht – dann erst ist zwischen den Seelen der reine, kühle, freie Raum, in dem sich jede mit voller Selbstbestimmung bewegen und beide in voller Einheit verschmelzen können.

Für die Treue wird die Freiheit keine Gefahr. Die Art von Treue, die Kirche und Gesetz gefordert haben, ist gewiß ein bedeutungsvolles Erziehungsmittel gewesen. Aber das Mittel ist ein solches, das nunmehr dem Ziel entgegenwirkt. Denn es hat die Besitzrechtgefühle hervorgerufen, die zur Achtlosigkeit in dem Kultus der Liebe führten; die Zwangsforderungen, die Feindlichkeit in Seele und Sinn weckten; die Menschenfurcht, die alle Art von Unredlichkeit, alle mögliche Heuchelei zwischen den Gatten, sowie gegenüber der »Welt« gezeitigt hat. Wenn die Bande des Zwanges wegfallen, wird das Gefühl erstarken. Denn wenn die äußeren Stützen der Treue fehlen, wird die Kraft dazu von innen geschöpft werden. Obgleich die Menschen immer der Möglichkeit tiefer Irrtümer über sich selbst und den Gegenstand ihrer Liebe ausgesetzt bleiben; obgleich die Zeit stets Menschen und Gefühle verändern kann; obgleich also selbst in einer aus gegenseitiger Liebe eingegangenen Ehe Verhältnisse entstehen können, die Nietzsches Gedanken, daß es besser sei, die Ehe zu brechen als sich von ihr brechen zu lassen, Recht geben – so wird doch die Freiheit im großen Ganzen die Treue fördern, die stets eine Stütze an der Erfahrung ihres psychologischen und ethischen Werts haben wird.

Nicht durch eine Folge von leicht geknüpften und leicht gelösten Verbindungen bereitet man sich für das Glück der großen Liebe vor. Die freiwillige Treue ist ein Adelszeichen, weil sie den Willen voraussetzt, sich um den Kern seines Lebensinhalts zu konzentrieren, weil sie die Einheit mit unserem eigenen innersten Ich einschließt! Das gilt von der erotischen Treue wie von aller anderen Treue. Erst wenn die Liebe die Frömmigkeit des Werktages und die Andacht der Feierstunden ist; wenn sie unter steter Aufmerksamkeit der Seele gehegt wird; wenn sie eine unablässige Steigerung – oder warum nicht das alte, schöne Wort »Heiligung« gebrauchen – der Persönlichkeit mit sich bringt, erst dann ist die Liebe groß. Dann besitzt sie auch ein höheres Recht als eine frühere Verbindung, weil sie dann gerade die Treue gegen unser eigenes höchstes Ich bedeutet. Aber überall, wo sie nicht diesen Charakter hat, hat sie auch nicht dieses Recht. Sie ist dann ein kleines Gefühl, selbst wenn sie durch eine große Leidenschaft verschönt wird. Und die Kinder, die aus flüchtigen Verbindungen hervorgehen, werden oft ebenso halb, als ihr Ursprung es war. »Die große Liebe ist«, wie mir ein junger Arzt kürzlich schrieb, »nur die, welche so tief ergreift, daß man nach ihrem Verluste nicht mehr ein Ganzes, sondern die Hälfte eines Ganzen ist, obgleich die Natur die Generation gegen Vernichtung geschützt hat, indem sie die Möglichkeit gab, mehr als einmal zu lieben. Aber was das Ideal der Natur ist, darüber können wir nicht im Zweifel sein! Die Rasse, die entstehen würde, falls jungen Männern und Frauen die Möglichkeit gegeben wäre, sich zu vereinigen, wenn die erste Liebe von ihnen Besitz ergreift – jene Liebe, die die tiefste ist –, diese Rasse würde gesund und stark und eine andere werden, als die unsere ist. Aber wenn jetzt die Jugend liebt, hat sie selten die Mittel zur Vereinigung; und wenn sie die Mittel hat, dann ist oft das, was sie zu einer ehelichen Vereinigung führt, nicht das tiefste, was sie gefühlt hat, sondern etwas, das, wenn es nicht verfälscht ist, doch ein Surrogat bleibt.«

Eine solche Umgestaltung der Gesellschaftsbedingungen und der individuellen Betrachtung der echten Werte des Lebens, die zur Folge hätte, daß die jungen Männer und Mädchen zwischen zwanzig und dreißig Jahren die Möglichkeit erhielten, ein eigenes Heim zu gründen, und die Fähigkeit, in einfachen Verhältnissen Glück zu empfinden, wäre eine der wesentlichen Grundbedingungen für die Entstehung eines neuen Geschlechtes, das zugleich das antike Gefühl für den Herd als einen Altar, für das Liebesleben als einen Gottesdienst hätte. Erst durch eine solche Umgestaltung läßt sich erwarten, daß das tiefste Elend der Gesellschaft, die Prostitution, gehemmt werden kann; erst nach dieser Umgestaltung kann man mit vollem Recht von der Jugend die Selbstbeherrschung verlangen, die für die neue Generation die besten Voraussetzungen ihrer gesunden Entstehung schafft.

So wie die Verhältnisse jetzt sind, steht es fest, daß ebenso wie es tief unsittliche unverheiratete Mütter gibt, man auch solche von tiefer Sittlichkeit findet, die Mütter wurden in einer großen, reinen Liebe zu dem Vater ihres Kindes, aber die aus mannigfachen Gründen mit diesem nicht in »gesetzlicher« Ehe vereint sind. Und auch wenn die Schließung der Ehe erleichtert wird, dürfte doch immer eine solche Mutterschaft der einsamen Frauen fortbestehen.

Björnstjerne Björnson eiferte – zu derselben Zeit, zu der er im Norden über die geschlechtliche Sittlichkeit Vorträge hielt – dafür, daß die Frau, die die Mutterschaft wünsche, aber ihrer Ansicht nach nicht für die Ehe tauge, als voll berechtigt zu der ersteren ohne die letztere betrachtet werden solle, falls sie nämlich gegen das Kind ihre mütterlichen Pflichten erfülle. Dieser Gedanke hat ganz gewiß die Zukunft für sich. In Deutschland ist ein Fall wohl bekannt, in dem ein voll entwickeltes, nicht mehr junges Weib kurz vor ihrer Trauung einsah, daß die Temperamente und Verhältnisse jedes der Teile die Ehe zu einem Unglück für beide machen würde. Sie stand darum von der Trauung ab, brachte unverheiratet ihr Kind zur Welt und erzieht es nun, offen und hingebungsvoll. Sie besitzt jetzt neben dem Arbeitsfrieden und dem Mutterglück die Möglichkeit, auch ihre Pflichten als Tochter zu erfüllen – während das eheliche Zusammenleben all dies für alle Teile zerstört hätte! Hier ist einer der vielen Fälle aus der großen Beispielsammlung des Lebens, welche zeigt, wie töricht die Gesellschaftsforderung ist, die vielfältige Menschennatur in für alle gleiche Formen zu pressen, mit einer für alle in gleicher Weise abgesteckten Pflichtensphäre!

Aber die Pflichtensphäre, die sich immer erweitern wird, ist die, die das Recht des Kindes umschließt. Doch dürften auch deren Grenzen in Zukunft in ganz anderer Weise gezogen sein als jetzt. Als das oberste Recht des Kindes wird es dann betrachtet werden, daß es nicht in einer disharmonischen Ehe geboren wird. Vor allem deshalb muß die Ehe frei werden, das will sagen, daß die Gatten sich nach gegenseitigem Übereinkommen frei trennen können und nur bei der Schließung der Ehe, wie bei ihrer Auflösung gewisse Pflichten gegen die Kinder auf sich nehmen müssen. Solche gesetzlichen Verfügungen wären wohl oft auch in diesem Falle überflüssig, in anderen können sie von Bedeutung sein; aber in keinem werden sie ein Hindernis für die Entwicklung des Verhältnisses zu den Kindern; während hingegen die jetzigen ehelichen Zwangsgesetze – sowohl in bezug auf die Scheidung wie auf die Vormundschaft des Mannes usw. – Hindernisse für eine höhere Entwicklung des Zusammenlebens zwischen Mann und Weib geworden sind.

Nicht das strammere Anziehen der ehelichen Bande wird die Kinder davor behüten, in einem zerstörten Heim heranzuwachsen: sondern ein vertiefter Ernst bei dem Eingehen der Ehe, aber vor allem ein vertieftes Verantwortlichkeitsgefühl gegenüber den Kindern selbst. Dieses wird es ermöglichen, daß die Gatten, die sich in ihrem ehelichen Glück enttäuscht sehen, doch eine friedevolle Resignation, eine hohe Würde bei einem fortgesetzten Zusammensein bewahren können, wenn sie fühlen, daß dies für die Kinder, die schon vorhanden sind, die beste Lösung des Konfliktes ist. Aber diese Würde setzt voraus, daß kein fortgesetztes eheliches Zusammenleben, sondern nur die Elternschaft sie vereint. Nur so kann es den Kindern wirklich Nutzen bringen, daß die Ehe nicht gelöst wird, während die im Innersten getrennten Gatten keinem neuen Wesen das Leben schenken.

Der leichtsinnig eingegangenen Ehen sind viele, der leichtsinnigen Scheidungen wenige, zum mindesten in den Fällen, wo Kinder vorhanden sind. Nicht die Gebote des Gesetzes, sondern die des Blutes wirken schon jetzt in diesem Falle zurückhaltend; nicht der Urteilsspruch der Gesellschaft, sondern der der Kinder erscheint als der vernichtende. Aber diese tiefen Motive sind ebenso entscheidend bei der freien Verbindung wie bei der gesetzlichen, und an dem Vater oder der Mutter, die nur durch Zwang bei ihren Kindern zurückgehalten werden, haben die Kinder nicht viel zu verlieren! Es gilt, für die ungeschriebenen Verpflichtungen, die vom Gesetz zum großen Teile unbestimmbaren, das Gewissen der Väter und Mütter zu wecken, um bessere Sitten zu bilden. Dazu bedarf es vielleicht bis auf weiteres neuer Gesetze; ganz gewiß bedarf es des Aufräumens mit den veralteten Rechtsbegriffen, die wohl einmal ihre Aufgabe als Erzieher zur Sittlichkeit erfüllt haben, jetzt aber der höheren Sittlichkeit im Wege stehen. Der Mann als Verführer oder die Frau als Verführerin – das Leben des jungen Weibes oder des jungen Mannes verwüstend oder den Frieden einer glücklichen Ehe störend – dieser Typus wird von einer immer steigenden Verachtung getroffen werden, je mehr man es lernt, das herzlose Spiel männlicher oder weiblicher Eroberungslust, die genußsüchtigen, seelen-

losen Forderungen der Sinne von denen der Liebe zu unterscheiden, je mehr man den Begriff der geschlechtlichen Sittlichkeit gleichbedeutend macht mit dem Verantwortlichkeitsgefühl gegen die neue Generation.

Die der eigenen tiefen Absicht der Natur entgegenwirken-
de Befriedigung des natürlichen Triebes ist es, die Individuen
und Völker zerstört. Aber wie gesagt, nicht durch Ausrottung
der Sinnlichkeit wird es gelingen, diesen Verheerungen Einhalt zu tun.

Es ist freudig zu begrüßen, wenn der Dichter die vom Verantwortlichkeitsgefühl losgelöste Herrschaft der Sinnlichkeit
bekämpft. Aber es ist unheilvoll, wenn diese Sinnlichkeit von
ihm, wie z.B. von Tolstoi, gleichbedeutend mit dem Begriffe
Liebe gemacht wird. Nicht dadurch, daß man die Liebe zu
bloßer Sinnlichkeit erniedrigt, auch nicht dadurch, daß man
sie zu bloßer Geistigkeit ätherisiert, wird das Menschengeschlecht aus der erniedrigenden Herrschaft des Triebes erlöst
werden. Dies geschieht, wie ich oft und zuletzt hier oben dargelegt habe, nur dadurch, daß die Sinnlichkeit zur Liebe erhöht wird – das will mit anderen Worten sagen, daß die geistige Wesenseinheit, die Hingebung der Zärtlichkeit, die Sympathie der Seelen, die Arbeitsgemeinschaft und die kamerad-
schaftliche Freude ebenso tief entscheidende Momente in
dem erotischen Glücksgefühl und dem erotischen Zauber
werden wie die Anziehung der Sinne. Dieser Reichtum an Zu-
sammengehörigkeitselementen ist es, der die Treue der Liebe
in innerem, nicht nur in äußerem Sinne erhält; diese Früh-
lingsluft des Seelenvollen erhält den sinnlichen Zauber frisch,
während jedes Verhältnis – die gesetzliche Ehe wie die freie
Verbindung – sehr bald das Glück verbraucht und den Überdruß zurückgelassen hat, wenn nur eine sinnliche Verliebtheit,
nicht das seelenvoll-sinnliche, geistig-sympathische Zusam-
mengehörigkeitsgefühl der Inhalt der Liebe gewesen ist.

Die verantwortungsvolle Verpflichtung gegen die Kinder
wird um so strenger werden, je mehr die Gesellschaft es lernt,
als eine ihrer vornehmsten Aufgaben die Verhinderung alles
unverschuldeten, sinnlosen Leidens zu betrachten.

Die Sittlichkeit der Zukunft wird nicht darin bestehen, daß
man der Heiligkeit der Familie die sogenannten Bastarde opfert, die von der Natur oft reich ausgerüstet sind, aber durch

die jetzt herrschende Rechtsauffassung eine solche Behandlung erhalten, daß sie oft dadurch »Bastarde« werden, erfüllt von Rachsucht gegen die Gesellschaft und die verkehrten Rechtsbegriffe, deren Opfer sie sind. Die Kindermorde, die Phosphorvergiftungen, die »Engelmacherei« – alles hängt mit diesen verkehrten Rechtsbegriffen zusammen. Aber alle diese Folgen sind doch weniger unheilvoll als die, welche die Gesellschaft sich durch jene »unehelichen« Kinder zuzieht, die wohl nicht physisch, aber psychisch untergehen. In ihnen sind häufig nicht nur gute Kräfte verlorengegangen, sondern gesellschaftszerstörende Kräfte entwickelt worden. Als ganz Europa über den Mord der Kaiserin Elisabeth schauderte, da erschien mir vor allem eine Tatsache schaudervoll, nämlich das Bekenntnis des Mörders: Ich weiß nichts von meinen Eltern!

Die Zeit wird kommen, in der das Kind als heilig angesehen werden wird, selbst wenn die Eltern mit profanen Gefühlen dem Mysterium des Lebens genaht sind; die Zeit, in der jede Mutterschaft als heilig betrachtet werden wird, wenn sie durch ein tiefes Liebesgefühl veranlaßt war und tiefe Pflichtgefühle hervorgerufen hat.[10]

Dann wird man das Kind, das sein Leben von gesunden, liebenden Menschen empfangen hat und das dann in Weisheit und Liebe erzogen wird, ein »eheliches« nennen, auch wenn seine Eltern sich in voller Freiheit vereinigt haben.

Dann wird man das Kind, das in einer liebelosen Ehe geboren oder durch die Schuld der Eltern mit körperlicher oder geistiger Krankheit belastet ist, als Bastard betrachten, und wären dessen Eltern auch vom Papste in der Peterskirche getraut! Und nicht auf die unvermählte, zärtliche Mutter eines strahlend gesunden Kindes wird der Schatten der Mißachtung fallen, sondern auf die legitime oder illegitime Mutter eines durch die Missetaten seiner Vorväter entarteten Wesens.

* * *

In einem vielumstrittenen Drama *Das Junge des Löwen*[11] fallen folgende Repliken zwischen einem älteren und einem jüngeren Mann:

Der Ältere: Das nächste Jahrhundert wird das Jahrhundert des Kindes – so wie dieses das der Frau war. Und wenn das

Kind zu seinem Rechte gekommen ist, dann ist die Sittlichkeit vervollkommnet. Dann weiß jeder Mensch, daß er an das Leben, das er hervorruft, mit anderen Banden geknüpft ist, als mit jenen, die die Gesellschaft und die Gesetze auferlegen ... Du begreifst, daß ein Mann von seiner Vaterpflicht nicht loskommen kann – und wenn er auch rings um die Erde führe. – Ein Königreich kann gegeben und genommen werden – aber nicht eine Vaterschaft.

Der Jüngere: Ich weiß es.

Der Ältere: Aber damit ist noch nicht alle Gerechtigkeit erfüllt – daß man sorgsam das Leben *erhält*, das man geweckt hat. Kein Mann kann früh genug die Frage bedenken, ob und wann er das Recht, Leben *hervorzurufen* ...

Diese Äußerung hat mir den Titel zu dieser Schrift und den Ausgangspunkt zu meiner Behauptung gegeben, daß das erste Recht des Kindes das ist, seine Eltern zu wählen.

Was dabei in erster Linie in Betracht kommen muß, ist der Gedanke, den darwinistische Schriftsteller immer mehr hervorheben: daß die Naturwissenschaften – zu denen man ja nunmehr auch die Psychologie rechnet – die Grundlagen der Rechtswissenschaft sowie der Pädagogik werden sollen. Der Mensch muß die Gesetze der natürlichen Auslese kennenlernen und in dem Geiste dieser Gesetze handeln. Man muß die Gesellschaftsstrafen in den Dienst der Entwicklung stellen, sie müssen eine Schutzmaßregel der natürlichen Auslese werden. In erster Linie muß dies dadurch geschehen, daß der Verbrechertypus – dessen Eigenart als eines solchen jedoch nur der Gelehrte bestimmen kann – verhindert wird, sich fortzupflanzen, damit seine Eigenschaften sich nicht auf seine Nachkommenschaft vererben.

Das Menschengeschlecht wird so allmählich von den Atavismen befreit werden, die vorhergehende niedrigere Entwicklungsstufen reproduzieren. Dies ist die erste Voraussetzung der Evolution, durch die die Menschheit es vermögen wird, in sich selbst

– – – let the ape and tiger die.

In zweiter Linie kommt dann die Forderung, daß die mit erblichen physischen oder psychischen Krankheiten Belasteten diese nicht einer Nachkommenschaft vererben.

Was nun diese Erblichkeit betrifft, so sind die Meinungen

darüber noch in hohem Grade geteilt. So stehen sich große Autoritäten in der Frage der Tuberkulose gegenüber, die der eine für erblich, der andere für nur durch Ansteckung übertragbar hält, so daß, wenn das Kind z.B. von der tuberkulosen Mutter fortgenommen würde, keine Gefahr für dasselbe bestände. Auch über die Erblichkeit des Krebses sind die Ansichten in gleicher Weise geteilt. Über andere Krankheiten hingegen hat man volle Gewißheit. Was die Fallsucht betrifft, so hat ja die Gesetzgebung schon eingegriffen, obgleich das Gesetz in der Praxis nicht immer befolgt wird. Aber in Beziehung auf Syphilis, Alkoholismus und mehrere Fälle nervöser Belastung – die in verschiedenen Formen die Kinder am sichersten heimsuchenden Krankheiten – hat die Gesetzgebung noch nichts getan!

Es gibt eine alte Redeweise, daß man seinen Eltern für das Leben Dank schuldig sei. So können unsere Eltern, das weiß ich selbst aus Erfahrung, selbst die Erben der körperlichen und seelischen Gesundheit gewesen sein, die die Folge davon ist, daß Muttereltern, Vatereltern und Voreltern alle frühe, richtige und glückliche Ehen geschlossen haben! Aber in den meisten Fällen müßten die Eltern umgekehrt die Kinder für deren Dasein um Verzeihung bitten.

Sei es, daß man mit Menschen spricht, die in Not oder Verbrechen versunken sind; oder mit Menschen, die an Nervosität und anderen Krankheiten leiden; oder schließlich mit Menschen, die seelisch zerrissen sind, so kann man in den meisten Fällen überzeugt sein, daß sie als die tiefste Ursache irgend einen Umstand bei ihrer Geburt oder in ihrem Kindheitsbewußtsein bezeichnen. Bald sind sie von zu jungen oder zu alten, bald von kränklichen Vätern und Müttern geboren, bald im Rausche erzeugt, bald von einer durch Arbeitsplage oder eine große Kinderschar bedrückten Mutter. Oder sie haben das Leben aus Ehen empfangen, die ohne Liebe geschlossen oder nach dem Aufhören der Liebe fortgeführt wurden; sie sind in Widerwillen empfangen, unter Aufruhrgefühlen getragen, schon in ihrem Blute den Keim der Disharmonie oder des Lebensüberdrusses tragend. Unzählige Abnormitäten – darunter der Männerhaß bei Frauen – können auf diese Ursachen zurückgeführt werden. Oder sie sind schließlich in einem Heim erzogen, in dem sie unter Unterdrückung oder unter schlechten Vorbildern oder unter sich bekämpfenden Einflüssen gelitten haben.

So stark ist schon das Bewußtsein von der Bedeutung der Erblichkeit geworden, daß junge Menschen – die selbst eine durch Generationen angesammelte »Belastung« in der einen oder anderen Hinsicht getragen haben – anfangen einzusehen, daß es ihre Pflicht ist, lieber auf die Elternfreude zu verzichten, als ihr unglückseliges Erbe auf eine neue Generation überzuwälzen. Ich kenne eine Frau, in deren Familie väterlicherseits und mütterlicherseits Geisteskrankheit erblich war, und die darum, obgleich gesund, darauf verzichtete, sich mit dem Manne, den sie liebte, zu verheiraten. Ich weiß von einer anderen, die ihre Verlobung löste, weil sie sich überzeugt hatte, daß der Mann, den sie liebte, ein Trinker war, und sie ihren Kindern nicht einen solchen Vater geben wollte. Besonders in diesem Punkte sündigen die Frauen in der Ehe, sündigen aus Unwissenheit darüber, daß Epilepsie und andere Krankheiten – vor allem Alkoholismus – oft die Folge davon sind, daß ein Kind von einem berauschten Vater gezeugt wurde. Eine junge Frau könnte keinen sichereren Prüfstein für den Gehalt ihres Gefühles für einen Mann haben, als ob sie bei dem Gedanken, seine Eigenschaften auf ihr Kind vererbt zu sehen, jubelnde Freude oder quälende Unruhe empfindet!

Die Männer sündigen nicht nur im Rausche gegen das kommende Geschlecht, sondern auch in anderen Beziehungen, wo die Folgen noch vernichtendere sind.

Doch auch das Gewissen der Männer hat zu erwachen begonnen, und das äußert sich teils in dem Vorsatz, von der Ehe abzustehen, wenn sie wissen, daß sie ein schlechtes Erbe zu überliefern haben, teils in anderen Handlungen der Sittlichkeit, wie zum Beispiel den folgenden.

Ein junger Mann – selbst Arzt – hatte sich für gesund gehalten, als er sich verheiratete. Er entdeckte seinen Irrtum und war nun vor die Wahl gestellt, seiner Frau zu schaden oder von ihr zu lassen. Da sie einander tief liebten, war der einzige Ausweg, sich zu trennen. Denn die Ehe nur als Freunde fortzusetzen, fand er unmöglich und unrecht, weil dies der Frau das Mutterglück geraubt hätte. Er wählte den Tod, den er sich so gab, daß die Frau ihn durch einen Unglücksfall verursacht glaubte.

Ebenso handelte ein anderer Mann, der – nachdem er mehrere Jahre verheiratet gewesen war und drei Kinder gehabt hatte – erfuhr, daß er der Halbbruder seiner Frau war.

Aber sowohl die Handlungen dieser Männer wie die der vorhin erwähnten Frauen sind vorderhand noch zerstreute Einzelfälle. Es bedarf der Entwicklung vieler Generationen, bis es der Frau zum Instinkte wird – zum unwiderstehlich gebieterischen Instinkt –, keinen physisch oder psychisch verkommenen oder entarteten Mann zum Vater ihrer Kinder zu machen. Der Instinkt des Mannes ist in dieser Richtung schon stärker. Aber er ist dagegen wieder abgestumpft durch einen veralteten Rechtsbegriff, nach dem die Frau sich noch immer als einer Pflicht Forderungen unterwerfen muß, gegen die ihr ganzes Wesen sich sträubt. Die Frau hat in dieser Hinsicht nur eine Pflicht, eine unumstößliche, eine, gegen die jede Übertretung eine Sünde ist, die, daß das neue Wesen, dem sie das Leben gibt, in Liebe und Reinheit gezeugt und empfangen sei, in Gesundheit und Schönheit, in voller wechselseitiger Harmonie, vollem gemeinsamen Willen, vollem gemeinsamen Glück – niemals im Rausche, in stumpfer Gewohnheit, in Überdruß, mit geteiltem, mit aufrührerischem Sinn. Bis die Frauen diese ihre Pflicht nicht einsehen, wird die Erde noch immer von Wesen bevölkert sein, die im Augenblicke des Entstehens schon um die besten Voraussetzungen der Lebensfreude und Lebenstauglichkeit betrogen worden sind. Zuweilen zeigen sie früh und offenkundig die Zeichen der Degeneration oder der Disharmonie. Zuweilen scheinen sie lange blühende und kräftige Menschenexemplare zu sein – bis sie in irgendeinem entscheidenden Augenblicke zusammenbrechen, durch jenes unzureichende Maß physischer und psychischer Widerstandskraft, das durch ihren Ursprung selbst verursacht ist.

Was die Ehen zwischen gesunden und fertigen Individuen betrifft, so kann hier niemals das Gesetz, sondern nur die Sitte ihren Einfluß zum Besseren üben. Erst wenn die Kinder schon vom zarten Alter an ihr Wesen und ihre zukünftige Aufgabe als Geschlechtswesen kennen lernen, können Mutter und Vater zugleich in ihr Bewußtsein nicht den abstrakten »Reinheits«begriff, sondern das konkrete Keuschheitsgebot mit Feuerschrift einprägen: ihre Gesundheit, ihren Reiz, ihre Unschuld für das Wesen zu bewahren, das sie einstmals lieben werden, für die Kinder, die aus dieser Liebe das Leben empfangen können.

Der Arterhaltungstrieb macht wirklich den Menschen niedrig oder klein oder lächerlich – ganz wie bei uns Heidenstam und Strindberg, ebensogut wie Maupassant, Tolstoi und andere aus ganz verschiedenen Ausgangspunkten es geschildert haben – aber nur, wenn der Trieb ohne Zusammenhang mit seinem in der Natur gegebenen Ziel auftritt oder wenn dieses Ziel ohne Rücksicht auf die Hervorbringung einer lebenstauglichen Nachkommenschaft erreicht wird. Die Erotik, die lebenszerstörend ist, die den Wert des Individuums als Lebensschöpfer verringert, diese Erotik setzt wirklich den Menschen herab, ist unsittlich vom Gesichtspunkte der modernen Anschauung des Lebens zu immer höheren Formen.

Die Jugend muß daher Ehrfurcht vor ihrer zukünftigen Aufgabe lernen, die sie verfehlt, wenn sie ihre seelische und körperliche Schönheit an leichtsinnig geschlossene und gelöste Verbindungen ohne die Absicht der Treue, ohne die Würde der Verantwortlichkeit vergeudet. Aber die Jugend muß auch wissen, daß man diese Aufgabe in noch viel tieferer Weise verfehlt, wenn man mit kaltem Herzen und kalten Sinnen das Leben eines Kindes hervorruft, sei es in einer aus weltlichen Motiven geschlossenen Ehe, oder in einer aus »sittlichen« Gründen zusammengehaltenen, in der die eingetretene Disharmonie auf neue Wesen fortgepflanzt wird.

Die Mütter – stumpf und stumm gemacht durch das Bewußtsein unzähliger Treubrüche gegen ihre Jugendträume, ihr ideales Bewußtsein – sind oft diejenigen, die bei den Kindern die reinen erotischen Instinkte, die keuschen und feurigen Gefühle, die hohen Ziele bekämpfen. Sie lehren sie z.B., daß da die Liebe oft nach der Heirat ein Ende nimmt, man diese ebensogut ohne Liebe schließen könne – ein Gedankengang, vergleichbar z.B. mit der Folgerung, daß ein Fahrzeug ganz wohl mit einem Schaden in See stechen dürfe, da es ja doch auf jeden Fall möglich ist, daß es einen solchen erhält! Sie sprechen von dem Unreinen der Sinnlichkeit, von den Vorzügen der freundschaftlichen Vernunftehe, von der beruhigenden Kraft der Pflicht: lauter eiskalte Vernünftigkeiten, mit denen lebenswarme Seelen gemordet werden!

Erst wenn eine Tochter von ihrer Mutter eine weise und feinfühlige Hilfe empfängt, um vor Übereilungen behütet zu werden, um offenen Auges zu unterscheiden, wo sie selbst in ihrem Gefühl unsicher ist; erst wenn in ihre Seele und ihre Nerven mit feurigem Griffel eingezeichnet wird, daß sie ein gefallenes Wesen wäre, wenn sie sich aus anderen Gründen als aus erwiderter Liebe hingäbe, erst dann wird die große Umwandlung der jetzigen sittlichen Werte vollzogen sein. Solange die Menschen meinen, daß sie mit der Ehe machen können, was sie wollen, und sie aus welchen Motiven immer schließen: daß sie z.B. aus Pflichtgefühl heiraten müssen, um gegebene Versprechen einzulösen oder begangene Fehler zu sühnen; daß sie z.B. aus Sehnsucht nach einem Heim das Recht haben, eine Ehe ohne Liebe einzugehen – solange stehen sie auf demselben ethischen Standpunkte wie der, welcher mordet, weil er früher gestohlen, oder der gestohlen hat, weil er hungrig war! Zu glauben, daß man das verletzlichste Gebiet des Lebens, das Gebiet, wo zahllose geheimnisvolle Einflüsse die Wesensbestimmungen eines neuen Geschlechts gestalten, nach seinem Gutdünken behandeln dürfe, das ist das große Verbrechen gegen die »Heiligkeit der Generation«.

Solange Kinder noch immer in der kalten Atmosphäre der Pflicht oder in der stürmischen der Disharmonie geboren werden und man solche Ehen noch immer als sittlich betrachtet; solange man alle Art von seelischer Zerrissenheit und körperlicher Ungesundheit auf die Kinder fortpflanzen kann und die Eltern doch noch immer »ehrenhaft« genannt werden – solange ahnt man noch nicht einmal die neue Sittlichkeit, die den neuen Menschen bilden wird.

Diese neue Sittlichkeit hat noch feinere Forderungen. Heute dürfte es selten vorkommen, daß ein junges Mädchen in Unwissenheit über die Wirklichkeit der Ehe in diese eintritt. Aber in meiner Generation weiß ich Fälle, wo in dem einen die Unwissenheit der Braut ihre Geisteskrankheit zur Folge hatte; in dem anderen, daß sie lange Selbstmordgedanken hegte; in dem dritten, daß sie das Kind, dem sie das Leben gab, immer mit Kälte betrachtete; und in dem vierten, daß das Kind anormal in psychischer Beziehung wurde. Es genügt jedoch für die Schönheit der Ehe und die Harmonie des Kindes nicht, daß die Frau so im allgemeinen weiß, was ihr begegnen wird. Ein junger Mann sagte mir einmal. daß die meisten Ehen schon im Anfange dadurch zerstört werden, daß der Mann die Anschauungsweise und die Gewohnheiten jener tiefstehenden Frauen mitbringt, die ihn in die »Liebe« eingeweiht haben; daß er so häufig für immer das Zarteste in seinem Verhältnis zu seiner Frau vernichtet, das Schönste in ihrem Gefühl verletzt,[12] und daß der Mann es lernen muß, Ehrfurcht und Geduld zu haben. Und ich kenne Männer, die das wirklich bewiesen haben, weil sie einsahen, daß ihre Gattin, wie es bei Frauen nicht selten der Fall ist, ihre Seele, ihr Herz gegeben hatte, lange bevor ihre Sinne erwacht waren, und daß nur das tägliche Zusammensein allmählich auch sie lehrte, sich nach Ganzheit zu sehnen. Erst durch diese gemeinsame Sehnsucht soll ein Kind das Leben empfangen. Noch werden viele Kinder in legalisierter Prostitution, in legalisierter Notzucht geboren. Noch fehlt dem Bewußtsein vieler Frauen und Männer jeder Schimmer von religiöser Andacht, von Schönheitsgefühl vor dem großen Mysterium des Werdens. Und doch will man noch immer im Namen der »Sittlichkeit« vor der Jugend die Nacktheit der Natur verschleiern und verabsäumt es, ihr Andachtsgefühle vor ihrem eigenen Wesen als dem Heiligtum einzuflößen, in dem das Mysterium des Lebens sich einst erfüllen wird!

In diesem Mysterium gibt es noch verborgene Gebiete, zu denen nur die Intuition gedrungen ist. Nur hier und da hat ein tiefblickender Dichter all die unzähligen Affinitäten oder Repulsionen geahnt, die – unter wechselnden seelischen und sinnlichen Dispositionen, unter wechselnden Stimmungen – das erotische Leben eines modernen Menschen bestimmen; die mystischen Einflüsse, die, manchmal für immer, manchmal nur zeitweise, selbst das innigste Gefühl umwandeln können. All diese mystischen Einflüsse, das zarte Gespinnst all dieser feinen Fäden wird dann ein Teil des Lebensgewebes der Kinder. Und diese geheimnisvollen Verläufe erklären die große Verschiedenheit zwischen Kindern derselben Eltern, Kindern, die in äußerlich ganz gleichartigen Verhältnissen geboren und erzogen wurden.

Daß die Menschen in all diesen Eingebungen des Instinktes, diesen kategorischen Imperativen der Nerven und des Blutes zugleich gehorsame Lauscher und strenge Herrscher

werden – das ist die Voraussetzung für das zukünftige erotische Glück und für ein glücklicheres Geschlecht der Zukunft.

Die Jetztzeit hat ererbte Sitten und neuerworbene Unsitten,
die beide überwunden werden müssen, bevor Seele und Sinne
in der Erotik untrennbar werden, oder mit anderen Worten,
bevor diese Einheit als die einzige Sittlichkeit in dem Verhältnis zwischen Mann und Weib erkannt wird.

* * *

Es gibt freilich – sowohl unter den genialen Männern wie unter den einseitigen Frauenrechtlerinnen – solche, die meinen,
daß die Entwicklung einen ganz anderen Verlauf nehmen
wird. Nachdem man den niedrigen Trieb, der der Liebe zugrunde liegt, klar erkannt und wissenschaftlich analysiert hat,
wird, sagt man, das hochstehende Individuum entweder den
Trieb befriedigen, schamlos und tierisch ohne alle
Gefühlsausschmückung, oder es wird sich seiner Gewalt entziehen und die Lebenskraft, den Gefühlsinhalt, der jetzt noch
von der Liebe verbraucht wird, anderen, edleren Aufgaben zu-
wenden.

Es liegt nichts Unmögliches in dieser Annahme. Ich habe
schon dargelegt,[13] daß die Frau durch ihre mütterliche Funktionen so viel physische und psychische Lebenskraft verbraucht, daß sie auf dem Gebiete der geistigen Produktion
minderwertig bleiben muß. Und was ich damals nur intuitiv
annahm, ist mir seither von Sachverständigen bestätigt worden. So hat z.B. ein finnländischer Arzt[14] dargelegt, wie die
ganze Lebenskraft der niedrigeren Organismen sich in der se-
xuellen Produktion konzentriert, daß aber, je höher man
kommt, desto mehr Kraft freigemacht wird; und diese Kraft,
die nicht für die Hervorbringung neuer Generationen in Anspruch genommen wird, kann der geistigen Produktion dienen. Jede der beiden verschiedenen produktiven Äußerungen
der menschlichen Lebentätigkeit muß in gewissem Grade
hemmend auf die Kraftentwicklung und das Arbeitsvermögen
der andern wirken. Dies ist, nach dem genannten Schriftsteller, die natürliche Ursache der geringeren Fruchtbarkeit des
Kulturmenschen und würde – nach den früher genannten Pes-
simisten – auch das schließlich Entscheidende bei dem ge-
wahrsagten Untergang der Liebe sein.

Nach meiner Auffassung des Wortes ist es im Gegenteil die Liebe, die bei der relativen Schwächung des Triebes und durch die wissenschaftliche Klarheit über denselben gewinnen wird. Die Menschen werden dann nicht mehr den Trieb mit der Liebe verwechseln, in der derselbe allerdings immer vorhanden ist, aber in derselben Weise, wie z.B. die Skulpturen der Höhlenmenschen in denen eines Michelangelo gegenwärtig sind. Der Mensch wird dann erst mit allen Kräften seines ganzen menschlichen Wesens lieben können, wenn die Liebe nach dem schönen Wort des Amerikaners Thoreau »nicht nur eine Glut, sondern ein Licht ist«; er wird dann erst einsehen, welchen Reichtum das Leben durch die Liebe erhalten kann, wenn diese ein menschenwürdiges Glück wird, dadurch daß sie ein künstlerisches Schaffen ist, ein religiöser Kult und – schließlich – ein Ausdruck der vollzogenen Einheit der Liebenden in einem neuen Wesen, einem Wesen, das einstmals wirklich für das Leben wird danken können.

* * *

Wenn es sich um die Vervollkommnung des Menschengeschlechtes handelt, ist die Umgestaltung der Sitten und Gefühle immer das Wesentliche, und im Vergleiche damit wird der Einfluß der Gesetzgebung immer gering sein. Aber auch diese hat, wie schon gesagt, ihre Aufgabe zu erfüllen. Besonders in bezug auf Krankheiten, von deren Erblichkeit man absolut überzeugt ist, muß die Gesellschaft ehehindernd eingreifen. Man hat in Deutschland und in Amerika einen guten Übergangsvorschlag in dieser Richtung gemacht, nämlich daß das Gesetz das Vorweisen eines ärztlichen Zeugnisses – mit vollständigen Daten über die Gesundheit beider Teile – als obligatorische Bedingung der Eheschließung verlangen solle. Dann hätten die Kontrahenten noch immer ihre Entscheidungsfreiheit, aber sie würden wenigstens nicht wie jetzt unwissend in die Ehe treten und sich selbst und ihre Kinder deren schädlichen Folgen aussetzen. Und es scheint mir, als müßte es für die Gesellschaft mindestens ebenso wichtig sein, ein ärztliches Zeugnis über die Fähigkeit zur Ehe wie über die Fähigkeit zum Kriegsdienst zu erhalten! In dem einen Falle gilt es, Leben zu geben, in dem anderen, es zu nehmen; und obgleich das letztere freilich bis jetzt als eine weit ernstere

Angelegenheit betrachtet wurde als das erstere, dürfte doch ein erwachendes Gesellschaftsbewußtsein bald einen Schritt in der erwähnten Richtung fordern. Es läßt sich dann denken, daß sich aus diesem Anfang die Sitte entwickelt; so daß eine weitere Gesetzgebung entbehrlich wäre, weil die Menschen gutwillig auf die schädlichste aller Freiheiten verzichten würden, auf die, einer schlechten Nachkommenschaft das Leben zu schenken, während ein Eheverbot jetzt die Elternschaft nicht verhindern würde. Denn der große Haufe könnte ja außerhalb der Ehe fortfahren, schon vor der Geburt den Kindern Gesundheits- und Glücksmöglichkeiten zu rauben, indem er sie mit erblichen Krankheiten oder schlechten Anlagen belastet.[15]

* * *

Nietzsche, der von der Liebe wenig weiß – weil er vom Weibe beinahe nichts weiß – und der darum nicht viel des Lauschens Wertes sagt, wenn er sich über diese Themen äußert, hat doch über die Elternschaft tiefere Worte gesprochen, als irgendein anderer in unserer Zeit. Er hat gesehen, welche Unreinheit, welche Armut sich unter dem Namen der Ehe verbirgt; welches Pfuschwerk, welche Unwissenheit unter dem der Erziehung! Und er hat herrliche Seher- und Dichterworte für das, was der Mensch durch die Elternschaft erstreben und was die Elternschaft sein sollte:

Ich will, daß dein Sieg und deine Freiheit sich nach einem Kinde sehne. Lebendige Denkmale sollst du bauen deinem Siege und deiner Befreiung.

Über dich sollst du hinausbauen. Aber erst mußt du mir selbst gebaut sein, rechtwinklig an Leib und Seele.

Nicht fort sollst du dich pflanzen, sondern hinauf! Dazu helfe dir der Garten der Ehe!

Einen höheren Leib sollst du schaffen, eine erste Bewegung, ein aus sich rollendes Rad – einen Schaffenden sollst du schaffen.

Ehe: so heiße ich den Willen zu Zweien, das Eine zu schaffen, das mehr ist, als die es schufen. Ehrfurcht vor einander nenne ich Ehe als vor den Wollenden eines solchen Willens.

II.
Das ungeborene Geschlecht und die Frauenarbeit

Es gibt wenige Momente im Leben der Gegenwart, in denen der Dualismus zwischen Theorie und Praxis stärker und unbewußter hervortritt als in der Frauensache. Von den Vorkämpferinnen derselben sind viele christlich gesinnt, und diese protestieren mit Empörung gegen den Gedanken, daß sie irgendwie Teil an jener Befreiung der Persönlichkeit haben könnten, die »Freiheit für alle Kräfte und Mächte der Persönlichkeit« einschließen würde. Individualismus und Selbstbehauptung sind für sie niedrige Worte mit sündiger Bedeutung! Daß die Frauenemanzipation tatsächlich die größte egoistische Bewegung des neunzehnten Jahrhunderts ist – ja, die eingreifendste Betätigung der Selbstbehauptung, die die Geschichte noch gesehen – davon haben sie keine Ahnung! Die Befreiung der Kräfte und der Persönlichkeit der Frau hat sich ihnen nie anders dargestellt als in der Form eines idealen Gerechtigkeitskampfes, eines edlen Sieges!

Und das ist sie auch im Innersten gewesen, wie alle andere Selbstbehauptung, deren Ziel die Anerkennung des Rechts der menschlichen Persönlichkeit auf volle Kraftentwicklung in selbstverantwortlicher Freiheit gewesen ist. Aber so wie jede andere solche Selbstbehauptung des Individuums, der Klasse oder der Rasse leicht in unberechtigten Egoismus umschlägt, so ist dies auch mit der Befreiung der Frau der Fall gewesen.

Die große, tief ernste Frauenemanzipation hat im Laufe der Zeiten einen neuen Namen bekommen, die Frauensache. Die Änderung des Sprachgebrauchs schließt auch eine Änderung des Gedankenganges in sich. Von einer wirklichen Emanzipationsbewegung – d.h. einer Befreiung der gebundenen Kräfte der Frau, ihrer gehemmten Persönlichkeit – ist die Bewegung eine »Sache« geworden, d.h. eine Gesellschaftseinrichtung mit ihren Beamtinnen, eine Kirchenlehre mit ihren Dogmen! Gewiß hört man in Rede und Schrift noch immer, daß die

Frauensache im Hinblick auf das Glück und die Entwicklung der ganzen Menschheit betrieben wird. Aber in Wirklichkeit ist die Frauenfrage, seit sie zur »Sache« wurde, ein Selbstzweck gewesen, und ihre Verfechter haben mehr und mehr den Blick für ihren Zusammenhang mit anderen großen Zeitfragen verloren. Die bürgerlichen Rechte und die Arbeitsgebiete der Frau zu erweitern – in beiden Fällen hatte man eigentlich die Frau der oberen Klassen im Auge –, dies ist das an und für sich berechtigte Ziel gewesen. Aber in dem Streben nach diesem haben sich die Strebenden immer abweisender dem ersten und höchsten aller Rechte gegenüber gestellt, dem Rechte der weiblichen Persönlichkeit, ihre eigenen Gedanken zu denken, ihre eigenen Wege zu verfolgen, auch wenn diese Gedanken und diese Wege andere Bahnen einschlagen, als die der Frauenrechtlerinnen. Während diese einerseits weit davon entfernt sind, der einzelnen Frau ihre berechtigte Freiheit zuzugestehen, sind sie andererseits blind gegen die Folgen der Selbstbehauptung des ganzen weiblichen Geschlechts in einer immer mehr nach außen gekehrten Arbeit gewesen; blind gegen deren tief eingreifende Wirkungen auf die gegenwärtigen Arbeitsbedingungen, auf das Dasein des Mannes und der Familie, auf die Gesellschaft in ihrer Gesamtheit!

Einen gegen die Frau ungerechten Gesetzesparagraphen abzuschaffen, hundert Frauen auf ein Arbeitsgebiet zu lenken, auf dem früher nur zehn gewirkt haben, eine auf ein solches, auf dem früher keine tätig war – das sind die Meilensteine auf der Fortschrittslinie der Frauensache gewesen, einer Linie, die man ohne Rücksicht auf die weiblichen Anlagen, die weibliche Physis, die umgebenden Verhältnisse verfolgt hat.

Der Ausruf einer Frauenrechtlerin – als eine andere Frau Schlachter geworden war – »gehe hin und tue ein Gleiches!« und eine amerikanische junge Dame, die als Scharfrichter wirkt, sind in dieser Beziehung bezeichnende Phänomene!

Daß die Frauenemanzipation tatsächlich aufgehört hat, eine Seele und Herz erweiternde Befreiung zu sein, und nun ganz amtlich, geschäftsmäßig, dogmatisch betrieben wird, ohne Empfindung für die pulsierende Mannigfaltigkeit des Lebens; daß sie ein egoistischer Selbstzweck geworden ist – das hat es bewirkt, daß ich so wie andere meiner Generation und noch mehrere der jetzt jungen Generation bald von der Frauensache Abstand nahmen, obgleich wir alle die *Befreiung* der Frau lebhaft wünschten und noch wünschen. Mehr und mehr hat es sich bei den Verfechtern der Frauensache wie bei anderen »Sachen«-Menschen gezeigt: »daß das Ziel, das wir erjagen, schließlich ein durchgehendes Pferd vor unserem Wagen wird«. Und wie blind die Fanatiker der Frauensache an anderen Aufgaben der Zeit vorbeigestürmt sind, das kann man am besten ermessen, wenn man ihre Stellung zu der größten Frage der Zeit, der sozialen, betrachtet.

Der Frauenkongreß in London (1899) war in dieser Hinsicht bezeichnend, sowohl für den Abfall von den frauenrechtlerischen Dogmen wie für die Behauptung derselben. In letzterer Hinsicht waren die Ausführungen der Finnländerin Alexandra Gripenberg gegen die Schutzgesetzgebung für Frauen die typischsten. Sie nannte diese Gesetzgebung einen Abkömmling des alten Satzes, daß die Frau Privilegien haben solle, nicht Rechte; daß die Frauen geschützt werden sollen, anstatt sich selbst zu schützen; daß man sie als den kostbarsten Besitz des Volkes betrachte, anstatt als einen Teile des Volkes selbst. Und nachdem sie betont hatte, daß die erwachsene Frau dasselbe Recht haben müsse wie der erwachsene Mann, sich selbst zu schützen, fragt sie, mit welchem Recht man die Frau hindern wolle zu arbeiten, weil sie verheiratet sei oder Kinder habe? Die Schutzgesetzgebung treibe die Frau aus Fabriken und Werkstätten fort, und weit davon entfernt, daß diese Gesetzgebung die Unterstützung der Frau verdiene, solle diese im Gegenteil auf gleiche Schutzmaßregeln für Frauen und Männer dringen, auf Fachunterricht und erweiterte Arbeitsgebiete für Frauen.

Diese ganze Argumentationsserie ist ganz folgerichtig von dem Ausgangspunkte Fräulein Gripenbergs und ihrer Gesinnungsgenossen: nämlich dem, daß eine Einschränkung der Frauenarbeit »einem der vornehmsten Prinzipien unserer Zeit, der Selbstbestimmung des Individuums«, widerstreite, die das Recht für die erwachsene Frau wie für den Mann bedinge, seine eigene Arbeit zu wählen, sowie daß Privilegien auf Grund des Geschlechtes des Weibes nur hinderten, daß die Frau vor dem Gesetz dem Manne gleichgestellt würde.

Aber diese ganze Art zu argumentieren ruht auf dem sophistischen Gedanken, der die ganze Frauensache verrenkt hat, nämlich daß man die Frau von der Begrenzung der Natur befreien könne. Und sie ruht auf dem anderen sophistischen Gedanken, mit dem die kapitalistische Gesellschaft jeder Forderung einer Schutzgesetzgebung, sei es für Männer, Frauen oder Kinder, begegnet ist: nämlich daß eine solche Gesetzgebung ein Eingriff in das Selbstbestimmungsrecht des Individuums sei!

Jeder sozial geweckte Mensch sieht jedoch ein, daß dieses »Selbstbestimmungsrecht« des Individuums in einer auf Großindustrie aufgebauten Gesellschaft vor der Wirklichkeit die hohlste Phrase ist, und doppelt hohl, wenn es sich um die Frau handelt!

Noch habe ich keine Frau verlangen hören, daß die Frau die Militärpflicht als Äquivalent für gleiche bürgerliche Rechte wie der Mann erfüllen solle. Aber das wäre doch die Konsequenz des oben angeführten Argumentes: daß die Frau auf Grund ihres Geschlechtes keinerlei Privilegien erhalten dürfe. Das größte Privilegium, das sich in einer modernen Gesellschaft denken läßt, ist wohl gerade das, von den Unannehmlichkeiten und dem Zeitverluste der militärischen Ausbildung verschont zu bleiben, von der Gefahr und den Schrecken des Krieges! Und daß die Frau nicht absolut *außerstande* zum Kriegsdienst ist, das haben die Frauen mehrere Male – besonders jetzt bei den Buren – gezeigt. Wenn also die Frauenrechtlerinnen vor dieser äußersten Konsequenz ihrer Sätze zurückschrecken und die mütterlichen Funktionen als triftigen Grund für das Privilegium einer Befreiung vom Kriegsdienst anführen, auch wenn die Frau einmal dieselben bürgerlichen Rechte erhält, die der Mann jetzt genießt, dann sind sie in hohem Maße inkonsequent. Hingegen erklären andere Frauen mit voller Konsequenz, daß auf einem anderen Schlachtfeld, einem noch verheerenderen – dem der Großindustrie – dieselben mütterlichen Funktionen auch gewisse Privilegien für die Frau erheischen, so wie diese Funktionen andererseits zur Folge haben müssen, daß sie sich gewissen Einschränkungen ihres individuellen Selbstbestimmungsrechts unterwirft, nämlich in jenen Fällen, wo sie die von der Natur gezogene Grenze nicht überschreiten kann, ohne dem Rechte eines anderen Eintrag zu tun.

Und dieser andere ist das mögliche Kind.

Es liegt in dem individuellen Rechtsgebiet des Weibes wie des Mannes, die Ehe nicht zu wollen oder sie ohne die Elternschaft zu wollen. Um von der letzteren abzustehen, kann man ebenso oft tief altruistische wie tief egoistische Gründe haben. Es liegt in dem individuellen Rechtsgebiet des Weibes wie des Mannes, dem auszuweichen, was man als hinderlich für die individuelle Entwicklung oder Bewegungsfreiheit betrachtet, und so die Liebe oder die Mutterschaft zu entbehren, wenn man eine von beiden oder beide aus diesem Gesichtspunkte betrachtet. Es ist das volle Recht der Frau, sich in »das dritte Geschlecht« verwandeln zu lassen – in das Geschlecht der Arbeitsbiene, der geschlechtslosen Ameise –, falls sie darin ihr höchstes Glück findet!

Als ich vor einigen Jahren in der Frauenfrage auftrat,[1] war ich noch naiv genug, die Mütterlichkeit für das Zentrale in dem Wesen der meisten Frauen zu halten. In der Diskussion über diese Frage habe ich gefunden, daß die notgedrungene Frauenarbeit, der von der Befreiung der Kraft angestachelte weibliche Ehrgeiz, das von vielen anderen Einflüssen des Zeitgeistes modifizierte weibliche Seelenleben bis auf weiteres die mütterlichen Instinkte in den Hintergrund gedrängt hat – eine Gefahr, gegen die zu warnen ich damals noch nicht für zu spät hielt. Es gibt Frauen, bei denen das erotische Gefühl wirklich ganz und gar verkümmert ist; andere, die bei dem modernen Manne nicht die seelenvolle und tiefe erotische Übereinstimmung finden, die sie mit vollem Rechte wünschen; noch zahlreichere, die die Liebe wollen, aber nicht die Mutterschaft wünschen, ja sie sogar fürchten. Eine berühmte deutsche Schriftstellerin hat in einem ihrer letzten Bücher[2] von dieser Furcht gesprochen, von »dieser fortwährend wachen, aufgeregten, sich zur Wehr setzenden Angst vor der Mutterschaft, welche heute so viele strebende und schaffende Frauen erfaßt hat. Eine Angst, ein Abscheu, der so stark, so lebenleitend in ihnen geworden ist, daß man fast an einen dunklen, perversen Instinkt glauben möchte, der doch, wie alle widernatürlichen Instinkte, durch grausame Notwendigkeiten empfangen und geboren und durch sie mächtig geworden ist. Als sage diesen Frauen ein Geheimes in den innersten Gründen ihrer Natur, indem sie dem Geschlechte ihren Tribut zahlen, würden sie jene Kraft, Helle und Schärfe des Geistes verlieren, durch die sie sich über ihr Geschlecht erhoben haben. Und vielleicht hat eine bestimmte Art von Frauen Recht mit dieser Furcht.«

Ich bin ebenso überzeugt wie die deutsche Schriftstellerin, daß jedes auftretende Phänomen – der Krankheit wie der Gesundheit – eine notwendige Folge aus gegebenen Ursachen ist. Und ich bin viel überzeugter als nur je die Frauenrechtlerinnen, daß es in das Gebiet der menschlichen Freiheit fällt, seine eigene Art der Entwicklung, des Glücks, des Untergangs zu wählen. Es fällt mir nicht ein, ein weiteres Wort an die Frauen zu richten, die die Mutterschaft nicht wünschen.

Ja, es würde sehr unheilvoll sein, wenn diese Frauen, die nie von Zärtlichkeit erbebt sind, wenn sie eine weiche Kinderhand in der ihren fühlten, die sich nie gesehnt haben, sich ganz einem anderen Wesen hinzugeben, Mütter würden! Ihre Kinder würden beklagenswerter sein als sie selbst!

Solche Frauen gibt es jetzt viele, und ihrer dürften bis auf weiteres immer mehr werden. Bei einigen von diesen ist aber doch der Mutterinstinkt nicht tot, sondern nur unbewußt. Die modernen psychisch analysierenden, physisch und psychisch verfeinerten Frauen werden oft von der Roheit, dem Unverständnis oder den Anforderungen der männlichen Natur zurückgestoßen. Das ganze erotische Moment in dem Wesen dieser Frauen welkt wie eine nie aufgeblühte Knospe. Und in der Schwärmerei für eine Aufgabe oder eine Freundin finden sie einen Ausdruck für die Hingebung, deren eigentliche Ziele sie leugnen oder übersehen, etwas, das sich doch schließlich oft auf tragische Weise rächt.

Wovon ich also jetzt spreche, ist nur das, daß jedes Weib, das noch nicht aufgehört hat, die Mutterschaft zu wünschen, schon als Mädchen und noch mehr als Frau Pflichten gegen das ungeborene Geschlecht hat, denen es sich nicht ohne rücksichtslosen Egoismus entziehen kann. Dieser Egoismus ist oft eine Erscheinungsform des großen Triebs, der neben dem Arterhaltungstrieb das Dasein beherrscht: des Selbsterhaltungstriebs. Aber gerade das sollte diesen notgedrungenen Egoismus der modernen Arbeiterin jenen furchtbar erscheinen lassen, die sich mit der Befreiung der Frau befassen!

Denn von der »Freiheit« der Frau zu sprechen, von ihrer

individuellen Selbstbestimmung, wenn sie wie ein Packtier arbeitet, um das Existenzminimum zu erreichen, das sie vom Hungertode trennt, und unter Verhältnissen, in denen die freie Arbeitsabmachung für die Frau wie für den Mann ein leeres Wort ist – das ist, milde gesagt, Gedankenlosigkeit. Ich kann mit einem Beispiel die Folgen der »Freiheit« beleuchten.

Während in England die Frau an der Fabrikation des Bleiweiß arbeitete, wurden 77 Frauen einer Fabrik untersucht, und es stellte sich heraus, daß in der Zeit, die die Untersuchung umfaßte, unter ihnen 21 Totgeburten vorgekommen waren, 90 Fehlgeburten, und außerdem waren 40 Säuglinge an von der Vergiftung der Mutter hervorgerufenen Konvulsionen gestorben. Im Alter von 18 bis 23 Jahren litt die Physis der Frauen am meisten unter diesem Berufe, der außerdem Lahmheit, Blindheit u.a. im Gefolge hat.

Ein englischer Arzt hat erklärt, daß langjährige, genaue Untersuchungen ihn davon überzeugt haben, daß die ungeheure Säuglingssterblichkeit in den Fabrikdistrikten in erster Linie darauf beruht, daß das Kind einige Wochen nach der Geburt der Pflege der Mutter beraubt wird, die es durch mindestens sechs Monate braucht, weil die Muttermilch nicht voll durch künstliche Mittel ersetzt werden kann, am allerwenigsten, wenn diese, wie hier, ohne peinliche Sorgfalt gebraucht werden. In gewissen textilen Manufakturdistrikten, z.B. in Nottingham, wo Spitzen erzeugt werden – und wo man gerade über das Gesetz geklagt hat, das die Arbeit der Frau einschränkte –, *sterben von tausend Kindern zweihundert;* die Sterblichkeit in den Fabrikstädten zeigt sich vier- bis fünfmal größer als in der ländlichen Umgebung. Und doch ist der Tod der Kinder relativ das Beste: noch trauriger ist es, daß die überlebenden für immer geschwächt werden, teilweise durch den Mangel der mütterlichen Pflege in zartem Lebensalter.

In Schlesien, wo Kinder und ganz junge Mädchen in der Glasindustrie verwendet werden, hat diese Arbeit ihren Knochenbau so verkrümmt, daß sie, wenn sie Mütter werden, die schwersten Entbindungen haben. Sie bilden in dieser Beziehung das beste Studienmaterial der Obstetrik, und die Ärzte wallfahrten nach Schlesien, um aus demselben zu lernen!

Noch bevor die Frau erwachsen oder mündig ist und sich

nach der Ansicht der Frauenrechtlerinnen »selbst schützen kann«, ist sie so zugrunde gerichtet worden. Und wenn man einwendet, daß das eben Angeführte zu dem Gebiet des Kinderschutzes, nicht des Frauenschutzes gehört, so ist die Antwort leicht: Kinderschutz und Frauenschutz stehen in einer derartigen Wechselwirkung, daß sie nicht zu trennen sind! Diese verkümmerten Mütter gebären ihrerseits wieder Kinder, die schon seit ihrer Geburt verkümmert sind, und mit geschwächter Widerstandskraft die Arbeitslast tragen oder ihre Schwäche auf die Nachkommenschaft fortpflanzen. Ursache und Wirkung greifen hier so unauflöslich ineinander, daß sie nicht gerecht zwischen Kinderarbeit und Frauenarbeit verteilt werden können.

Auch die Frauenrechtlerinnen dürften zugeben, daß die Grenze ihres Rechtsgebiets da aufhört, wo das Recht eines anderen beginnt. Es fällt ihnen nicht ein, daß das »individuelle Selbstbestimmungsrecht« der Frau dahin gehen solle, daß eine Frau beispielsweise für eine Gartenanlage ein Stück des nachbarlichen Grundes oder für eine industrielle Anlage einen Teil seiner Wasserkraft unterschlagen dürfe.

Aber sehen sie denn nicht ein, daß der Frau dieselbe Grenze ihrer individuellen Freiheit in dem Rechte jenes anderen begegnet, der das mögliche Kind ist, das Kind, dessen Eigentumsrecht, die Lebenskraft, sie nicht das Recht hat, im vorhinein zu belasten?

Eine Frau, die aus dem einen oder anderen großen oder kleinen Motiv für immer von der Ehe absteht, hat das volle Recht, sich durch Arbeit zugrunde zu richten, falls sie dann nicht als arbeitsuntauglich anderen zur Last fällt.

Aber die Frau, die sich die Mutterschaft als eine Möglichkeit denkt, oder die Frau, für die sie schon eine Hoffnung ist, die darf nicht durch schrankenlose freiwillige oder willenlos notgedrungene Arbeit die Lebens- und Arbeitsmöglichkeiten der ungeborenen Generation preisgeben, so daß sie dann schwache, kränkliche, physisch verkümmerte und später vernachlässigte Kinder zur Welt bringt.

Es kommt den dogmatischen Frauenrechtlerinnen nicht in den Sinn, daß ihre Reden von der »individuellen Freiheit« der Frau, sich selbst zu schützen, ihre Behauptung, daß ihrer Selbstbestimmung kein Eintrag zu geschehen brauche, aus dem Grunde, weil sie verheiratet oder Mutter sei – die empörendste Mißhandlung nicht nur der Kinder, sondern auch der Frauen selbst bedeutet; denn jede Forderung der Gleichheit, wo die Natur Ungleichheit geschaffen, wird zur Mißhandlung des schwächeren Teils! Gleichheit ist nicht Gerechtigkeit – sie ist im Gegenteil nicht selten die blutigste Ungerechtigkeit!

Bei dem Frauenkongreß in London war Mrs. Sidney Webb eine warme Verfechterin der Schutzgesetzgebung, einer Ansicht, die ihre Stütze in persönlicher Erfahrung und gründlichen Studien hatte, die sie hundertmal maßgebender in der Frage machten als irgendeine der gegen den Schutz Auftretenden! Schon unter ihrem Mädchennamen Beatrice Potter machte sich nämlich Mrs. Webb durch Aufsätze über soziale Fragen bemerkbar und arbeitete über sechs Wochen in einer Fabrik, um die Verhältnisse der Arbeiterinnen persönlich kennenzulernen. Sie hat einen Abschnitt in Charles Booths großer Arbeit *Life and Labour in London* ausgearbeitet, und außer einer Menge kleinerer Aufsätze hat sie gemeinsam mit ihrem Manne die berühmten, auf umfassende Untersuchungen gegründeten Arbeiten *The History of Trade Unionism* und *Industrial Democracy* geschrieben. Sie ist außerdem Vortragende an der neuen national-ökonomischen Fakultät der Universität London.

Aber es ist bezeichnend für die Dogmatik der Frauensache, daß während ihre Führerinnen sich stets in allgemeinen Redewendungen über all das Merkwürdige verbreiten, das die Frauen schon getan, und all das viele, das sie noch tun werden – es niemand Ungeneigteren als die Frauenrechtlerinnen giebt, wenn es sich darum handelt, wirklich bedeutende weibliche Leistungen für den Kulturverlauf anzuerkennen! Nur was kollektiv von und in ihrem eigenen Korps oder in ihrem eigenen Korpsgeist gemacht wird, wird von ihnen gutgeheißen, während sie jede noch so bedeutende weibliche Leistung bekämpfen, herabsetzen oder totschweigen, wenn sie nicht zu ihrem eigenen Feldzugsplan paßt oder ihren eigenen Disziplinarverordnungen folgt!

Die guten Gründe Mrs. Webbs und anderer Rednerinnen machten daher keinen Eindruck auf die Gruppe von Frauenrechtlerinnen, die in bezug auf die Frauenarbeit auf dem veralteten Standpunkt des Individualismus stehen, unberührt von dem sozialen Solidaritätsgefühl, das die Losung der neuen Zeit ist. Aber glücklicherweise hängt die Schutzgesetzgebung nicht von dieser Art von Frauenrechtlerinnen ab! Von der Arbeiterbewegung, von den in derselben wirkenden Frauen und Männern aller Klassen wird sie schließlich durchgesetzt werden.

Die Bewegung für den Normalarbeitstag schreitet durch die Erfahrung, daß man dank der größeren Intensität der Arbeit in einer kürzeren Zeit ebensoviel ausrichten kann wie in der längeren, nun von Sieg zu Sieg. Sie hatte zuerst die Arbeit der Kinder und der Halberwachsenen im Auge. Ich habe bei einer früheren Gelegenheit[3] darauf hingewiesen, daß es die Wirkungen der Fabrikarbeit auf die Gesundheit der Frauen selbst sowie auf die von ihnen geborenen Kinder waren, die veranlaßten, daß man – zuerst in England, und dann in anderen europäischen Ländern – anfing, die Notwendigkeit einer Normalarbeitszeit auch für Frauen einzusehen. Die Forderung war und ist dreifach: eine Maximalarbeitszeit für die Arbeit der Frau; Einschränkung oder am besten Aufhebung der Nachtarbeit der Frau, zuweilen auch ihrer Arbeit in den Gruben und gewissen anderen gesundheitsgefährlichen Betrieben; schließlich Schutz der Wöchnerin. Und man hat in den meisten europäischen Ländern jetzt die Maximalarbeitszeit auf 8 bis 11 Stunden festgesetzt; die Nachtarbeit, Bergwerksarbeit und Überarbeit ist entweder verboten oder bedeutend eingeschränkt, und eine Ruhezeit von 3 bis 8 Wochen für die Wöchnerin festgesetzt.

Für die Frau noch mehr als für den Mann müßten alle Gesichtspunkte eine achtstündige Arbeitszeit zu der höchsten machen. Der Achtstundentag bedeutet nicht nur für die Frau wie für den Mann die Möglichkeit, das Leben mit bewahrter Gesundheit und mit Zeit zu veredelnden Vergnügungen genießen zu können; sondern für die verheiratete Frau ist er überdies die unumgängliche Voraussetzung, um Ordnung und Behagen im Hause zu schaffen, ihre Kinder physisch pflegen und sie, in gewissem Maße, erziehen zu können. Für die Frau ist der Normalarbeitstag auch deshalb nötiger als für den Mann, weil auf ihr überdies noch die Arbeit des Haushaltes lastet. Die Gefahren der Nachtarbeit wie der Arbeit in den Gruben sind sowohl aus dem Gesichtspunkte der Gesundheit wie der Sittlichkeit so offensichtlich, daß kein weiterer Grund in diesem Falle zur Verteidigung der Schutzgesetzgebung angeführt zu werden braucht.[4]

Es werden übrigens nicht nur die theoretischen Frauenrechtsprinzipien gegen die Schutzgesetzgebung ins Treffen geführt. Von sozialistischer sowohl wie von frauenrechtlerischer Seite hört man verschiedene berechtigtere Einwände. Vor allem den, daß das Schutzgesetz noch mehr Frauen arbeitslos machen wird, die, um ihren Unterhalt zu finden, genötigt sein werden, der Prostitution zu verfallen. Aber man vergißt, daß ganz dasselbe eine Folge der niedrigen Löhne in den verschiedenen Berufszweigen ist, und daß diese niedrigen Löhne wieder eine Folge des reichlichen Angebotes arbeitender Frauen sind! Ganz kürzlich kam z.B. aus einer schwedischen Fabrikstadt die Angabe, daß dort in einer einzigen Fabrik 80 Arbeiterinnen bei der Polizei eingetragen seien! Das ist schon einer der unzähligen Beweise dafür, daß man die jetzigen Bedingungen der Arbeit, nicht die Schutzgesetze – deren letzte Folgen verbesserte Arbeitsbedingungen sein werden – bekämpfen soll! –

Hindert man, heißt es weiter, die Frauen, in den Fabriken zu arbeiten, so kehrt man zu der noch aufreibenderen und gesundheitsgefährlicheren Hausindustrie zurück. Auf diesen Einwand kann man nicht nur mit Frau Wettstein-Adelts Erfahrung entgegnen, sondern auch mit dem englischen Gesetzesvorschlag von 1899 zur Regulierung der Heimarbeit, nach dem jeder Arbeitgeber für die hygienischen Verhältnisse des Ortes, an dem die Arbeit ausgeführt würde, verantwortlich sein sollte, und außerdem die Anzahl der Arbeiter, die Größe des Raumes und dergleichen genau bestimmt werden müßte. Ein Vorschlag, der sich in der rechten Richtung bewegt, um die Frage zu lösen, wie die Erwerbsarbeit der verheirateten Frau ins Haus zu verlegen wäre.

Hindert man durch Schutzgesetze die Frauen zu arbeiten, heißt es weiter, so können sie ihre Kinder nicht versorgen, sondern diese kommen anstatt dessen in die Fabrik. Die Hilfe in dem letzteren Falle ist überaus einfach: absolutes Verbot aller Kinderarbeit unter 15 Jahren! Hindert man die Frau durch Schutzgesetze, alle Anforderungen eines Berufszweiges zu erfüllen, so wird, heißt es weiter, die Folge die, »daß nicht die Frauen in dem Beruf geschützt werden, sondern daß der Beruf gegen die Frauen schützt«. Hier ist die Abhilfe schwerer, aber gewiß nicht unmöglich, wenn nur der zehnte Teil der Kraft, die jetzt in den Dienst der Agitation für die »freien« Arbeitsrechte der Frau gestellt wird, zu ihrer Ausbildung für Arbeitsgebiete, die sich für sie eignen, verwendet würde. Aber selbst wenn das nicht geschieht, bringt die Schutzgesetzgebung ihr eigenes Korrektiv mit sich. Zuerst wird immer geklagt, daß der Beruf durch die Schutzgesetzgebung untergehen müsse; aber neue Methoden und Maschinen werden erfunden, die die billige, lebende Kraft ersetzen. So klagen oft die Geschützten selbst, daß sie ökonomisch unter dem Schutz leiden, aber eine längere Erfahrung zeigt ihnen, wie durch die Wechselwirkung, die nun zwischen allen Faktoren der Produktion stattfindet, die vorübergehenden Mißverhältnisse ausgeglichen werden. Das unfehlbare Mittel, die durch die Schutzgesetze verursachte Arbeitslosigkeit der Frauen zu hindern, liegt jedoch in den schon jetzt in Arbeiterprogrammen hervortretenden Forderungen eines »Rechts auf Arbeit für die Arbeitslosen« und eines gewissen Minimallohns für alle Arbeit. Dies, neben dem Normalarbeitstag – worin die Nachtruhe und die Sonntagsruhe einbegriffen ist –, den verschiedenen Schutzgesetzen, der Unfall- und Altersversicherung, sind die Hauptmomente für die schließliche Lösung der Arbeiterfrage für Frauen wie für Männer. Bis diese Ziele erreicht sind, gilt noch immer für die Frau wie für den Mann Ruskins Urteilspruch über den modernen Industrialismus, der das wahrhaft Menschliche im Menschen tötet. »Wir fabrizieren«, sagt er, »alles, außer wirklichen Menschen; wir bleichen Baumwollstoffe, härten und veredeln Stahl, raffinieren Zucker, formen Porzellan und drucken Bücher. Aber einen einzigen lebendigen Geist zu raffinieren, zu reformieren und zu veredeln, das fällt niemals in unsere Profitberechnungen!«

Die Frauen der Arbeitsklasse müssen jedoch so wie die Männer bis auf weiteres die Leiden leiden, die Gefahren tragen, sich dem Zwang unterwerfen, den die Solidarität in dem großen Kampfe mit sich bringt. Diese Bedingungen sind die einzigen, durch die Frauen wie Männer sich erheben werden, teils durch eigenen Zusammenschluß, teils durch die Ausdehnung des immer mehr anerkannten Grundsatzes: daß die Gesellschaft gesetzgebend die Arbeitsverhältnisse ihrer Mitglieder zu bestimmen habe, mit dem Ziele, durch menschenwürdige Arbeits- und Lebensbedingungen ein gesünderes, stärkeres und schöneres Geschlecht heranzubilden.

Alles greift ineinander in dem ewigen Kreislauf. –

Die unorganisierte, mittelmäßige und darum schlecht entlohnte Arbeit der Frau verringert die Arbeitslöhne und Arbeitsgelegenheiten der Männer; die Fabrikarbeit macht die Frau untauglich zur Führung eines Haushaltes, untauglich zu ihren mütterlichen Pflichten. In dem Gerassel, der Hitze und der Gejagtheit der Fabriken werden die Nerven und mit ihnen die feineren Gefühle aufgerieben. Die Frau verliert nicht nur die rechte Hand, sondern auch das rechte Herz für das Familienleben. Die untauglichen Frauen erschweren dem Manne das Heiraten, und mit dem Zölibat steigt seine Sterblichkeit. Die niedrigen Löhne – oder Zeiten der Arbeitslosigkeit – bedingen schlechte Wohnungen und Kleider, und schlechte Ernährung; die abgeplagte oder untaugliche Frau ist nicht imstande, Gutes aus dem Geringen zuzubereiten, das der Mann möglicherweise verdient. Aus all dem resultieren Trunksucht und Krankheiten. Durch diese und andere Ursachen, zugleich mit den schon dargelegten, entartet die Bevölkerung der Fabrikdistrikte, in der republikanischen Schweiz nicht weniger als in dem absolutistischen Rußland!

* * *

Es ist allerdings wahrscheinlich, daß eine Arbeitseinschränkung in manchen Fällen recht fühlbar werden kann, sowohl für die alleinstehende Frau wie für die Familie. Auch die Einschränkung der Kinderarbeit kann sich ja im Anfang unangenehm fühlbar machen. Aber all das ist vorübergehendes Übel, für das man das Korrektiv findet, sobald man erst klar gesehen hat, in welcher Richtung der Fortschritt des Ganzen sich bewegt! Dieser Fortschritt wählt gewöhnlich die Zickzacklinie. Was darüber entscheidet, ob eine zeitweilige Freiheitsbegrenzung den Fortschritt fördert oder nicht, ist, ob man, wenn sich der Blick von den Individuen oder kleinen Gruppen zum großen Ganzen wendet, findet, daß dieses gewinnt, – daß in Zukunft die Freiheit und das Glück aller durch diese vorübergehende Freiheitseinschränkung erhöht werden wird.

60

Ist es in anderen Lebensverhältnissen eine gerechte Regel, daß wer sich ins Spiel begibt, das Spiel ertragen muß, so findet diese Regel keine Anwendung auf jenes sehr grausame Spiel, das man das Leben nennt, und in das wir uns nicht mit unserem Willen begeben. Die Kinder haben das Recht, nicht für die Fehler und Irrtümer ihrer Eltern leiden zu müssen. Wie dieses Leiden in jedem Falle der Disharmonie in einer Ehe am besten vermieden werden kann, das zu entscheiden ist die Privatsache der einzelnen Individuen. Wie ich schon dargelegt habe, wird die Veränderung der Sitten in bezug auf die Art, das Alter und die Motive der Eheschließung der sicherste, langsam zunehmende Schutz der Kinder sein. Durch eine ernstere Auffassung seiner Aufgabe als eines Geschlechtswesens wird es als ein Verbrechen betrachtet werden, wenn das junge Weib seine Person freiwillig mißhandelt, sei es durch Übertreibung im Studieren oder im Sport, durch Schnüren oder Näscherei von Süßigkeiten, durch Rauchen oder andere stimulierende Mittel, durch Nachtwachen oder schrankenloses Arbeiten und all die tausend anderen Unverbesserlichkeiten, mit denen diese oft so einnehmenden Törinnen sich an der Vorsehung der Natur versündigen – bis diese ein für allemal die Geduld mit ihnen verliert!

Von den Gesellschaftsgesetzen aber muß man fordern, daß sie die *unfreiwilligen* Verbrechen der Wehrlosen gegen ihre weibliche Natur hindern.

Das ist die große Frauenbefreiungsarbeit, neben der alles andere relativ unwichtig ist. Dadurch, daß sie das nicht einsehen, werden die gegenwärtigen Repräsentanten der Frauensache reaktionär gegen die Entwicklung; während sie selbst mit diesem Wort alle diejenigen bezeichnen, die betonen: daß der einzige Weg, auf dem *die Frauenfrage in ihrer Gesamtheit gelöst werden kann, die soziale Umgestaltung ist, in der die Schutzgesetzgebung ein mitwirkendes Moment bildet!*

Meine Denkweise und die vieler anderer schließt nicht in sich, daß »die Frau das kostbarste Eigentum des Volkes ist«, sondern daß die Mutter der kostbarste Teil des Volkes ist, so kostbar, daß die Gesellschaft ihr eigenes höchstes Wohl fördert, wenn sie die mütterlichen Funktionen schützt. Und diese sind mit der Geburt oder mit dem Nähren des Kindes nicht abgeschlossen, sondern sie dauern während der Erziehung fort. Ich glaube, daß in der neuen Gesellschaft, wo alle, Frauen wie Männer – aber nicht Kinder, nicht Kranke und nicht Greise –, genötigt sein werden zu arbeiten, man die Funktionen der Mutter als so wichtig für das Ganze betrachten wird, daß jede Mutter – unter gewissen Bedingungen, gewisser Kontrolle, für gewisse Zeit und eine gewisse Anzahl Kinder – von der Gesellschaft einen Erziehungsbeitrag erhält, der sie während der Zeit, in der die Kinder ganz ihre Pflege brauchen, von äußerer Arbeit für den Lebensunterhalt befreit. Natürlich braucht das nicht auszuschließen, daß die Mutter, die sich aus dem einen oder anderen Grunde der Pflege und Erziehung der Kinder nicht widmen will oder kann, durch ihre eigene Erwerbsarbeit sich eine Stellvertreterin in der Pflege verschaffen kann. Aber für die Mehrzahl der Frauen wäre der angedeutete Vorschlag zweifellos die glückliche Lösung vieler, jetzt scheinbar unlöslicher Probleme. Ich glaube nämlich nicht, daß die Entwicklung das alte Ideal des Vaters als Familienversorgers beibehalten wird; ich hoffe vielmehr, daß die neue Auffassung jedes Individuums als seines eigenen Versorgers immer mehr Boden gewinnen wird. Der Vater wird dann wirklich auch im tieferen Sinne des Wortes Erzieher werden können, wenn die Nahrungssorgen für die Familie ihn nicht mehr zu Boden drücken. Die Frau wird dann als Familienmutter nicht in die Abhängigkeit vom Manne geraten, was sie als erniedrigend empfindet, wenn sie sich als Mädchen selbst ihren Unterhalt verdient hat. Man dürfte zu dieser neuen Form des Matriarchats zurückkehren, wenn man angefangen hat, die Sorge für die neue Generation als die große Aufgabe zu betrachten, die die Mutter für die Gesellschaft ausführt, und während deren Ausführung die Gesellschaft ihre Existenz sichern muß. In den meisten Fällen bekommt man von der außerhalb des Hauses arbeitenden verheirateten Frau die Antwort: daß ihr Glück darin bestehen würde, in Ruhe die Kinder zu pflegen und das Haus führen zu können, aber mit einem Einkommen, das sie vom Mann unabhängig machte! Eine schwedische Abendzeitung – das besondere Organ der Frauensache – stellte vor ein paar Jahren über die Erwerbsarbeit der verheirateten Frau eine Enquête an, bei der die Antworten, wahrscheinlich gegen das Erwarten der Zeitung, beinahe einstimmig darauf hinwiesen, welche Gefahren für die

Kinder und das häusliche Behagen die Außenarbeit der Frau mit sich bringe. Eine unparteiische Untersuchung der Ursachen der Verwilderung der Jugend würde gewiß zeigen, daß das in mehreren Ländern stark zunehmende Verbrechertum unter der Jugend teils deren frühe Erwerbsarbeit zur Ursache hat, teils die frühe Heimatlosigkeit, die die Folge davon ist, daß die Mutter außer dem Hause arbeitet.

Wenn man überhaupt der Ansicht ist, daß Kinder noch immer zur Welt kommen sollen, und daß ein Heim in der Regel die besten Möglichkeiten bietet, sie in den ersten Lebensjahren aufzuziehen – dann muß man grübelnd vor den jetzigen Konsequenzen der nach außen gekehrten Frauenarbeit haltmachen. Nachdem man nachgedacht hat, sagt man sich selbst, daß jetzt nichts notwendiger ist als solche Kulturpläne, solche sozialen Organisationspläne zu finden, die die Mutter den Kindern und dem Heim wiedergeben.

Alles, was die Wohltätigkeit leistet, um die Schäden des Auflösungsprozesses der Großindustrie zu heilen, ist im großen Ganzen vergeudete Kraft. Kinderkrippen, Kindergärten, Kinderausspeisungen, Kinderspitäler, Ferienkolonien – sie können mit all ihren schönen Bestrebungen nicht ein Hundertstel der Lebenskräfte ersetzen, die der neuen Generation mittelbar oder unmittelbar durch die Frauenarbeit außer dem Hause geraubt werden.

Es gibt ja allerdings Menschen, die erwarten, daß das häusliche Leben von kollektiven Anstalten für Kinderpflege, für Mahlzeiten usw. abgelöst werden wird. Ich glaube wohl auch, daß ebenso wie das Brauen, Backen, Schlachten, Lichtziehen und Kleidermachen mehr und mehr vom Hause wegverlegt worden ist, vieles von der Arbeit, die noch jetzt den größten Teil der häuslichen Thätigkeit bildet – z.B. Kochen, Waschen, Kleiderausbessern, Reinmachen usw. –, schließlich auch kollektiv ausgeführt werden wird, mit Hilfe von Elektrizität und Maschinen. Aber ich hoffe, daß die Neigung des Menschen zur Individualisierung die Tendenz zu unpersönlicher, einförmiger Massenwirkung in bezug auf all das besiegen wird, was in tieferer Weise die innersten Lebensverhältnisse und die privaten Lebensgewohnheiten berührt; daß ein reiches Familienleben auch fürderhin als Grundbedingung echter Lebensfreude und persönlicher Entwicklung betrachtet werden wird. Auch wenn die Frauen von den barbarischen Überbleibseln der jetzigen Haushaltungsweise – ein Marktkorb, ein Küchenherd, eine Scheuerbürste in jedem Hause – befreit sein werden und die Elektrizität überall Wärme und Licht spenden wird, werden sie doch genötigt sein, ein gewisses Maß von Arbeit zu verrichten, das trotz der vervollkommnetsten Apparate und kooperativen Methoden nicht vermieden werden kann, wenn man nicht das Heim durch die Kaserne ersetzen will. Und da der Brauch, Hausdiener zu halten, bald aufhören dürfte, weil solche wahrscheinlich nicht mehr zu bekommen sein werden, werden alle Frauen zur Hausarbeit gezwungen oder auf den Ausweg angewiesen sein, den man schon in Amerika erfunden hat, wo Bureaux häusliche Hilfe für gewisse Zeit gegen ein gewisses Entgelt vermitteln. Auch in London besteht jetzt ein Fachverein für Aushilfefrauen, die für den Beruf ausgebildet werden und dann unter festgesetzten Bedingungen arbeiten. Auf dem Lande wird man bald nicht nur die Frauen, sondern auch die Töchter für die landwirtschaftliche Arbeit brauchen, wenn man keine Dienstleute mehr bekommen kann. Dies wird ein natürliches Korrektiv gegen jenes Drängen nach äußeren Arbeitsgebieten sein, das die Töchter in hellen Haufen vom Hause weggeführt hat, Haufen, die dann die Städte überfüllt haben.

Wenn man schließlich den nationalökonomischen Verlust erwägt, der dadurch stattfindet, daß Frauen nach 5- bis 10jähriger Ausbildung ihre Arbeiten oder Studien der Ehe wegen abbrechen, dann muß man wohl einsehen, daß die moderne Frauenarbeit Folgen gehabt hat, die bald eine große Abrechnung mit derselben erzwingen müssen! Aus dem Gesichtspunkt der Frau selbst, aus dem der Kinder, dem der Männer und schließlich dem der Produktion muß man volle Klarheit darüber fordern, daß die Gesellschaft entweder die Arbeitsbedingung der Frau verändern oder Zeuge der fortschreitenden Auflösung des häuslichen Lebens sein muß; entweder muß die Gesellschaft die Arbeits- und Lebensbedingungen aller umwandeln, oder sie wird die Degeneration des Geschlechtes sehen!

Alle Philanthropie – und in keiner Zeit ist diese größer gewesen als in der unsrigen – ist nichts anderes als wohlriechendes Räucherwerk, am Ausfluß einer Kloake entzündet.

Das Rauchopfer macht die Luft für die Vorübergehenden erträglicher, hindert aber die Infektionsstoffe der Kloake nicht, ihre Wirkung zu tun.

Der Egoismus, der Selbsterhaltungstrieb wird vielleicht schließlich die Führer der Gesellschaft zwingen, ihr Handeln nach sozialen Gesichtspunkten einzurichten. Erst dann kann die Frauenfrage wirklich eine Menschheitsfrage werden; erst dann werden ihre Verfechter vielleicht einsehen, daß der Frau selbst nicht dauernd Gutes zuteil wird, wenn sie unter Bedingungen arbeitet, die den Männern und den Kindern schaden; daß man in dieser Hinsicht mit vollem Rechte gegen die Forderungen der weiblichen Individualität das alte Wort richten kann: das höchste Recht wird zum höchsten Unrecht. Die Gerechtigkeit besteht nicht darin, daß die Frau unter Bedingungen arbeiten darf, die sie und die Generation physisch zugrunde richten, sondern darin, daß sie im übrigen die Möglichkeit hat, ihre Wahlfreiheit zu gebrauchen und zu lernen, sie gut zu gebrauchen. Die Gerechtigkeit besteht darin, daß unzählige Frauen geschützt werden, die sich bis auf weiteres nicht selbst gegen den Mißbrauch zu schützen vermögen, den der Kapitalismus mit ihren Kräften treibt.

Es ist ein lehrreicher Zug aus der Geschichte des Klassenkampfes – oder der Frauensache –, daß nachdem die Frauen zuerst die Männer auf gewissen Gebieten hinausgedrängt haben, nun die unverheirateten Frauen suchen, die verheirateten vom Arbeitsmarkte zu verdrängen! In Amerika, wo alles rascher geht, hat sich schon unter den unverheirateten Frauen eine Vereinigung zu diesem Zweck gebildet. Diese und ähnliche Erscheinungen gehören zu der freien Konkurrenz, dieser sogenannten Blüte »des vornehmsten Gedankens unserer Zeit, des Rechtes des Individuums auf Selbstbestimmung!« Und vielleicht werden erst, wenn der Krieg der Frauen gegen die Frauen ordentlich in Gang gekommen ist, die Frauenrechtlerinnen einsehen, daß das Problem der Frauenarbeit komplizierter ist, als sie geahnt, so lange sie es, wie bis jetzt, nur aus dem Gesichtspunkte des Rechts der Frau auf Selbstversorgung betrachtet haben. Sie werden dann möglicherweise verstehen, daß der Individualismus, losgelöst vom Solidaritätsgefühl, zum sozialen Kampfe führt, Klasse gegen Klasse, Geschlecht gegen Geschlecht, Ledige gegen Verheiratete, Junge gegen Alte, und daß die Frau nur im Zusammenhang mit der Umgestaltung des Ganzen zu ihrem vollen Recht in der Gesellschaft gelangen kann, ohne daß das Recht anderer dadurch verletzt wird!

Je früher die Frauenrechtlerinnen dies einsehen, desto besser. Anstatt die Schutzgesetzgebung zu bekämpfen, sollten sie sie hervorrufen; anstatt mit Unwillen Fachvereine und Streiks zu betrachten, sollten sie den Arbeiterinnen helfen, die ersteren zu organisieren und die letzteren zu unterstützen, wo sie berechtigt sind.

Unser Jahrhundert, das der Frau neue Arbeitsgebiete eröffnet hat, hat dadurch, daß es sie in den Konkurrenzkampf hineinzwang, das Leben sehr hart für sie gemacht. Als Gattinnen, als verheiratete oder unverheiratete Mütter, als geschiedene Frauen, als Witwen tragen die Frauen oft nicht nur ihre eigene Last, sondern die eines Familienversorgers, indem sie für einen kranken oder trunksüchtigen Mann oder Kinder oder Geschwister oder alte Eltern zu arbeiten haben. Diese Frauen – mögen sie zu den Arbeiterinnen mit dem Hirn oder mit der Hand gehören – quälen sich teils um ihren Lebensunterhalt, teils mit häuslichen Verrichtungen ab. Wenn der Mann einigermaßen ausgeruht vom Hause zur Arbeit geht, geht die Frau oft schon ermüdet und kommt vielleicht zur Nachtarbeit im Hause zurück. Daß sie sowohl die körperliche Gesundheit wie das seelische Gleichgewicht verliert, dessen ihre Kinder bedürfen, ist sonnenklar. Es ist erstaunlich, wie viele arbeitende Frauen trotzdem noch die Energie haben, für ihre geistige Befreiung durch Lesen und Denken tätig zu sein. Sie sehen bald ein, diese Frauen, daß ein Beruf oft nicht gleichbedeutend mit Befreiung ist, daß er im besten Fall nur ein Mittel dazu sein kann. Die physische Arbeiterin ist in dieser Beziehung nicht am schlimmsten daran, obgleich allerdings auch sie bis zu einem Verdienstminimum von 4 bis 5 Kronen wöchentlich herabsinken kann.[5] Die Kontoristin, Telephonistin, Post- und Telegraphenbeamtin, das Ladenmädchen, die Kellnerin in öffentlichen Lokalen sowie das Dienstmädchen in Privathäusern, all diese, die oft stehend das Publikum bedienen müssen, denen außerdem nicht selten Nachtruhe und Sonntagsruhe vorenthalten wird – sie sind tatsächlich die ärgsten Arbeitssklavinnen. Und diese Sklavinnen können sich oft bei einem 15–16stündigen Arbeitstag nur 3–4, höchstens 7–800 Kronen im Jahre verdienen! Wer kann sich wundern, wenn die eine oder andere sich jene Erhöhung der Einkünfte verschafft, auf die zuweilen vom Arbeitsgeber gerechnet wird, wenn er gegen niedrigen Lohn schöne Mädchen in seinem Geschäft anstellt! Wer kann etwas anderes erwarten, als daß diese in Läden, Telephon-, Post- und Telegraphenämtern Abgequälten oft hysterisch, ja geisteskrank oder zu Selbstmörderinnen werden?

Gegen alle diese Mißverhältnisse sind die Frauenrechtlerinnen nicht blind. Sie fordern ja gleiche Löhne für Frauen und Männer und legen, manchmal mit Recht, manchmal mit Unrecht, dar, daß die Arbeit der Frau zu niedrig bezahlt wird. Aber sie sehen nicht ein, daß sie selbst zu dem Übel beigetragen haben, indem sie die Frauen beständig auf alle erdenklichen Gebiete hetzen, wodurch diese überfüllt werden, was wiederum die niedrige Entlohnung veranlaßt. Es ist eben mehr vonnöten, als den Frauen Arbeitsgebiete zu *eröffnen*, wenn ihnen nicht die Lebenskraft ausgesaugt werden soll, wenn sie nicht vorzeitig ihre Jugendfrische und Reiz, ihre Entwicklungs- und Glücksmöglichkeiten als Menschen, als Frauen und Mütter verlieren sollen!

Die Freiheit immer mehr verloren zu haben – das ist, im großen gesehen, das traurige Resultat der sogenannten Befreiung der Frau in unserem Jahrhundert, wenn man weiter sieht, als auf einige tausend Frauen der oberen Klassen in gut bezahlten Stellungen! Gegen die frauenrechtlerische Bewertung der äußeren Tätigkeit der Frau habe ich darum schon durch Jahrzehnte in meinem Innern denselben Einwand gerichtet, den Feuerbach mit den Worten formulierte: »Die Mittelmäßigkeit wägt immer richtig, nur ihre Waage ist falsch!«

* * *

Wohin wir auch blicken mögen – nach Europa oder nach Amerika –, überall finden wir neue Mißverhältnisse als Folge der neuen Verhältnisse, die durch die Befreiung der weiblichen Arbeitskraft eingetreten sind, durch die Entwicklung der Großindustrie, die Umgestaltung der Heimarbeit und die sich immer mehr ausbreitende weibliche Anschauungsweise, daß

»das Zölibat die Aristokratie der Zukunft ist« – um eine hervorragende Frauenrechtlerin zu zitieren!

Töricht wäre jedoch der, der eine Änderung der Mißverhältnisse durch eine Reaktion wünschte, die der Frau wieder irgendeine wesentliche Freiheit in bezug auf ihre Arbeitswahl und ihre Lebenspläne rauben würde.

Die Fortschrittslinie strebt einer neuen Gesellschaft zu, wo alle genötigt sein werden zu arbeiten, und alle Arbeit finden werden, wo alle mäßig arbeiten werden, unter gesunden Verhältnissen, gegen hinlänglichen Lohn. Da wird nicht die unverheiratete oder die verheiratete Frau bei einer aufreibenden Erwerbsarbeit die Kräfte verlieren, die sie für die Mutterschaft braucht. Und wenn diese eintritt, wird sie wahrscheinlich in den meisten Fällen mit Freude die Möglichkeit begrüßen, die ihr die Gesellschaft dann bieten wird, nämlich als Mutter und Erzieherin für diese zu arbeiten.

Noch sind wir weit von einer solchen Gesellschaft entfernt. Aber bei jeder sozialen Maßregel gilt es, wie gesagt, zu prüfen, ob sie uns von diesem Ideal entfernt oder uns ihm näher bringt; ob sie die Entwicklung des Gedankens fördert oder hemmt, der schließlich alles umwandeln wird, des Gedankens, daß die Produktion um der Menschen willen da ist, nicht wie jetzt die Menschen um der Produktion willen; daß die Arbeit um der Freiheit willen da ist, nicht wie jetzt die Freiheit um der Arbeit willen!

Als ich – in *Mißbrauchte Frauenkraft* – versuchte, die Frauen zu einer Prüfung der Konsequenzen derselben zu veranlassen, da war meine These diese: wir müssen in unseren Kulturplänen davon ausgehen, daß die Mutterschaft etwas Wesentliches für die Natur der Frau und die Art, wie sie diesen Beruf erfüllt, von Wert für die Gesellschaft ist; und wir müssen auf Grund dessen die Verhältnisse ändern, die der Frau immer mehr das mütterliche Glück und den Kindern die mütterliche Pflege rauben. Oder wir müssen davon ausgehen, daß die Mutterschaft *nicht* wesentlich ist – und dann mag alles fortgehen, wie es geht. Dann wird die nach außen gerichtete Arbeit – mit ihrer Befriedigung der Schaffensfreude, des Ehrgeizes, der Gewinnsucht, der Genußsucht, der Unabhängigkeit – immer mehr das Ziel werden, nach dem die Frauen ihre Lebenspläne entwerfen, ihre Lebensgewohnheiten modifizieren, ihre Gefühle umbilden. Der naive Glaube, daß jede Frau ihrer Natur folgt, wenn sie nur die Freiheit dazu hat, zeigt eine völlige Unkenntnis der Psychologie wie der Geschichte. Ein erstrebenswertes Ideal, eine herrschende Zeitansicht vergewaltigt die Natur, was z.B. das im 18. Jahrhundert oder in der mittelalterlichen Askese verkümmerte Mütterlichkeitsgefühl am besten zeigt. Und von einem neuen Ideal werden nun zahllose Frauen von dem nach innen gekehrten Leben zu dem nach außen gewendeten getrieben.

Ich will die wirkliche Freiheit der Frau, das heißt, daß sie ihrer Natur folgen können soll, mag diese nun die des Ausnahmeweibes oder die der gewöhnlichen Frau sein. Aber die Meinung, die die Frauenrechtlerinnen über die Natur, über die Ziele der Alltags-Frau verbreiten, vergewaltigt die wirkliche Natur der meisten Frauen!

Es ist eines der vielen wunderlichen Zeichen der Zeit, daß, während Frauen das Recht der Frau und ihren Willen verkünden, ungehemmt von Familienbanden zu arbeiten und zu schaffen, Männer – z.B. Ibsen in *Wenn wir Toten erwachen* – zeigen, daß der große Sündenfall des Lebens die Verletzung des Gesetzes der Liebe ist, und daß auch der Mann dadurch nicht nur seine Persönlichkeit, sondern auch seine Schaffenskraft verringert!

Man kann hoffen, daß wenn die Männer sich so der früheren Auffassung der Frauen von der Liebe nähern, die Frau hingegen anfängt, die Erotik als eine kleine Episode im Leben neben der eigentlichen Lebensaufgabe zu betrachten – eine Episode, der sie die Färbung des sensuellen oder sentimentalen oder psychologischen oder sportsmäßigen Flirts gibt, eine Episode, die sie als ein Spiel behandelt, in das sie leicht hinein- und aus dem sie leicht hinausschlüpft –, daß dann aus dieser neuen Begegnung von Extremen neue, jetzt ungeahnte Leiden entstehen werden, durch die endlich für die so »befreite« Frau die ewigen Gesetze ihres eigenen Wesens offenbar werden, die Gesetze, von denen sie sich nicht befreien kann, ohne unterzugehen.

Nicht einmal das leiseste Hindernis will ich jedoch einer einzigen alleinstehenden Frau bereiten, frei ihren eigenen Weg zu gehen, mag er sie auch zu den ungewöhnlichsten Arbeitsgebieten und Lebensversuchen führen! Aber ich will –

um der Frauen selbst, um der Kinder, um der Gesellschaft willen –, daß Frauen wie Männer ernst die gegenwärtige Sachlage durchdenken und einsehen, daß man in nächster Zeit eines von beiden wählen muß: entweder eine derartige Umgestaltung der Denk- und Arbeitsweise der jetzigen Gesellschaft, daß die Mehrzahl der Frauen der Mutterschaft wiedergegeben wird; oder die Auflösung des Heims und seine Ersetzung durch allgemeine Anstalten. Ein Drittes gibt es nicht.

* * *

Es bedurfte ohne Zweifel der ganzen egoistischen Selbstbehauptung der Frau, all ihres Individualisierungsstrebens, sowie ihrer zeitweiligen Lostrennung vom Heim und von der Familie, ihrer selbständigen Erwerbsarbeit, um dem Manne und der Gesellschaft die Gewißheit einzuprägen: daß die Frau nicht nur ein Geschlechtswesen ist, nicht nur die auf den Mann, das Haus und die Familie Angewiesene – wie diese auch beschaffen sein mögen! Erst so konnte die Frau ihre Aufgabe als Gattin und Mutter wirklich frei wählen; erst so konnte sie das Recht erringen, auf dem Gebiete des Hauses und der Familie als dem Mann geistig ebenbürtig betrachtet zu werden, als das in seiner Art ebenso vollkommene Menschenwesen!

Aber sehen wir doch ein, daß diesem Abschnitt des Frauenegoismus nun ein neuer folgen muß, in dem das Solidaritätsgefühl mit dem Geschlechte am besten ihre befreite und entwickelte menschliche Persönlichkeit durch die Verwirklichung ihrer besonderen weiblichen Bestimmungen zuführen kann. Reichstage und Presse, Gemeindevertretungen und Regierungen, Friedens- und Arbeiterkongresse, Wissenschaft und Literatur – all dies wird weiter mit äußerst geringem Resultat arbeiten, ehe nicht die Frauen begreifen, daß die Gesellschaftsumgestaltung mit dem noch ungeborenen Kinde beginnt, mit den Bedingungen für dessen Erziehung; daß die neuen Instinkte, die neuen Gefühle, die neuen Begriffe, die neuen Gedanken, die Mütter und Väter in das Fleisch und Blut ihrer Kinder übergehen lassen, das Dasein umgestalten werden; daß erst, nachdem Generation um Generation ein neues seelisches Erdreich entstanden ist, die größeren Gedanken wachsen können, durch die das Leben sich erneuen wird!

Bis dahin werden die vieltausendjährigen Mißbräuche, die politische Ungerechtigkeit, der ökonomische Kampf, all die gesellschaftszerfressenden Mißverhältnisse Generation für Generation wiederholt werden, von denselben Menschen, wenn auch in anderen Formen. Denker werden immer neue Ideen finden, Gelehrte neue Methoden und Systeme, Künstler neue Schönheitswerte. Aber im großen Ganzen wird alles gleich bleiben. Erst wenn die Frau der Botschaft lauscht, die das Leben ihr kündet – daß durch sie die Erlösung kommen wird –, erst dann fängt das Antlitz der Erde an, sich zu erneuen! Alle Festreden von »der hohen Aufgabe der Mutter« und »dem großen Beruf der Erziehung« sind und bleiben bloße Phrasen, bis man einsieht, daß es von der physiologischen und psychologischen Umgestaltung der Menschennatur abhängt, ob die Humanität und die Kultur einstmals die Tierheit besiegen werden.

Aber diese Umgestaltung erfordert eine so absolut neue Auffassung des Berufes der Mutter, eine so ungeheure Kraftanspannung, eine so unablässige Inspiration, daß diejenigen, welche glauben, daß sie daneben auch andere Werke von Wert produzieren können, niemals versucht haben können zu erziehen! Der vieltausendjährige Schlendrian – seine Jungen zu schneuzen, zu streicheln und zu schlagen – ist nicht Erziehung. Es bedarf ungeheurer Kräfte, um einem einzigen Kinde gerecht zu werden. Das bedeutet durchaus nicht, dem Kinde jede seiner Stunden zu geben. Aber es bedeutet, daß unsere Seele von dem Kinde erfüllt sei, so wie der Mann der Wissenschaft von seinen Forschungen, der Künstler von seinem Werk erfüllt ist: es in Gedanken mit sich zu haben, wenn man in seinem Hause sitzt oder über den Weg geht, wenn man sich niederlegt oder wenn man aufsteht! Das, viel mehr, als die Stunden, die man den Kindern unmittelbar widmet, ist das Absorbierende, das, was bewirkt, daß eine ernste Mutter immer mit geteilter Seele, mit zersplitterter Kraft zu einer äußeren Tätigkeit kommen muß. Darum kann die Mutter, wenn sie ihren wesentlichen Teil den Kindern geben will, gesellschaftlichen Aufgaben nur ihre gelegentliche Tätigkeit widmen; und darum sollte sie während der wichtigsten Erziehungsjahre gänzlich von Erwerbsarbeit befreit sein.

Ich habe nie, weder in den oberen noch in den unteren

Klassen, irgendeine Mutter, die zu Erwerbsarbeit gezwungen oder durch ihre Begabung zu künstlerischer Produktion veranlaßt war, gehört, die nicht unter der Unmöglichkeit gelitten hätte, zugleich den Kindern in der Zeit ihres Heranwachsens zu genügen.

Frau Adele Gerhard und Fräulein Helene Simon haben unter dem Titel *Mutterschaft und Geistige Arbeit* eine sehr interessante Enquête veröffentlicht, in der ich meine dort mitgeteilte Beobachtung bestätigt fand: daß eine Mutter, die selbst Erzieherin sei und daneben einen Beruf oder eine andere damit vergleichbare öffentliche Tätigkeit ausüben will, nach keiner Hinsicht ein Ganzes gibt, sondern mit geteilter Seele eine mittelgute Erziehung und eine mittelgute Arbeit zu stande bringt. Dies gestehen alle diejenigen wirklich aufrichtigen Mütter zu, die sich ein hohes Ziel für ihre Arbeit und für ihre Erziehung gesetzt haben. Sind sie hingegen in der einen oder in beiden Beziehungen Dilettantinnen, dann geht es ja so halbwegs, die beiden getrennten Tätigkeitsgebiete zu vereinigen.

Man erwidert von frauenrechtlerischer Seite – auf diese meine Meinungen –, daß die Mutterschaft durch eine naturgemäße Lebensweise unendlich erleichtert werden könne und sich sehr wohl mit der Arbeit vereinen lasse; daß die Kinder bald der Obhut der Mütter entwüchsen, und daß diese sich dann wieder ganz ihrer Arbeit widmen könnten; daß außerdem die Mutterschaft keine unbedingte Pflicht sei; daß man das volle Recht habe, in dieser Beziehung verschiedene individuelle Forderungen zu stellen; die eine wünscht, Mutter zu werden, die andere nicht; die eine verheiratet sich mit der Hoffnung, Mutter zu werden, die andere mit dem Vorsatz, es nicht zu werden; die dritte verheiratet sich überhaupt nicht. Jeder Versuch, in einer Frage zu generalisieren, in der die individuelle Freiheit alles Recht hat, sich geltend zu machen, ist, meint man, Reaktion. Volle Freiheit für die Frau, in wie außerhalb der Ehe ihre Arbeit zu wählen und fortzuführen, volle Freiheit, die Mutterschaft zu wählen oder sie zu entbehren: das sei der Weg zur Befreiung der Frau, das die Linie des Fortschritts. Diese zu verfolgen, werde sie überdies durch die soziale Entwicklung gezwungen, die die Erwerbsarbeit der Frau zu einer Notwendigkeit gemacht habe. Sowie die weibliche Haushaltungsarbeit in Industriearbeit umgewandelt sei, würden auch die Mutterpflichten der Frau kollektiv erfüllt werden, und die Schwierigkeiten, auf die die sogenannten Reaktionäre der Frauenfrage ihre Forderungen stützten, würden also künftighin bloß mehr in Ausnahmsfällen vorkommen.

Ich habe gegenüber diesen Argumenten schon im vorstehenden betont, daß ich voll das Recht des weiblichen *Individuums* anerkenne, seinen eigenen Weg zu gehen, sein eigenes Glück oder Unglück zu wählen, und daß ich immer von dem *Frauengeschlecht* in seiner Gesamtheit, von der Gesellschaft in ihrer Gesamtheit gesprochen habe.

Aus diesem allgemeinen, nicht aus dem individuellen Gesichtspunkt suche ich die Frauen zu überzeugen, daß es sich an den Individuen, an der Nation, an der Rasse schließlich rächt, wenn die Frauen allmählich die innerste Lebenskraft ihres physischen und psychischen Wesens, die Kraft der Mütterlichkeit zerstören.

Aber nicht die Frau, wie sie in dieser Stunde geht und steht, taugt zur Mutter! Sie taugt erst dazu, nachdem sie sich selbst für die Mutterschaft und den Mann für die Vaterschaft erzogen hat! Dann können beide zusammen beginnen, das neue Geschlecht zu erziehen, das einmal die Gesellschaft bilden wird, in der der vollendete Mensch – der »Übermensch« – von einer noch fernen Morgenröte bestrahlt werden wird!

III.
Erziehung

Goethe zeigt schon im »Werther« den klaren Blick für die Bedeutung einer individualistischen und psychologischen Erziehung, den Blick, der das »Jahrhundert des Kindes« auszeichnen wird. Er legt nämlich dar, wie die zukünftige Willensstärke im Eigensinn des Kindes verborgen liege, und wie gleichzeitig in jedem Fehler des Kindes ein ganzer unverdorbener Keim zu einem Guten eingeschlossen sei. »Immer«, fährt er fort, »immer wiederhole ich dann die goldenen Worte des Lehrers der Menschen: Wenn Ihr nicht werdet wie eines von diesen! Und nun, mein Bester, sie, die unseresgleichen sind, die wir als unsere Muster ansehen sollten, behandeln wir als Untertanen. Sie sollen keinen Willen haben! – Haben wir denn keinen? Und wo liegt das Vorrecht? – Weil wir älter sind und gescheidter! – Guter Gott von Deinem Himmel! Alte Kinder siehst Du, und junge Kinder, und nichts weiter; und an welchen Du mehr Freude hast, das hat Dein·Sohn schon lange verkündigt. Aber sie glauben an ihn und hören ihn nicht – das ist auch was Altes – und bilden ihre Kinder nach sich …« Derselbe Ausspruch läßt sich auf die gegenwärtigen Erzieher anwenden, die beständig die Worte Evolution, Individualität und natürliche Anlagen im Munde führen, aber den neuen Geboten nicht gehorchen, an die sie glauben. Sie erziehen noch immer, als glaubten sie noch an die natürliche Verderbtheit des Menschen, an die Erbsünde, die nur gezügelt, gezähmt, unterdrückt, aber nicht umgewandelt werden könne, während der neue Glaube gerade Goethes eben angeführten Gedanken in sich schließt: daß beinahe jeder Fehler nur eine harte Schale ist, die den Keim zu einer Tugend umschließt. Selbst die Menschen der neuen Zeit befolgen bei der Erziehung noch immer die alte medizinische Regel: »Böses muß mit Bösem vertrieben werden«, anstatt der neuen Methode, in der anstatt der Heilmittel die Hygiene eine immer größere Bedeutung erlangt hat!

Ruhig und langsam die Natur sich selbst helfen lassen und nur sehen, daß die umgebenden Verhältnisse die Arbeit der Natur unterstützen, das ist Erziehung.

Weder die harten noch die zärtlichen Eltern ahnen die Wahrheit, die Carlyle in dem Satze ausdrückt: daß das Kennzeichen der edlen Genialität wilde, starke Gefühle sind, über die man eine eisenharte Herrschaft ausübt. Entweder versucht man die Leidenschaften auszurotten, oder man versäumt es, das Kind die Herrschaft über dieselben zu lehren.

Das eigene Wesen des Kindes zu unterdrücken und es mit dem anderer zu überfüllen, ist noch immer das pädagogische Verbrechen, das auch die auszeichnet, die laut verkünden: daß die Erziehung nur die eigene individuelle Natur des Kindes ausbilden solle!

Man ist noch nicht überzeugt, daß der Egoismus des Kindes berechtigt ist, ebensowenig wie man von der Möglichkeit überzeugt ist, das Böse in das Gute zu verwandeln.

Erst wenn man die Erziehung des Kindes auf die Gewißheit gründet, daß Fehler nicht versöhnt oder ausgelöscht werden können, sondern immer ihre Folge haben müssen, aber gleichzeitig auf die Gewißheit, daß sie in einer fortgesetzten Evolution umgewandelt werden können, durch langsame Anpassung an die umgebenden Verhältnisse, erst dann wird die Erziehung anfangen Wissenschaft, Kunst zu werden. Man wird dann allen Wunderglauben in bezug auf die Wirkung plötzlicher Eingriffe aufgeben. Man wird nach dem Prinzip der Unzerstörbarkeit der Materie auch auf psychologischem Gebiet handeln und niemals glauben, daß eine Seelenanlage ausgerottet, sondern nur eines von beiden: herabgedrückt oder zu einem höheren Wert erhoben werden kann ...

* * *

Es liegt eine tiefe Einsicht in Mme. Staëls Worten, daß bloß der, welcher mit Kindern spielen kann, auch imstande ist, sie etwas zu lehren. Selbst wie das Kind zu werden, ist die erste Voraussetzung, um Kinder zu erziehen. Aber das schließt keine gespielte Kindlichkeit, kein herablassendes Plappern in sich, das das Kind sogleich durchschaut und tief verabscheut. Das bedeutet, sich von dem Kinde ebenso ganz und einfältig ergreifen zu lassen, wie dieses selbst vom Dasein ergriffen wird; das Kind wirklich wie seinesgleichen zu behandeln, d.h. dieselbe Zurückhaltung, dasselbe Feingefühl und Vertrauen zu zeigen, das man einem Erwachsenen zeigt. Das bedeutet, das Kind nicht dadurch zu beeinflussen, daß man das fordert, was man selbst möchte, daß das Kind es sei, sondern es durch den Eindruck dessen zu beeinflussen, was man selbst ist. Das bedeutet, dem Kinde nicht mit List oder Gewalt zu begegnen, sondern mit seinem eigenen Ernst und seiner eigenen Ehrlichkeit.

Rousseau sagt irgendwo: »Alle Erziehung scheitert daran, daß die Natur weder Eltern zu Erziehern erschafft, noch Kinder, um erzogen zu werden ...« Wie wäre es, wenn man endlich anfinge, dieser Anweisung der Natur zu folgen und einzusehen, daß das größte Geheimnis der Erziehung gerade darin verborgen liegt – nicht zu erziehen?!

Das Kind nicht in Frieden zu lassen, das ist das größte Verbrechen der gegenwärtigen Erziehung gegen das Kind. Dahingegen wird eine im äußeren sowie im inneren Sinne schöne Welt zu schaffen – in der das Kind wachsen kann; es sich darin frei bewegen zu lassen, bis es an die unerschütterliche Grenze des Rechts anderer stößt – das Ziel der zukünftigen Erziehung sein. Erst dann werden die Erwachsenen wirklich einen tiefen Einblick in die Kindesseele, dieses noch fast immer verschlossene Reich, erlangen können. Denn es ist ein natürlicher Selbsterhaltungsinstinkt, der das Kind veranlaßt, sein Inneres vor dem Erzieher zu verschließen, der unzarte Fragen stellt, z.B. woran das Kind denke, eine Frage, die es fast immer mit einer schwarzen oder einer weißen Unwahrheit beantwortet; vor einem Erzieher, der seine Gedanken und Neigungen zurechtweist oder betastet, der rücksichtslos die feinsten Gefühle des Kindes verrät oder lächerlich macht, der vor Fremden seine Fehler verweist oder seine Eigenschaften belobt, ja, das in einer offenen Stunde gemachte vertrauliche Geständnis eines Kindes in einer anderen zu Vorwürfen ausnützt!

Der Satz, daß kein menschliches Wesen es lernt, ein anderes zu verstehen, allerhöchstens es zu vertragen, gilt vor allem von dem inneren Verhältnis der Kinder und der Eltern zueinander, in welchem gerade die tiefste Eigenart der Liebe, das Verständnis, beinahe immer fehlt.

Die Eltern sehen z.B. nicht ein, daß während des ganzen Lebens das Bedürfnis nach Frieden nie größer ist als in den Kindheitsjahren: ein innerer Friede unter aller äußeren Beweglichkeit. Das Kind hat seine eigene unendliche Welt, um sich darin zurecht zu finden, sie zu erobern, sich hineinzuträumen – aber was erfährt es? Hindernisse, Eindringen, Zurechtweisungen den lieben langen Tag. Das Kind soll immer irgend etwas bleiben lassen, oder etwas anderes tun, etwas anderes finden, etwas anderes wollen, als was es tut oder findet oder will: immer wird es nach einer anderen Richtung geschleift, als nach der sein Sinn weist. Und all dies oft aus purer Zärtlichkeit, aus Wachsamkeit, aus dem Eifer zu richten, zu raten, zu helfen, das kleine Menschenmaterial zu einem vollkommenen Exemplar in der Modellserie, Musterkinder, zuzuhauen und zu polieren!

Eine kleine Dreijährige, die ich als »schlimm« tadeln hörte, weil die Kleine in den Wald gehen wollte, während das Kindermädchen sie mit in die Stadt zu schleppen beabsichtigte, und eine andere kleine Sechsjährige, die Schläge bekam, weil sie gegen eine Spielgefährtin »schlimm« gewesen, das heißt diese ein Ferkel genannt – eine für die immer schmutzige Spielkameradin sehr erzieherisch wirkende Anrede –, sind beide typische Beispiele dafür, wie die gesunden Instinkte des Kindes abgestumpft werden. Es gibt kein dem Kinderherzen spontaner entsprungenes Wort, als das des kleinen Knaben, der – nach einer Schilderung des Himmels der »braven« Kinder – die Mutter fragte, ob sie nicht glaube, daß er, wenn er die ganze Woche im Himmel brav gewesen sei, am Samstagabend hinab in die Hölle würde gehen dürfen, um dort mit den schlimmen Buben zu spielen?

Das Kind fühlt nämlich im tiefsten Innern, daß es sein Recht ist, auch »schlimm« sein zu dürfen, ein Recht, das die Erwachsenen sich gründlich zuerkennen. Und nicht bloß schlimm zu sein, sondern in Frieden mit seiner Schlimmheit, den Gefahren und Freuden derselben überlassen.

Aus jeder »Untugend« die entsprechende »Tugend« hervorsuchen, das heißt, das Böse durch das Gute überwinden. Alles andere heißt, das natürlich Starke mit schwachen Mitteln überwinden, die die Probe nicht bestehen, auf die das Leben dann diese künstlichen Tugenden stellt.

Daß man das Böse mit dem Guten überwinden muß, ist jedoch eine jener Wahrheiten, die einfach erscheinen, wenn man sie ausspricht, obgleich tatsächlich kein Prozeß verwikkelter und langsamer ist, als nach dieser Richtung die wirksamen Mittel zu finden. Es ist viel leichter zu sagen, was man nicht tun soll, als was man tun kann, um z.B. Eigensinn in Charakterstärke umzuwandeln, Schlauheit in Klugheit, Gefallsucht in Liebenswürdigkeit, Unruhe in Unternehmungslust. Und dies kann erst geschehen, wenn man einsieht, daß das Böse – insofern es nicht einen Atavismus aus früheren Kulturstadien oder eine Perversität in sich schließt – ebenso natürlich und unentbehrlich ist wie das Gute, und daß es einzig und allein durch einseitige Vorherrschaft zu einem Bösen wird.

Der Erzieher will das Kind mit einem Schlage fertig und vollkommen haben; er zwingt ihm eine Ordnung, eine Selbstbeherrschung, eine Pflichttreue, eine Ehrlichkeit auf, die die Erwachsenen sich dann mit staunenswerter Geschwindigkeit abgewöhnen! Wenn es sich um die Fehler der Kinder handelt, sieht man im Hause wie in der Schule Mücken, während man täglich die Kinder die Kamele der Erwachsenen schlucken läßt!

Neun Mal von zehn vor den Fehlern der Kinder ein Auge zuzudrücken, sich vor unmittelbaren Eingriffen, die meistens Fehlgriffe sind, zu hüten, aber anstatt dessen seine ganze Wachsamkeit auf die Bildung der Umgebung richten, in der das Kind heranwächst, und auf die Erziehung, die man sich selbst angedeihen läßt – das ist die Kunst der natürlichen Erziehung. Aber Erzieher, die tagaus, tagein zielbewußt die Umgebung und sich selbst erziehen, sind noch eine seltene Erscheinung. Die meisten Menschen leben sowohl von den Zinsen als von dem Kapital der Erziehung, die sie vielleicht einmal zu Musterkindern gemacht und ihnen die Lust zur Selbsterziehung genommen hat!

Aber nur dadurch, daß man sich selbst in einem unablässigen Wachstum erhält, in unablässiger Wechselwirkung mit dem Besten in der eigenen Zeit, wird man nach und nach eine halbwegs gute Gesellschaft für seine Kinder!

Ein Kind erziehen – das bedeutet seine Seele in seinen Händen tragen, seinen Fuß auf einen schmalen Pfad setzen.

Das bedeutet, sich niemals der Gefahr aussetzen, im Blick des Kindes der Kälte zu begegnen, die uns ohne Worte sagt, daß das Kind uns unzureichend und unberechenbar findet; das bedeutet, demutsvoll einsehen, wie der Möglichkeiten, dem Kinde zu schaden, unzählige sind, der ihm zu nützen, wenige. Wie selten erinnert sich der Erzieher, daß das Kind schon im Alter von vier, fünf Jahren die Erwachsenen erforscht und durchschaut, mit einem wunderbaren Scharfsinn seine bewußten Wertungen anstellt, mit bebender Sensitivität auf jeden Eindruck reagiert! Das leiseste Mißtrauen, die geringste Unzartheit, die kleinste Ungerechtigkeit, der flüchtigste Spott können lebenslängliche Brandwunden in der feinbesaiteten Seele des Kindes zurücklassen, während andererseits die unerwartete Freundlichkeit, das edle Entgegenkommen, der gerechte Zorn sich ebenso tief in diese Sinne einprägen, die man weich wie Wachs nennt, aber behandelt, als wären sie aus Ochsenleder!

Relativ am besten war die alte Erziehung, die – wie Andrée von seiner eigenen sagte – »nur darin bestand, sich ganz, rein und ehrlich zu halten«. Denn sie mißbildete wenigstens die Persönlichkeit nicht, wenn sie sie auch nicht bildete. Während nur ein Hundertstel der jetzigen Mühe der Eltern dazu gebraucht werden sollte, um in das Leben des Kindes einzugreifen, müßten die übrigen neunundneunzig Hundertstel dazu verwendet werden, um zu leiten, ohne einzugreifen; um eine unsichtbare Vorsehung zu werden, durch die die Kinder ihre Erfahrungen erhalten, aber aus denen sie dann ihre eigenen Folgerungen ziehen dürfen. Jetzt prägt man seine eigenen Entdeckungen, Meinungen, Grundsätze dem Kinde ein, indem man stets an seinen Handlungen bessert. Daß man wirklich eine ganz neue Seele vor sich hat, ein eigenes Ich, dessen erstes und vornehmstes Recht ist, selbst über die Dinge nachzudenken, denen es begegnet – das ist die letzte aller Erfahrungen, die ein Erzieher macht. Mit einer neuen Seele meint er nur einen neuen Jahrgang des alten Menschen, und ist schnurstracks mit den alten Flaschen bei der Hand! Man lehrt die neue Seele, nicht zu stehlen, nicht zu lügen, auf ihre Kleider aufzupassen, ihre Lektionen zu lernen, mit ihren Groschen hauszuhalten, Befehlen zu gehorchen, älteren Personen nicht zu widersprechen, Gebete zu sagen und sich hie und da zu balgen, um tüchtig zu werden ... Aber wer lehrt die neue Seele, selbst die Wege zu wählen, die sie zu betreten hat? Wer ahnt, daß die Sehnsucht nach diesen eigenen Wegen so heiß sein kann, daß die harte oder milde Dressur zur Gleichförmigkeit die ganze Kindheit zu einer heimlichen Qual macht?!

Das Kind tritt mit dem Erbe vorhergehender Geschlechtsglieder ins Leben, und dieses Erbe wird durch Anpassung an die Umgebung modifiziert. Aber das Kind stellt auch individuelle Variationen des Gattungstypus dar. Und wenn diese seine Eigenart während der Anpassung nicht verschwinden soll, muß die selbstbestimmte Kraftentwicklung auf alle Weise gefördert und nur mittelbar dadurch beeinflußt werden, daß der Erzieher es versteht, den Folgen dieser Kraftentwicklung Zusammenhang und Nachdruck zu verleihen.

Die harten wie die milden Eingriffe des jetzigen Erziehers wenden die Folgen ab, anstatt sie in ihrer ganzen Strenge wirken zu lassen, in jedem Fall, wo das Kind dadurch nicht unheilbaren Schaden erleidet.

Die Gewohnheiten des Hauses und die vom Hause abhängigen des Kindes müssen unerschütterlich werden wie Naturgesetze, wenn diese Gewohnheiten wirklich von Gewicht sind. Amiel sagt sehr wahr, daß Gewohnheiten die Prinzipien sind, die Instinkt geworden, die in Fleisch und Blut übergegangen sind. »Gewohnheiten ändern«, fährt er fort, »heißt das Leben in seiner Substanz treffen, denn das Leben ist nur ein Gewebe von Gewohnheiten ...«

Warum bleibt alles sich im Innersten gleich, Jahrhundert um Jahrhundert? Warum fahren »hochzivilisierte«, »christliche« Völker fort, einander auszuplündern, und nennen es Austausch, einander zu massenmorden, und nennen es Nationalismus, einander zu unterdrücken, und nennen es Staatskunst?

Weil in jeder neuen Generation die Triebe, die man glaubt in dem Kinde durch Zucht ausgerottet zu haben, aufs neue hervorbrechen, wenn der Kampf ums Dasein, für das Individuum im Gesellschaftsleben, für die Gesellschaft im Staatsleben beginnt. Denn die Leidenschaften werden durch die jetzt herrschende Erziehung nicht umgestaltet, sondern nur niedergepreßt. Tatsächlich gibt es gerade aus diesem Grunde keine einzige der Leidenschaften des Wilden, die in der Menschheit wirklich überwunden worden wäre. Vielleicht das Menschenfressen? Aber was z.B. von europäischen Schiffsbesatzungen oder sibirischen Verbrechern erzählt wird, zeigt, daß selbst dieser Trieb unter ihm günstigen Bedingungen wieder auftreten kann, obgleich der Mehrzahl ein tiefer physischer Widerwille gegen das Menschenfressen angeboren ist. Der bewußte Inzest dürfte – trotz ähnlicher Abweichungen – auch der Mehrzahl physisch widerwärtig sein, und bei einer Anzahl Frauen ist die Keuschheit – die Einheit zwischen Körper und Seele in Beziehung auf die Liebe – eine unverrückbare Naturbestimmung. Für eine Minderzahl schließlich wäre es »physisch unmöglich«, zu morden oder zu stehlen.

Damit dürfte ich alles erschöpft haben, was die Menschheit seit ihrer ersten bewußten Geschichte wirklich so unveräußerlich gewonnen hat, daß es »in Fleisch und Blut« übergegangen ist. Und nur das kann wirklich der »Versuchung« in *jeder* Form standhalten!

Eine tiefe psychologische Wahrheit verbirgt sich unter dem Sprachgebrauch, wenn dieser von »entfesselten Leidenschaften« spricht. Denn die Leidenschaften werden durch das herrschende Erziehungssystem wirklich nur in Käfige gesperrte Raubtiere!

Während man schöne Worte von der individuellen Entwicklung spricht, geht man gegen die Kinder vor, als wären diese gar kein Selbstzweck, sondern einzig allein zur Freude, zum Stolz und zur Behaglichkeit der Eltern erschaffen. Und da all dies am besten gefördert wird, wenn die Kinder wie alle anderen werden, strebt man früh danach, sie zu ehrsamen und tauglichen Mitgliedern der Gesellschaft zu machen.

Aber der einzige richtige Ausgangspunkt bei der Erziehung eines Kindes zu einem sozialen Menschen ist, es als einen solchen zu behandeln, während man gleichzeitig den Mut des Kindes stärkt, ein individueller Mensch zu werden.

Der neue Erzieher wird durch planmäßig geordnete Erfahrungen das Kind stufenweise lehren, seinen Platz im großen Zusammenhang des Daseins und seine Verantwortung gegen alles, was es umgibt, einzusehen, während andererseits keine der individuellen Lebensäußerungen des Kindes unterdrückt werden soll, insofern sie nicht dem Kinde selbst oder anderen zum Schaden gereicht. Man wird das richtige Gleichgewicht zwischen der Spencerschen Definition des Lebens als der Anpassung an die umgebenden Verhältnisse, und Nietzsches Definition des Lebens als des Willens zur Macht herzustellen suchen!

In der Anpassung spielt gewiß die Nachahmung eine große Rolle, aber die individuelle Machtausübung ist ebenso bedeutungsvoll, denn durch die Anpassung erhält das Leben nur eine feste Form, durch die Machtausübung aber auch einen neuen Inhalt.

Die meisten modern Denkenden sprechen freilich, wie ich oben hervorhob, gar viel von Persönlichkeit, verzweifeln aber, wenn ihre Kinder nicht ebenso sind wie alle anderen, wenn sie nicht fix und fertig bei ihrer Nachkommenschaft alle von der Gesellschaft verlangte Tugend vorweisen können! Und darum dressieren sie die Kinder, ihre Natur zurückzuhalten – um sie dann als Erwachsene wieder loszulassen! Noch ahnt man kaum, wie neue Menschen gebildet werden. Darum kommen noch immer im selben Kreislauf die alten Typen wieder; die tüchtigen Kerle, die süßen Mädchen, die ehrsamen Beamten usw. Aber neue Typen mit höheren Idealen, Wanderer auf ungekannten Wegen, Denker ungedachter Gedanken, fähig zu den »Verbrechen«, die neue Bahnen brechen – die erstehen selten unter diesen Wohlerzogenen!

Die Natur selbst wiederholt allerdings stets die Grundformen, aber sie macht stets kleine Abweichungen. Dadurch sind ja die verschiedenen Arten – auch der Mensch – entstanden. Aber der Mensch selbst sieht noch nicht die Bedeutung dieses Naturgesetzes für seine eigene höhere Entwicklung ein. Er will, daß alle als gut angesehenen Gefühle, Gedanken und Urteile von jedem neuen Geschlecht reproduziert werden. So erhält man keine neuen Individuen, sondern nur mehr oder weniger kluge, dumme, gutgesinnte, schlechtgesinnte Exemplare der Gattung Mensch. Die noch weiterlebenden Instinkte des Affen verdoppeln beim Menschen die Wirkung des Erblichkeitsgesetzes, und der Konservatismus ist daher bis auf weiteres in der Menschenwelt stärker als das Streben, neue Arten hervorzubringen. Aber dieses Letztere ist das Wertvollste. Weit davon entfernt, daß der Erzieher dem Kinde raten soll, das nachzumachen, was alle anderen tun, müßte er sich im Gegenteil freuen, wenn er die abweichenden Tendenzen des Kindes sieht. Anderer Meinungen zur Richtschnur zu neh-

men, hat zur Folge, daß man sich auch ihrem Willen unterord-
net und so dazu gelangt, ein Teil der großen Herde zu werden,
die der »Übermensch« kraft seines Willens leitet, eines Willens, der eine Anzahl von jede in ihrer Art ausgeprägten Persönlichkeiten nicht hätte beherrschen können! Man hat mit
Recht bemerkt, daß die exzentrischen Völker – so wie z.B.
das englische – die größte politische wie soziale Freiheit erringen, weil das persönliche Selbständigkeitsgefühl die Freiheit in Form von Gesetzen weit übertrifft, und es ihm gelingt,
auch die gesetzliche Freiheit beständig zu erweitern.

Für den Fortschritt des Ganzen, der Gattung sowie der Gesellschaft, ist es also wesentlich, daß die Erziehung das Selbständigkeitsgefühl erweckt, belebt und begünstigt, den Mut,
in den Fällen abzuweichen, wo man derer Recht nicht kränkt,
oder wo die Abweichung nicht eine bloße Folge des Verlan-
gens ist, Aufsehen zu erregen. Dem Kinde die Gewissensruhe
zu geben, sich von einer allgemeinen Meinung, einem gang-
baren Brauch, einem gewohnten Gefühl loszusagen – das ist
eine Grundbedingung für die Erziehung eines individuellen,
nicht nur eines kollektiven Gewissens, dieses die einzige Art
von Gewissen, das die meisten Menschen jetzt haben! Mich
freiwillig dem äußeren Gesetz beugen, das mein eigenes Gewissen geprüft und gut befunden hat; bedingungslos dem ungeschriebenen Gesetz gehorchen, das ich mir selbst auferlege,
diesem inneren Gesetze folgen, auch wenn es mich einsam einer ganzen Welt gegenüberstellen sollte – das heißt ein indivi-
duelles Gewissen haben.

Es ist eine so konstante Erscheinung, daß man sie beinahe
gesetzmäßig nennen kann, daß gerade die Originellen, die besonders Begabten die im Hause wie in der Schule Mißhandelten sind! Keiner hat ein Auge für das, was sich in dem wunderlichen oder lärmenden, in sich selbst versunkenen oder
heftigen Kinde regt. Und besonders in dieser Richtung zeigen
die Mütter und Lehrer ihr erbärmlichstes Unvermögen für den
elementarsten Teil der Kunst der Erziehung; »mit Augen
sehen zu können«, nicht mit pädagogischen Doktrinen im
Kopfe!

Ich erwarte natürlich kein Begreifen der Bedeutung der
Machtausübung für das Kind bei den Gesellschaftsstützen mit
ihrer konventionellen Sittlichkeit oder bei jenen Christen-

tumsbekennern, die meinen, die gefallene Menschennatur müsse zur Reue und Demut gebeugt, und der sündige Körper – das unreine Tier – mit der Rute bezähmt werden, eine Theorie, für die sie die Bibel als Stütze anführen!

Ich spreche nur zu jenen, die neue Gedanken denken und folglich aufhören sollten, nach den alten zu erziehen. Diese wenden jedoch ein, daß die neuen Erziehungsgedanken unausführbar seien! Aber die Sache ist ganz einfach die, daß ihre neuen Gedanken sie nicht selbst zu neuen Menschen gemacht haben. Der alte Mensch in ihnen hat weder Ruhe noch Zeit noch Geduld, seine eigene Seele und die des Kindes nach den neuen Gedanken zu bilden.

Diejenigen, welche »Spencer versucht haben, aber gescheitert sind« – weil Spencers Methode Intelligenz und Geduld voraussetzt! –, wenden ein, daß das Kind ja gehorchen lernen müsse; daß eine Wahrheit in der alten Regel liege: was ein Häkchen werden will, krümmt sich beizeiten usw.

Krümmt – das ist gerade das bezeichnende Wort. Gekrümmt nach dem alten Ideal der Selbstauslöschung, der Demut und des Gehorsams! Aber das neue Ideal ist, daß der Mensch gerade und aufrecht dastehe, folglich gar nicht gebogen, nur gestützt werde, damit er nicht aus Schwäche verkrümme.

Oft ist auch bei dem modernen Erzieher die rohe Herrschsucht noch lebendig, die bei dem Trotz des Kindes aufbraust: »Du willst nicht«, sagen Vater und Mutter, »ich werde Dich lehren, ob Du einen Willen hast! Den Eigensinn werde ich Dir schon austreiben.« Aber man »treibt« dem Kinde nichts aus. Hingegen kann man viel in dasselbe hineinpeitschen, was hätte fern bleiben können.

Nur während der drei ersten Lebensjahre ist eine Art Dressur notwendig, um die Voraussetzungen zu einer höheren Erziehung zu schaffen. Das Kind ist da in so hohem Grade sinnlich, daß ein leichter, physischer Schmerz oder Genuß oft die einzige Sprache ist, die es ganz versteht, und folglich das bei einigen Kindern unentbehrliche Mittel, gewisse Gewohnheiten einzuüben. Für andere Kinder sind härtere Mittel selbst in diesem frühen Stadium ganz unnötig, und sobald das Kind sich an einen Schlag erinnern kann, ist es zu alt, um ihn zu empfangen.

Das Kind muß ganz gewiß Gehorsam lernen, und zwar absoluten Gehorsam. Ist aber ein solcher Gehorsam vom zartesten Alter an Gewohnheit geworden, so genügt dann ein Blick, ein Tonfall, ein Wort, um ihn aufrecht zu erhalten. Die Unzufriedenheit des Erziehers wird jedoch nur dann ein wirksames Mittel, wenn sie wie ein Schatten in eine sonst sonnige Heimatatmosphäre fällt. Und hat man es versäumt, den Grund zum Gehorsam zu legen, solange das Kind klein und seine Unart »reizend« war, dann wird man ohne Zweifel Spencers Methode untauglich finden, wenn das Kind älter und sein Eigenwille unangenehm wird!

Mit dem ganz kleinen Kinde soll man nicht sprechen, sondern folgerichtig und rasch handeln. Das Streben des Erziehers muß – nach Rousseaus und Spencers Anweisungen – schon darauf hinzielen, die Erfahrungen zu einem zusammenhängenden Ganzen von Eindrücken zu ordnen, wodurch gewisse Gewohnheiten dem Kinde in Fleisch und Blut übergehen.

Das beständige Schreien kleiner Kinder zum Beispiel muß zurechtgewiesen werden. Wenn man sich vergewissert hat, daß das Schreien nicht Krankheit oder andere Unannehmlichkeiten zur Ursache hat – Unannehmlichkeiten, gegen die das Schreien die einzige Waffe des Kindes ist –, wird jetzt das Schreien gewöhnlich durch Schläge zum Schweigen gebracht. Aber das besiegt den Willen des Kindes nicht und bildet in der Seele des Kindes keine andere Vorstellung als die, daß die Großen die Kleinen schlagen, wenn die Kleinen schreien, und das ist kein ethischer Begriff! Wenn hingegen das schreiende Kind sogleich mit der Erklärung isoliert wird, daß der, welcher andere quält, nicht mit ihnen sein darf, und wenn diese Isolierung unfehlbar, unerbittlich geschieht, so wird bei dem Kinde der Grund zu der Erfahrung gelegt, daß man allein sein muß, wenn man sich unangenehm macht. Das Kind wird in beiden Fällen durch ein Unbehagen zum Schweigen gebracht. Aber das eine Unbehagen ist eine Handlung des Zwangs über seinen Willen; das andere ruft nach und nach eine Selbstüberwindung des Willens hervor, und zwar durch ein gutes Motiv. Das eine Mittel nährt ein niedriges Gefühl, die Furcht. Das andere berichtigt den Willen in einer Weise, die ihn mit einer der wichtigsten Erfahrungen des Lebens verbindet. Die eine

Strafe erhält das Kind auf dem tierischen Standpunkt; die andere prägt die großen Grundgesetze des menschlichen Zusammenlebens ein: daß wenn unsere Lust anderer Unlust verursacht, uns diese anderen hindern, unserer Lust zu folgen, oder sich unserer »Machtausübung« entziehen.

Kleine Kinder müssen z.B. bei Tische und im übrigen sich an gutes Benehmen gewöhnen. Wenn jedesmal, daß eine Unart sich wiederholt, das Kind sogleich hinausgeführt wird – denn der, welcher anderen unangenehm wird, muß allein bleiben –, wird die richtige Aufführung auf der richtigen Grundlage gelehrt. Kleine Kinder müssen es z.B. lernen, anderer Leute Sachen in Ruhe zu lassen. Wenn sie jedesmal, wenn eine Sache unerlaubterweise angerührt wird, in der einen oder anderen Weise ihre Bewegungsfreiheit verlieren, lernen sie bald, daß die Bedingung der Bewegungsfreiheit die ist, anderen nicht zu schaden.

Überhaupt sind, wie eine junge Mutter bemerkt hat, die leeren japanischen Zimmer ideal, um Kinder darin zu erziehen, während unsere modernen überfüllten Zimmer schon der Kinder wegen verwerflich sind. Gerade während der Jahre, wo die eigentliche Erziehung des Kindes durch Anrühren, Schmecken, Beißen, Befühlen usw. vor sich geht, hören sie jeden Augenblick den Ruf: Stehen lassen! Für das Temperament des Kindes sowie für seine Kraftentwicklung ist daher ein großes, farbenfrohes, mit schönen Lithographien, Holzschnitten u. dergl. geschmücktes Kinderzimmer mit einfachen Geräten und voller Bewegungsfreiheit das Wichtigste von allem. Aber ist das Kind drinnen bei den Eltern und stellt es Unfug an, dann ist eine augenblickliche Verweisung das richtige Mittel, um es zu lehren, die größere Welt zu ehren, in der der Wille anderer herrscht, die Welt, in der das Kind gewiß sich selbst Raum schaffen soll, aber auch lernen, daß jeder Raum, den es selbst einnimmt, seine Grenzen hat!

Handelt es sich um eine Gefahr, vor der man dem Kinde Schrecken einflößen will, so muß man die Sache selbst erschreckend wirken lassen. Denn wenn die Mutter z.B. das Kind schlägt, weil es das Licht anrührt, so rührt es das Licht eben an, wenn die Mutter draußen ist; aber man lasse es sich am Licht verbrennen – dann läßt es dasselbe gewiß in Ruhe. In reiferen Jahren, wenn der Knabe z.B. ein Messer, eine

Büchse oder etwas Ähnliches mißbraucht, muß der Verlust des Gegenstandes bis auf weiteres die Strafe sein. Die meisten Knaben würden eine Tracht Prügel dem Verlust des geliebten Gegenstandes vorziehen, aber nur der Verlust desselben wird eine wirklich erzieherische Erfahrung von dem unerschütterlichen Gang des Lebens, eine Erfahrung, die nicht stark genug eingeprägt werden kann!

Von jenen Eltern, die »mit Spencer angefangen« und dann zu Prügeln gegriffen haben, hört man z.B., daß wenn das Kind so klein ist, daß es seine Kleidung nicht ausbessern kann, wenn es dieselbe zerrissen hat, es doch in einer anderen Weise gestraft werden muß usw. Aber in diesem Alter soll es wegen solcher Dinge überhaupt nicht gestraft werden, sondern so einfache und starke Kleider haben, daß es frei darin spielen kann. Später, wenn es wirklich achtgeben kann, ist die natürliche Strafe die, daß es zu Hause bleiben muß, wenn seine Kleider achtlos befleckt oder zerrissen worden sind; daß es selbst helfen muß, sie wieder instand zu setzen; daß es gezwungen wird, aus seiner eigenen, selbstverdienten Kasse das wieder zu kaufen, was es aus Unachtsamkeit zerstört hat. Ist das Kind nicht achtsam, so muß es daheim bleiben, wenn es gilt auszugehen; oder es muß allein essen, wenn es zu spät zu den Mahlzeiten kommt. Mit einem Wort, man hat für alle wichtigen Gewohnheiten des Zusammenlebens einfache Mittel, um die Gewohnheiten zur zweiten Natur zu machen, obgleich man nicht in allen Fällen die Spencersche Methode anwenden kann, weil die natürlichen Folgen zuweilen der Gesundheit des Kindes gefährlich werden oder in gewissen Fällen zu langsam wirken könnten. Glaubt man, selbst unmittelbar eingreifen zu müssen, so muß man stets folgerichtig, rasch, unveränderlich und energisch handeln! Warum lernt das Kind sehr bald, daß das Feuer brennt? Weil das Feuer es immer tut. Aber Mama, die einmal schlägt, einmal droht, einmal besticht, einmal weint, einmal versagt und gleich darauf erlaubt, die das nicht hält, womit sie droht, nicht zum Gehorsam zwingt, nur unablässig schwätzt, schilt – die, mit einem Worte, »es manchmal so machte, manchmal so und manchmal anders« – sie hat nicht die kräftige Erziehungsmethode des Feuers!

Daß die frühere strenge Erziehung als Grobarbeit gelang,

daß sie dem Charakter einen stilvollen Zuschnitt gab, beruhte gerade auf ihrer Einheitlichkeit. Sie war folgerichtig streng, nicht wie jetzt ein haltloses Schwanken zwischen allen Arten von pädagogischen Methoden und psychologischen Stimmungen, wobei das Kind wie ein Ball zwischen den Händen der Erwachsenen hin und her geworfen wird, bald vorgezeigt, bald lächerlich gemacht, bald weggestoßen, bald herbeigezogen, bald totgeküßt, bald kommandiert, bald gelockt! Ein erwachsener Mensch würde wahnsinnig werden, wenn scherzende Titanen ihn einen einzigen Tag so behandelten, wie er jahrelang sein Kind behandelt! Ein Kind soll nicht kommandiert werden, sondern ebenso höflich angeredet wie ein Erwachsener, um selbst Höflichkeit zu lernen. Ein Kind soll nie vorgezeigt werden, nie zu Liebkosungen gezwungen, nie mit Küssen überschüttet, die das Kind gewöhnlich quälen und oft den Grund zu sexueller Hyperästhesie legen. Die Zärtlichkeitsbezeugungen des Kindes erwidern, wenn sie ehrlich sind, aber seine eigenen auf große Augenblicke aufsparen – das ist eines der vielen feinen, außer acht gelassenen Erziehungsmittel! Und ebensowenig soll das Kind gezwungen werden, Reue auszudrücken, um Verzeihung zu bitten und dergleichen, was alles die sicherste Erziehung zur Heuchelei ist. Ein kleiner Junge hatte einmal seinen älteren Bruder beschimpft und wurde auf einen Sessel gesetzt, um seine Schuld zu »bereuen«. Als die Mutter nach einer Weile fragte, ob er bereue, antwortete er nachdrücklich ja! Aber da die Mutter ein unheilverkündendes Funkeln in seinen Augen sah, fand sie sich veranlaßt, zu fragen, was er bereue:

»Das ich ihn nicht auch noch Schuft genannt habe!« brach der Kleine los! Die Mutter war klug genug, für diesmal sowie für immer die »Reue« aus dem Spiel zu lassen!

So bedeutungsvoll die spontane Reue, die tiefgefühlte Bitte um Verzeihung ist, so wertlos ist in diesem wie in anderen Fällen die hervorgezwungene Seelenbewegung. »Tut es Dir nicht leid?« ist eine sehr häufige Frage an Kinder. »Machst Du Dir nichts daraus, daß Dein Bruder tot, Deine Mutter krank, Dein Vater verreist ist?« – oder was es nun sein mag, wofür man einen Ausdruck der Gefühle des Kindes erwartet. Aber es ist das Recht der Kinder, Gefühle zu haben oder sie nicht zu haben, und sie in ganz derselben Ruhe zu haben wie die Erwachsenen, ebenso wie ihre Sympathien und Antipathien. Jetzt wird der empfindliche Geschmack des Kindes durch die Rücksichtslosigkeit der Erwachsenen verletzt und sein leicht reizbarer Ekel unaufhörlich hervorgerufen. Aber die Qualen des Kindes durch die Unfeinheit der Erwachsenen gehören zu dem Gebiet der noch ungeschriebenen Kinderpsychologie. Und so wie es nur wenige bessere Erziehungsmittel gibt, als die Kinder, wenn sie unrecht gegen andere gehandelt haben, aufzufordern, zu überlegen, ob es ihnen angenehm wäre, wenn ein anderer so gegen sie vorginge, so gibt es auch kein besseres Korrektiv für den Erzieher selbst, als die Gewohnheit, in kleinen wie in großen Dingen sich selbst zu fragen: Würde ich selbst damit einverstanden sein, so behandelt zu werden, wie ich eben mein Kind behandelt habe? Wenn der Erzieher dazu noch bedenkt, daß das Kind in den meisten Fällen doppelt so stark leidet als der Erwachsene, so lernt er vielleicht das physische und psychische Zartgefühl gegen das Kind, ohne welches das Leben desselben eine ständige Qual ist.

Von Geschenken gilt dasselbe wie von Gefühlen und Zärtlichkeitsbezeugungen. Nur durch das Vorbild soll die Freigebigkeit hervorgerufen werden, und vor allem soll das Kind nicht selbst die Dinge bekommen, die es dann fortgibt, sondern seine Gabe soll immer einen persönlichen Einsatz von Arbeit oder Opfer in sich schließen.

Um dem Kinde die Freude des Gebens und die Gelegenheit zu bereiten, sich selbst kleine Genüsse und Vergnügungen zu verschaffen, ebenso wie die Möglichkeit, selbst das zu ersetzen, was es von seinem Eigentum oder dem anderer zerstört, soll es sehr früh daran gewöhnt werden, ernstlich gewisse häusliche Arbeiten auszuführen und dafür einen kleinen Lohn zu empfangen. Hingegen sollte das Kind nie für kleine gelegentliche Dienste belohnt werden – seien es solche, die es selbst anbietet, oder um die man es ersucht –, denn nur die unbelohnte Dienstfertigkeit entwickelt die Freude der Großmut. Wenn das Kind etwas wegschenken will, darf man nicht nur tun, als nähme man es an, denn man ruft so die falsche Auffassung hervor, als könnte man den Genuß des Edelmutes umsonst haben. Bei jedem Schritte das Kind den wirklichen Erfahrungen des Lebens begegnen zu lassen, niemals die Dornen von seinen Rosen zu pflücken, das ist es, was die Erzieher noch am wenigsten verstehen. Und darum mißlingen auch »vernünftige« Methoden unaufhörlich, und man sieht sich genötigt, zu den affliktiven Mitteln zu greifen, die in keinem Zusammenhang mit den Wirklichkeiten des Lebens stehen, vor allem jenes Mittel nicht, das noch Erziehungsmittel genannt wird, anstatt Torturmittel: nämlich Schläge!

* * *

Verschiedene moderne Menschen verteidigen Schläge mit der Behauptung, daß diese oft eine mildere Strafe seien als die natürliche Folge einer Tat, und daß Schläge am kräftigsten erinnernd wirken und so die nachhaltigste Ideenassoziation werden.

Aber welche Assoziation? Mit physischem Schmerz und Scham! Diese Art zu erziehen, zu verbessern, hat man Schritt für Schritt auf allen anderen Gebieten überwunden. Auch die Abschaffung der Tortur, der Hauszucht, der Prügelstrafe scheiterte lange an der Überzeugung von ihrer Unentbehrlichkeit als Erziehungsmittel! Aber das Kind, antwortet man, ist noch ein Tier, und muß wie ein solches erzogen werden. Die, welche so antworten, wissen weder etwas von Kindern noch von Tieren, die auch ohne Schläge erzogen werden können, allerdings nur von Menschen, die – selbst Menschen geworden sind!

Andere kommen mit Doktrinen wie solchen, daß Schreck und Schmerz für den Menschen das erste Erziehungsmittel gewesen seien, und daß das Kind denselben Weg verfolgen müsse wie die Menschheit! Das ist eine bare Lächerlichkeit. Man müßte dann auch seine Kinder als natürliche Einführung in die Religion Fetische anbeten lehren! Sollte das Kind alle niedrigen Entwicklungsstadien der Gattung reproduzieren, dann würde man es faktisch unter den Standpunkt herabdrücken, den es physiologisch und psychologisch durch das gemeinschaftliche Erbe der Gattung erreicht hat! Wenn man für die Erwachsenen von der Tortur und den peinlichen Strafen abgekommen ist, sie aber für die Kinder beibehält, sieht man eben noch nicht ein, daß deren Seelenleben in bezug auf ein zusammengesetzteres und verfeinerteres Vermögen des Leidens dieselben Fortschritte gemacht hat wie das der erwachsenen Menschen! Die zahlreichen Kinderselbstmorde in den letzten Jahrzehnten sind oft gerade aus Furcht vor körperlicher Züchtigung oder nach einer solchen geschehen, und die Seele leidet in ebenso hohem Maße wie der Körper unter derselben. Wo dies nicht der Fall ist, sind Schläge noch gefährlicher denn da tragen sie nur dazu bei, das Schamgefühl noch weiter abzustumpfen und die Brutalität oder die Feigheit des Gestraften zu erhöhen! In einer Schule hörte ich einmal von einem Kinde sprechen, welches in jeder Beziehung so abstoßend sei, daß man sich darüber einigte, daß ihm »eine Tracht Prügel« nur gut tun könnte – bis man erfuhr, daß die Schläge des Vaters es zu dem gemacht hatten, was es war! Und wenn man eine Statistik über die »verlorenen Söhne« anstellte, wären der Verprügelten gewiß viel mehr als der Verzärtelten.

Die Gesellschaft hat immer mehr die »vergeltenden« Strafen aufgegeben, weil man eingesehen hat, daß sie weder das Schuldgefühl wecken noch abschrecken, sondern daß im Gegenteil die »Vergeltung« von Gleichem mit Gleichem die Rechtsbegriffe verwildert, die Sinne verhärtet und zu ähnlichen Gewalttaten gegen andere aufstachelt, wie die, die man selbst erdulden mußte. Aber für die psychologischen Prozesse des Kindes nimmt man andere Gesetze an! Wenn ein Junge seine kleine Schwester schlägt, schlägt die Mutter ihn – und glaubt, daß er den Unterschied zwischen den Schlägen, die er bekommt, und denen, die er austeilte, einsehen und verstehen wird, daß das eine eine gerechte Strafe, das andere hingegen eine häßliche Handlung war! Das Kind ist jedoch ein schärferer Logiker und fühlt, daß die Sache ganz dieselbe ist, obgleich die Mutter ihr einen anderen Namen gibt.

Die körperliche Züchtigung hat den Charakter, den schon Comenius treffend angab, wenn er den Erzieher, der zu diesem Mittel greift, mit einem Musiker vergleicht, der sein ungestimmtes Instrument mit den Fäusten bearbeitet, anstatt Ohr und Hand zu brauchen, um es zu stimmen!

Auf all die unzähligen feinen Prozesse im Seelenleben des Kindes, auf die dunklen, zusammengesetzten Verläufe, die bebenden, empfindlichen Gefühle wirken diese brutalen Eingriffe zerreißend, verwirrend und deshalb ohne alle seelisch erziehende Macht!

Um wirklich zu erziehen, muß in erster Linie nach den zwei, drei ersten Lebensjahren der bloße Gedanke an einen Schlag aus den Möglichkeiten der Erziehung ausgelöscht werden! Am besten ist es, wenn die Eltern schon von der Geburt des Kindes an beschließen, niemals zu Schlägen zu greifen. Denn wenn sie mit dem bequemen Mittel anfangen, setzen sie es dann oft gegen ihren früheren Vorsatz fort –, weil sie es versäumt haben, während des Gebrauchs der bequemen Methode ihre Intelligenz zu entwickeln.

Mit einem Menschen, der dies nicht einsieht, fällt es mir ebensowenig ein, von Erziehung zu sprechen, wie es mir einfallen würde, mit einem Kannibalen von der Friedensfrage zu reden.

Aber da diese Wilden der Erziehung auf anderen Gebieten oft Kulturmenschen sind, so möchte ich sie bitten, sich z.B. der Entwicklung der Ehe zu entsinnen, von der Zeit an, wo der Mann mit der Keule freite und das Weib als das seelenlose Eigentum des Mannes betrachtet wurde, das nur durch Prügel in Zucht gehalten werden könnte – eine Anschauung, die noch bis tief in die neuere Zeit hinein gelebt hat. Durch tausend tägliche geheimnisvolle Einflüsse sind Gefühle und Vorstellungen so umgewandelt worden, daß diese rohen Begriffe verschwunden sind, zum größten Nutzen für die Entwicklung des Gesellschaftslebens und der Individuen. Und sollte man es nicht vermögen, auch einen pädagogischen Wilden zu der Einsicht zu erwecken, wie in ganz derselben Weise tausend neue geheimnisvolle und mächtige Einflüsse die rohen Erziehungsmittel ersetzen werden, wenn die Eltern einmal zu der Einsicht kommen, daß die Elternschaft ganz dieselbe Metamorphose durchmachen muß wie die Ehe, wofern die Elternschaft ihre schöne und volle Entwicklung nehmen soll.

Erst wenn ein Mensch einsieht, daß die Züchtigung eines Kindes demselben niedrigen Kulturstadium angehört wie das Prügeln von Frau und Hausgesinde, von Soldaten und Verbrechern, dann erst beginnt die erste grobe Hobelung des Stoffes, aus dem sich vielleicht später ein Erzieher bilden läßt.

Daß man früher – in rohen Zeiten – durch Körperstrafen vergalt, war natürlich. Der Körper ist ja das »Greifbare« beim Menschen, und eine Einwirkung auf diesen hat auch eine »greifbare« Folge. Die Hitze der Leidenschaft wird durch die

Tracht Prügel, die man austeilt, gekühlt, und auf einem gewissen Entwicklungsstadium ist das auch der natürliche Ausdruck der sittlichen Empörung, die unmittelbare Art des sittlichen Willens, dem niedriger Stehenden sein Gepräge aufzudrücken. Aber seit man entdeckt hat, daß man mit seelischen Mitteln auf die Seele wirken kann, sind Prügel ebenso erniedrigend für den, der sie austeilt, wie für den, der sie empfängt.

Der Erzieher vergißt noch, daß das Kind in vielen Fällen ebensowenig moralische Begriffe haben kann wie das Tier oder der Wilde. Es für diesen Mangel zu strafen, ist eine Grausamkeit, und es durch brutale Mittel zu strafen, überdies eine Dummheit, denn dadurch wird der Erhebung des Kindes über das Niveau des Tieres oder des Wilden entgegengewirkt. Nur der Erzieher, dessen Gedanke nie auch nur einen Augenblick bei Prügeln als einem Mittel, zu dem man möglicherweise seine Zuflucht nehmen kann, verweilt, wird sein ganzes Denken und Fühlen darauf richten, psychologische Erziehungsmittel zu finden. Die Anwendung von Schlägen demoralisiert und verdummt den Erzieher, weil sie seine Gedankenlosigkeit steigert, nicht seine Geduld, seine Brutalität, nicht seine Intelligenz.

Ein kleiner Knabe, den ich mit Freude zu meinen Freunden zähle, hatte mit vier Jahren zum ersten – und glücklicherweise einzigen – Male eine Züchtigung erhalten. Als ihn nun seine Kinderfrau am Abend ermahnte, sein Gebet zu sprechen, brach er in die Worte aus: »Ja, heute Abend habe ich wirklich Gott etwas zu sagen«, worauf er mit tiefem Ernst betete: »Lieber Gott, reiße der Mama die Arme aus, damit sie nicht mehr schlagen kann!«

Nichts würde die Entwicklung der Erziehung wirksamer fördern, als wenn dies mit allen Prügelpädagogen geschähe; denn sie würden dann lernen, mit dem Kopfe zu erziehen, anstatt mit den Händen. Und auch was den öffentlichen Erzieher – den Lehrer – betrifft, so würde sein Stand gar nicht besser gehoben werden können, als wenn das Gesetz – bei Strafe der unwiderruflichen Absetzung – *jeden Schlag an jeder Schule verböte!*

Daß auch Menschen, die in anderer Beziehung denkend und fühlend sind, Prügel noch immer verteidigen, kommt daher, daß den meisten Erziehern die elementarste Voraussetzung für ihre Aufgabe fehlt: nämlich immer die eigenen Gefühle und Eindrücke ihrer Kindheit bei jedem Eingriff in das Dasein eines Kindes gegenwärtig zu haben. Sich nicht zu erinnern, wie man selbst als Kind fühlte, die Gefühle des Kindes von seinem eigenen jetzigen Gesichtspunkt, die Dinge zu betrachten, aufzufassen – das ist nicht nur der häufigste, sondern auch der gefährlichste der unzähligen Mißgriffe bei der Behandlung von Kindern. Der Erwachsene lächelt in der Erinnerung über die Strafen und anderen Dinge, die ihm in seiner Kindheit angstvolle Tage und Nächte bereiteten, die stumme Herzensqual des Kindes verursachten, seine grenzenlose Verzweiflung, seine brennende Empörung, seine einsamen Tränen, sein gekränktes Rechtsgefühl, die entsetzlichen Ausgeburten seiner Phantasie, seine wahnwitzige Scham, seinen unbefriedigten Freude- oder Freiheits- oder Zärtlichkeitsdurst. Und in Ermangelung dieses guten Gedächtnisses begehen die Erwachsenen stets aufs neue das Verbrechen, der neuen Generation die Kindheit zu zerstören, die einzige Zeit im Leben, in der der Erzieher wirklich eine glückspendende Vorsehung sein könnte! Das Naturwidrige sowie das Unschöne in den unnötigen Leiden des Kindes ist in meinem Bewußtsein so stark gegenwärtig, daß es mir physischen Widerwillen verursacht, die Hand des Menschen zu berühren, von dem ich weiß, daß er seine Kinder schlägt, und ich bin vor Gram wach gelegen, wenn ich auf der Straße einem Kinde mit Schlägen drohen hörte!

Schläge rufen die Tugenden des Sklaven, nicht die des freien Menschen hervor. Schon Walter von der Vogelweide wußte, daß »wer zu Ehren kommen mag, dem ist ein Wort mehr als ein Schlag«. Prügel überliefern den Schwächeren, den Wehrlosen in die Hand des Stärkeren, und noch nie hat ein Kind in seinem Herzen geglaubt, was es mit seinen Lippen bejahte, wenn der Erzieher versuchte, es zu überzeugen, daß er es aus Liebe schlage, es schlage, weil er *müsse!* Das Kind ist ein zu scharfsinniges Wesen, um nicht zu wissen, daß es kein solches »Muß« gibt, und daß die Liebe sich in besserer Weise äußern könnte!

Mangelnde Selbstzucht, mangelnde Intelligenz, mangelnde Geduld, mangelnde Würde – das sind die vier Ecksteine, auf denen das Prügelsystem ruht. Und ich meine jetzt nicht die

Art zu schlagen, wie sie von den Elenden geübt wird, die jahraus jahrein im Hause, aber besonders in den Schulen, die Kinder tot oder zu Schanden prügeln. Ich meine auch nicht die weniger brutalen Schläge, die von unbeherrschten Lehrern und Eltern ausgeteilt werden, die sich so dafür rächen, daß sie gereizt oder ermüdet oder erschreckt wurden: Schläge, die ganz einfach die Auslösung einer Nervenspannung sind, ein verächtlicher Beweis mangelnder Selbstkultur und Selbstzucht. Noch weniger meine ich die Grausamkeiten, die von geschlechtlich perversen Ungeheuern begangen werden, deren rohe Gelüste durch das Recht der Züchtigung einen Anreiz und zugleich ein Mittel erhalten haben, die Opfer zum Schweigen einzuschüchtern, wie gewisse Strafprozesse es gezeigt haben.[1]

Ich spreche nur von den gewissenhaften und liebevollen Eltern und Lehrern, die mit Schmerz ihre vermeintliche Pflicht gegen das Kind erfüllen. Diese pflegen die guten Wirkungen der Züchtigung als einen Beweis für ihre Unentbehrlichkeit anzuführen. Das Kind wird durch Schläge nicht nur »brav«, heißt es, nein, es wird gleichsam von seinem bösen Ich befreit und zeigt durch sein ganzes Wesen, daß ihm die rasche und summarische Strafmethode besser getan hat als Reden und Geduld und langsam wirkende »Erfahrungsstrafen«. Und Beispiele werden hervorgesucht, wie nur die Züchtigung den Trotz zu brechen, das Lügen abzugewöhnen vermocht habe und dergleichen.

Diese Erzieher sehen nicht ein, daß es ihnen durch das augenblicklich wirkende Mittel nur gelungen ist, die Äußerung des bösen Willens zurückzudrängen, nicht aber den Willen selbst umzugestalten. Dazu bedarf es einer steten Wachsamkeit, einer täglichen Selbsterziehung zu einem immer höheren Vermögen, intelligente Methoden zu erfinden. Der unterdrückte Fehler wird bei jedem Anlaß hervortreten, bei dem das Kind ihn zu zeigen wagt! Der Erzieher, der in der Züchtigung einen Abkürzungsweg für seine Mühe gefunden hat, hat dadurch das Kind selbst auf einen Umweg geführt, wenn man die einzige wirkliche Entwicklung im Auge hat, diejenige, die langsam seine Fähigkeit und seinen Willen zur Selbstbeherrschung stärkt!

Ich habe nie einem Kinde über drei Jahre mit Schlägen

drohen hören, ohne daß das tiefer wirkende ethische Mittel dem Abweg ganz nahe gelegen wäre, auf den die Eltern mit diesen Drohungen geraten sind. Und dasselbe gilt von der milderen Torheit, der Lockung durch äußere Belohnungen. Ich habe z.B. Kinder durch Lockungen wie durch Drohungen ins Bad treiben sehen. Aber in keinem Falle wuchs ihr Mut, ihre Selbstbeherrschung, ihre Willensstärke. Nur wenn es einem gelingt, das Bad selbst anziehend zu machen, wird die Willensenergie entwickelt, die das Gefühl der Furcht oder des Unbehagens besiegt und einen echten ethischen Eindruck hervorruft, nämlich den, »daß die Tugend sich selbst belohnt«. Wo Prügel von einer schlechten Gewohnheit, einem Fehler abschrecken, ist ein wirklich ethisches Resultat nicht erzielt. Das Kind hat nur gelernt, eine unangenehme Folge zu fürchten, der der wirkliche Zusammenhang mit der Sache selbst fehlt, eine Folge, die, wie es wohl weiß, hätte ausbleiben können, und diese Furcht ist himmelweit verschieden von der Überzeugung, daß das Gute besser sei als das Böse! Da die Unannehmlichkeit keine naturnotwendige Folge der Handlung ist, kommt das Kind nämlich bald zu der Erkenntnis, daß wenn es sich nur schlauer beträgt, es den Prügeln entgehen kann, und so steigern die Prügeln die List, ganz gewiß aber nicht die Sittlichkeit! Die Höllenlehre und die Höllenfurcht zeigen in der Geschichte der Menschheit, was für eine Art Sittlichkeit Schläge – die Hölle der Kinder – in der Kindesseele hervorrufen können. Nur indem man mit äußerster Mühe, langsam, unmerklich die Überzeugung von dem Vorzug des Guten aufbaut – als glückbringender für das Individuum selbst sowie für seine Umgebung –, lernt das Kind das Gute lieben; nur indem man das Kind lehrt, daß Strafen selbstheraufbeschworene Folgen sind, lernt es, deren Ursachen auszuweichen.

* * *

Der tiefste Mißgriff des Erziehers ist – trotz aller neuer Reden von der Individualität des Kindes –, dieses nach dem abstrakten Begriff »Kind« zu behandeln, als einen unorganischen oder persönlichen Stoff, der in der Hand des Erziehers geformt und umgeformt werden kann! Man schlägt es und glaubt, daß die Wirkung der Schläge mit dem Moment aufhört, wo man »das Kind besserte«, mit diesem kräftigen Denkzettel, der es hindern soll, in Zukunft Schlechtes anzustellen! Man ahnt nicht, daß dieser gewaltsame Eingriff in das physische und psychische Leben des Kindes lebenslängliche Wirkungen haben kann.

Schon in den vierziger Jahren legte eine Autorität dar, daß die Züchtigung eines der wirksamsten somatisch stimulierenden Mittel ist. Die Selbstgeißelung des Mittelalters hatte bekanntlich diese Wirkung. Und wenn ich das veröffentlichen könnte, was ich von Erwachsenen über die Einwirkung der Züchtigung auf sie selbst gehört, oder was ich bei Kindern beobachtet habe, wäre dies allein entscheidend für die Abschaffung der Züchtigung in ihrer rohesten Form, der, welche die körperliche Scham des Kindes am tiefsten kränkt, die es doch für die Entwicklung des Keuschheitsgefühls vor allem zu bewahren gilt. Der Vater, der seine Tochter züchtigt, verdient, sie einmal »gefallen« zu sehen, da er selbst ihren Instinkt der körperlichen Heiligkeit verletzt hat, diesen Instinkt, der schon beim kleinen Kinde leidenschaftlich tief sein kann. Nur wenn jede Kränkung dieser Heiligkeit – aufgezwungene Liebkosungen sowohl wie ein Schlag – einen energischen, instinktiven Widerstand hervorruft, ist die Natur des Kindes stolz und keusch. Und die Kinder, die zurückschlagen, wenn sie gezüchtigt werden, sind von allen die am meisten versprechenden.

Unzählig sind die Fälle, in denen die körperliche Strafe unheilbaren Schaden stiften kann, den der Erzieher nicht ahnt, wenn er triumphierend darlegt, wie die Züchtigung in dem vorliegenden Falle »geholfen« habe. Die meisten Erwachsenen erzählen freilich, daß die Züchtigung ihnen selbst in diesem oder jenem Betracht geschadet hat. Aber wenn sie dann Erzieher werden, bauen sie doch auf die Wirkung der Züchtigung.

Welche kochende Bitterkeit und Rachgier, welche hündisch kriechende Schmeichelei ruft nicht die körperliche Züchtigung hervor! Sie macht den Feigen feiger, den Trotzigen trotziger, den Harten härter. Sie stärkt die beiden Gefühle, die die Wurzel von fast allem Bösen in der Welt sind, Haß und Furcht! Und solange Schläge Erziehung genannt werden, werden diese Gefühle immer die Menschen beherrschen!

Trotz ist einer der häufigsten Anlässe zur Züchtigung. Aber was man Trotz nennt, ist in den meisten Fällen nur Furcht oder Unfähigkeit. Das Kind wiederholt z.B. eine falsche Antwort, wird mit Schlägen bedroht und – wiederholt sie abermals, gerade aus Furcht, nicht das Richtige zu sagen. Man schlägt es, und jetzt antwortet es richtig. Der Erzieher triumphiert: die Störrischkeit ist überwunden! Aber was ist geschehen? Eine weitere Furcht hat zu einer heftigen Gedankenanstrengung, einer augenblicklichen Kraftsteigerung geführt. Am nächsten Tag wird das Kind den Fehler wahrscheinlich wieder sagen! Im Falle wirklichen Trotzes bei Kindern weiß ich Beispiele dafür, daß die Züchtigung sie mit Mordlust gegen sich selbst oder den, der sie geschlagen, erfüllt hat. Hingegen weiß ich andere Fälle, wo die Mutter nur dadurch, daß sie das trotzige Kind stille und ruhig auf ihren Knieen festhielt, es dazu gebracht hat, sich selbst zur Ruhe und Beherrschung durchzuringen!

Wie viele unwahre Geständnisse haben nicht Prügel oder die Angst vor Prügeln hervorgepreßt; wieviel kecke Tatenlust, Unternehmungsgeist, Phantasiespiel und Entdeckerdrang hat nicht dieselbe Angst erstickt! Und auch, wo Schläge nicht Lüge hervorrufen, hindern sie immer die volle Aufrichtigkeit, den unmittelbaren Mut, sich so zu zeigen, wie man ist. Solange das Wort Schläge in einem Haus überhaupt genannt wird, kann es bei den Kindern keine volle Ehrlichkeit geben.

Und solange Haus und Schule diese Erziehungsmittel gebrauchen, wird in dem Kinde selbst die Brutalität auf Kosten der Humanität entwickelt. Das Kind wendet gegen Tiere, jüngere Geschwister, Kameraden die Methode an, die man ihm gegenüber anwendet, und mit derselben Begründung, der, daß »Schlimmheit« mit Schlägen kuriert werden müsse.

In Italien z.B., wo Kinder oft und Tiere immer rücksichtslos gepeitscht werden, ist bei den Erwachsenen Faust und Messer das gebräuchlichste Argument. Ein Reisender, der mit Tolstoi fuhr, wunderte sich, daß dieser niemals die Peitsche gebrauchte. Mit einem halb verächtlichen Tonfall antwortete dieser: Ich kann zu meinen Pferden sprechen und brauche sie nicht zu schlagen! Nur die Kinder, die selbst daran gewöhnt sind, milde behandelt zu werden, werden einsehen lernen, daß man ohne Gewaltmittel einwirken kann, und dies einsehen ist eines der menschlichen Vorrechte, deren man sich mit dem Gebrauch brutaler Mittel begibt.

Nur dadurch, daß das Kind immer und überall seine Erzieher von dem Gebrauch der rohen Stärke abstehen sieht, wird es selbst nach und nach zur Verachtung derselben bei all jenen Gelegenheiten erzogen werden, wo es nicht die Verteidigung eines Schwächeren gegen einen physischen Übergriff gilt. Der Grund zur Kriegslust wird weniger durch die Kriegsspiele als durch das spanische Rohr gelegt!

Zur Verteidigung der Prügelmethode werden die eigenen Aussprüche der Kinder angeführt, wie, daß sie sich bewußt seien, die Züchtigung verdient zu haben, um »brav« zu werden usw. Von aller niedrigen Heuchelei der Menschennatur ist keine widriger als diese. Das Kind kann hingegen in einem anderen Falle ehrlich sein, nämlich in dem Gefühle, daß es durch die Züchtigung einen Fehler gesühnt habe, der sein Gewissen bedrückte. Aber diese Art Versöhnung ist gerade die Grundlage zu einer ganz falschen Ethik, derselben, die noch als die des Christentums gepredigt wird, nämlich daß Fehler durch Leiden versöhnt werden können, die nicht in unmittelbarem Zusammenhang mit den Fehlern stehen. Die Grundlage der neuen Sittlichkeit hingegen ist, wie ich schon hervorgehoben habe, daß keine Fehler versöhnt werden, daß man in keiner Weise den Folgen seiner Handlungen entgehen kann.

Unwahrheit gehört zu den Fehlern, die der Erzieher am häufigsten mit Schlägen strafen zu müssen glaubt. Aber in keinem Falle ist dieses Mittel gefährlicher.

Wenn jemand ein sehr notwendiges »Lesebuch für Eltern« redigieren wollte, müßte darin die bekannte Geschichte von George Washington und der Axt aufgenommen werden, aber von der Kritik begleitet, die ein geweckter Zehnjähriger zu dieser Anekdote gab: »Das ist keine Kunst, die Wahrheit zu sagen, wenn man einen so netten Papa hat!«

Ich pflegte selbst die Unwahrheiten in unwillkürliche, in freche und phantasievolle einzuteilen, sah aber kürzlich eine bessere Einteilung der Lügen in weiße, kalte Lügen, d.h. voll bewußte und immer strafbare, und heiße Lügen, die der Ausdruck einer erregten Stimmung, einer feurigen Einbildung sind. Ich bin ganz einverstanden mit diesem Schriftsteller, daß diese nicht gestraft, wohl aber berichtigt werden sollen, doch nicht durch ein pedantisches »Messen mit dem Zollstab, um wie viel zu lang oder zu kurz die Angabe ist«, sondern durch Auslachen – sonst eines der gefährlichsten Erziehungsmittel –, wenn man nämlich findet, daß diese Art Unwahrheit sich zu wirklicher Unwahrhaftigkeit zu entwickeln droht. Man ist in diesem Fall sehr streng gegen die Kleinen, so streng, daß kein Advokat, kein Journalist, kein Politiker oder Poet seinen Beruf ausüben könnte, wenn man an ihn dasselbe Maß anlegte wie an die Kinder.

Die »weiße« Lüge schließlich wird teils, wie ein französischer Gelehrter gezeigt hat, durch eine Krankhaftigkeit verursacht, teils durch irgendeinen Fehler in der Auffassung, »einen leeren Raum, einen toten Punkt im Gedächtnis, im Selbstbewußtsein, der eine fehlerhafte oder gar keine Vorstellung von dem, was geschehen ist, zur Folge hat ...« Die Erwachsenen selbst irren sich ja oft in alltäglichen Dingen in bezug auf ihre Absicht oder ihre Handlung, oder sie haben die letztere vergessen, und erst eine kräftige Erinnerung ruft sie ihnen ins Gedächtnis zurück; oder sie suggerieren sich selbst, daß sie eine Sache ausgeführt oder nicht ausgeführt haben. In all diesen Fällen werden sie, wenn man sie zwingt, eine bestimmte Aussage abzugeben, zu Lügnern. Aber bei dem Kinde nimmt man in jedem derartigen Fall die Lüge als bewußt an! Und wenn es bei einem strengen Kreuzverhör zögert, sich verwickelt, errötet – dann wird dies als Beweis der bewußten Unwahrheit angesehen, obgleich in der Regel nichts von alledem Unwahrheit ist – als gerade das schließlich abgepreßte Geständnis, gelogen zu haben.

Und in all diese verwickelten psychologischen Probleme greift man noch mit der Prügelmethode ein!

Wenn ein Kind zu Hause niemals Lügen hört, wenn dort nicht übertriebenes Gewicht auf Kleinigkeiten, auf den äußeren Schein gelegt wird, wenn das Kind nicht durch die Furcht feig gemacht wird, wenn es von bewußten Lügen immer mit Verachtung sprechen hört – dann wird es durch bloß psychologische Mittel des Lügens entwöhnt werden können. Zuerst findet es, daß seine Unwahrheit dem Erstaunen begegnet, dann, wenn sie sich wiederholt, der Verachtung und dem Verlust des Vertrauens. Aber diese Methode darf nicht gegen Unwahrheiten aus Angst oder aus Phantasiereichtum gebraucht werden, oder gegen solche, die den oben erwähnten unklaren seelischen Vorstellungen entspringen, Vorstellungen, deren Verbindungen untereinander die Kinder sich nicht klar machen können. Die kalte Unwahrheit hingegen muß gestraft werden, zuerst dadurch, daß man das Kind derselben überführt, und es dann ihre Wirkung, das Mißtrauen, durchleiden läßt, bis man durch den Ernst in der Besserung des Kindes sich imstande sieht, ihm sein Vertrauen wieder zu schenken. Und da ist es von großem Gewicht, daß man sein Vertrauen ganz und uneingeschränkt zeigt – selbst wenn man im stillen eine gespannte Wachsamkeit beibehält. Denn anhaltendes und unverdientes Mißtrauen demoralisiert ebensosehr wie blinde Leichtgläubigkeit.

Niemand, der für eine Lüge geschlagen wurde, hat dadurch die Wahrheit lieben gelernt! Dies beweisen am besten die Erwachsenen, die – trotz der Prügel ihrer Kindheit – noch immer in ihren Worten, in ihrem Wesen und ihren Taten lügen. Die Furcht kann das Kind von der buchstäblichen Unwahrheit abhalten. Aber die Furcht fördert auch die Unwahrhaftigkeit. Die in der Kindheit wegen Lügens Gezüchtigten haben oft einen Grundschaden erlitten, der unvergleichlich größer ist als die unmittelbaren Lügen. Die wahrsten Menschen, die ich kenne, lügen willkürlich und unwillkürlich, während ich andere kenne, die ich nie auf einer Lüge ertappt habe, die aber doch durch und durch unwahr sind.

Diese Korruption der Persönlichkeit beginnt oft in zartem Alter unter dem Einfluß des Erziehers selbst. Man gibt dem Kinde unwahre Motive, halbwahre Auskünfte, Drohungen und Warnungen; man übt einen Druck auf Willen, Denken und Fühlen des Kindes aus, gegenüber welchem die Unehrlichkeit seine berechtigte Notwehr wird. So machen Erzieher, für die Wahrheit das oberste Ziel war, die Kinder unwahr. Ich habe z.B. ein Kind beobachtet, das hart gezüchtigt wurde, weil es eine unbewußte Handlung leugnete, und das sich unter dem Einfluß dieser sinnlosen Züchtigung zu hochgradiger Heuchelei entwickelte.

Um wahr zu sein, bedarf es vor allem ungebrochenen Mutes, und wie jemand sagt, brauchen viele nervöse kleine Lügner nicht Schläge, sondern kräftige Nahrung und Freiluftleben. Ein großer Künstler, einer der wenigen, die ganz nach ihrer modernen Lebensanschauung leben, sagte mir einmal: »Mein Sohn weiß nicht, was eine Lüge, aber auch nicht, was ein Schlag ist. Sein Pflegebruder hingegen log, als er in unser Haus kam. Aber die Lüge gedeiht nicht in der Luft der Ruhe und der Freiheit: nach einem Jahr war sie von selbst verschwunden, nur dadurch, daß sie immer tiefem Staunen begegnete!«

Dies veranlaßt mich, im Vorbeigehen, einen anderen der vielen Irrtümer der Erziehung zu betonen, nämlich den, unendliche Mühe darauf zu wenden, etwas zu beseitigen, was von selbst verschwindet. Man quält sich z.B. damit, kleine Kinder rein sprechen zu lehren, was sie, in Ruhe gelassen, von selbst lernen, falls man selbst rein zu ihnen spricht. Dasselbe gilt von einer Menge anderer Dinge – Benehmen und Haltung usw. betreffend –, die ganz einfach der Einwirkung des guten Beispiels und der Zeit überlassen werden können, damit man seine Energie dazu gebrauchen kann, jene Gewohnheiten einzuprägen, zu denen der Grund schon im zartesten Alter gelegt werden muß.

Ein anderer, noch unglückseligerer Mißgriff ist, einen Fehler nach der äußeren Wirkung zu strafen und zu beurteilen, die die Handlung hervorruft, dem Skandal, den sie bei der Umgebung verursacht. So schlägt man z.B. Kinder wegen der Flüche und unanständigen Worte, von deren Sinn sie nichts wissen. Oder wenn sie ihn wissen, erreicht man mit Strenge nur, daß sie hinfort über die Dinge schweigen, in denen ihre Aufrichtigkeit gegen den Erzieher von höchster Wichtigkeit wäre. Dieselbe Sache, die man dem Kinde zu Hause durchgehen läßt, wird nicht selten gestraft, wenn sie außer dem Hause geschieht. Das Kind erhält so die falsche Vorstellung, daß nicht die Sache selbst, sondern ihre Öffentlichkeit strafbar sei! Wenn die Mutter sich der Unart des Knaben schämt – dann schlägt sie ihn, anstatt an ihre eigene Brust! Wenn sein Wagstück mißlingt, bekommt er Schläge, aber Lob, wenn es glückt, was eine tief demoralisierende Vorstellung erweckt. Ich sah einmal im Walde ein Elternpaar, das lachte, solange das Eis hielt, über das ihr Sohn lief; aber als es plötzlich brach, versprachen sie ihm »Hiebe«! Es bedurfte großer Selbstbeherrschung, um diesen Eltern nicht zu sagen: daß nicht der Sohn, wohl aber sie selbst Züchtigung verdienten!

Bei allen derartigen Gelegenheiten rächen die Eltern ihren eigenen Schrecken an den Kindern. Ich habe ein Kind feig werden sehen, weil seine ängstliche Mutter es jedesmal schlug, wenn es umfiel, während gerade die natürliche Folge für dieses Kind mehr als hinreichend gewesen wäre, um ihm Vorsicht einzuschärfen! Auch wenn ein Unglücksfall durch Ungehorsam verursacht wurde, ist der natürliche Schrecken in der Regel genug, um von einer Wiederholung abzuhalten. Ist er das nicht, dann wirken auch Schläge nicht nachhaltig, nur verbitternd; der Knabe findet, daß die Erwachsenen ihre eigene Kinderzeit vergessen haben, und entzieht sich im geheimen ihrem Machtmißbrauch, wenn es der Strenge nicht gelingt, das Willensniveau des Kindes total herabzudrücken, seine Energie zu hemmen.[2]

Schon das ist eine Gefahr, aber am gefährlichsten ist, daß die Schläge in diesem Falle den Grund zu der unsittlichen Moral legen, die die des Erfolges ist. Bevor der Mensch einsehen gelernt hat, daß das Bemühen, das Streben, die Kraftentwicklung ihr eigenes Ziel, ihr eigener Lohn ist, wird das Leben nicht schön! Die Niedrigkeiten der Eitelkeit und Ehrsucht, die kleinen und großen Grausamkeiten der Ungerechtigkeit hängen alle mit der Vorstellung zusammen, daß das Mißlingen oder der Erfolg den Wert eines Werkes, einer Handlung bestimmen.

Eine vollständige Umwertung dieser groben Werttheorie muß vor sich gehen, bevor die Erde der Schauplatz der frohen, aber rücksichtsvollen Kraftentwicklung freier und verfeinerter Menschen wird!

Jeder Wetteifer, der durch Zeugnisse und Preise entschieden wird, ist ein in Grund und Boden unsittliches Erziehungsmittel. Es weckt nur böse Leidenschaften, Neid und den Eindruck der Ungerechtigkeit auf der einen Seite, Übermut auf der anderen ... Nachdem ich selbst durch zwanzig Jahre gegen die Schulzeugnisse angekämpft hatte, las ich mit tiefer Übereinstimmung kürzlich bei Ruskin folgende Äußerung:

»Ich glaube, daß aller Wetteifer ein falscher Beweggrund ist und alle Preisverteilung ein falsches Mittel. Alles, worauf man bei einem Knaben als Zeichen einer wirklichen Begabung, die die Aussicht hat, gute Früchte zu tragen, bauen kann, ist seine Lust, um der Arbeit willen zu arbeiten, nicht seine Lust, seine Schulkameraden zu übertreffen. Und das Ziel des Unterrichts, den man ihm gibt, müßte sein, ihm seine eigene besondere Begabung zu zeigen und sie in ihm zu stärken, nicht ihn zu einem hohlen Wetteifer mit solchen aufzureizen, die ausgesprochen stärker sind als er ...«

Außerdem darf man nicht vergessen, daß der Erfolg und der Mißerfolg ihre eigene Strafe und ihren eigenen Lohn in sich schließen, der eine bitter, der andere süß genug, um in natürlicher Weise zu erhöhter Stärke, Behutsamkeit, Klugheit und Ausdauer zu erziehen. Es ist vollkommen überflüssig, daß der Erzieher außerdem durch besondere Züchtigung oder Belohnung die Begriffe des Kindes so irreführt, daß die Niederlage sich außerdem als das Unrechte darstellt, der Erfolg hingegen als das Rechte.

Wohin man auch den Blick wenden mag, immer werden die äußerlichen, aufmunternden oder schreckeinjagenden Erziehungsmittel ein Hemmnis für die in erster Linie menschlichen Eigenschaften: Mut und Güte – Mut für sich selbst, Güte für andere!

Ein Volk, bei dem die Erziehung sich mit lauter milden Mitteln vollzieht, das japanische, hat gezeigt, daß die »Männlichkeit« keinen Schaden nimmt, auch wenn die Knaben nicht durch Prügel und Schlägereien »abgehärtet« werden. Und ebensowenig sind diese milden Mittel wirkungslos, wenn es gilt, Selbstbeherrschung und Rücksicht hervorzurufen. Im Gegenteil werden diese Tugenden vom zartesten Alter an in dem Grade eingeprägt, daß man erst in Japan erfahren soll, welchen Reiz rücksichtsvolle Liebenswürdigkeit dem Leben verleihen kann. Hier, wo Schläge niemals vorkommen, ist das erste Gebot für das Zusammenleben, anderen nicht Unbehagen zu verursachen. Es wird erzählt, daß wenn ein Fremder in Japan einen Stein aufhebt, um ihn nach einem Hunde zu werfen, dieser nicht flieht, denn niemand hat je einen Stein nach ihm geworfen. Dem Zartgefühl gegen Tiere entspricht dort das Zartgefühl in den menschlichen Verhältnissen, ein Zartgefühl, dessen Resultat sich unter anderem in einer verhältnismäßig geringen Anzahl von Verbrechen gegen das Leben und die Sicherheit der Menschen zeigt.

Der Krieg, die Jagd um des Vergnügens willen, die Körperstrafen – sind lauter verschiedene Äußerungen der im Men-

schen noch lebendigen Tigernatur. Wenn man selbst die Prü-
gelgerätschaften wegwirft, und, wie jemand es ausgedrückt
hat, dem Kinde nicht mehr die Büchse, sondern das Vergröße-
rungsglas und den photographischen Apparat in die Hand
gibt, um so seine Möglichkeiten zu fördern, das Leben kennen und lieben anstatt es zu vernichten zu lernen, dann erst
beginnt eine wirkliche Erziehung zur Humanität.

Für die, welche sich von der Entbehrlichkeit der Schläge
für eine »männliche« Erziehung durch ein im Raum so fernes
Beispiel wie Japan nicht überzeugen lassen, möchte ich ein
anderes uns näherliegendes erwähnen. Unsere germanischen
Vorväter gebrauchten dieses Erziehungsmittel nicht, das vielmehr erst mit dem Christentum eingeführt wurde. Durch dieses wurde die Züchtigung eine religiöse Pflicht, und bis in
das siebzehnte Jahrhundert findet man denkende Männer, die
an einem Tage in der Woche, als ein Moment der Seelsorge,
ihre Kinder prügelten! Ich fragte einmal unseren großen
Dichter Victor Rydberg – der sagte, daß er keinen Beweis dafür gefunden, daß die körperliche Züchtigung bei den Germa-
nen der Heidenzeit gebräuchlich gewesen sei –, ob er nicht
glaube, daß dies den energischen Individualismus und die
Männlichkeit der Völker des Nordens gefördert habe? Nach
kurzem Nachdenken pflichtete er mir bei. Schließlich möchte
ich aus unserer eigenen Zeit daran erinnern, daß es viele Familien und Schulen gibt – z.B. unsere Mädchenschulen und
auch die Knabenschulen in einigen Ländern –, wo Schläge
niemals vorkommen. Ich kenne z.B. eine Familie mit zwölf
Kindern, denen es weder an Hurtigkeit noch an der Fähigkeit
gebricht, sich den Forderungen der Pflicht zu unterwerfen. Da
sind Schläge niemals zur Anwendung gekommen. Aber die
feste und milde Mutter hat die Kinder gelehrt, freiwillig zu
gehorchen, und hat es verstanden, ihren Willen zur Selbstbeherrschung zu wecken.

Mit freiwilligem Gehorsam meine ich nicht, daß das Kind
bis ins Unendliche nach Gründen fragen und über dieselben
verhandeln darf, bevor es gehorcht. Ein guter Erzieher gibt
niemals einen Befehl, für den kein triftiger Grund vorhanden
ist. Aber überzeugt dieser das Kind nicht, muß es auf jeden
Fall gehorchen, und wenn es warum fragt, ist die Antwort
sehr einfach: weil alle, auch wir Erwachsenen dem Rechten

gehorchen und uns dem Unausweichlichen beugen müssen. Die große Notwendigkeit des Lebens muß in der Kindheit eingeprägt werden, und man kann sie ohne harte Mittel einprägen, wenn man beginnt, das Kind schon vor seiner Geburt durch seine eigene Selbstbeherrschung zu erziehen, und von seiner Geburt an dadurch, daß man niemals seinen Launen nachgibt.

In einigen wenigen Fällen zurückhaltend auf die Handlungen des Kindes einzuwirken, aber in allen anderen Fällen konstruktiv zu wirken – d.h. das Kind mit Baumaterial für seine Persönlichkeit zu versehen und es dann selbst bauen zu lassen –, das ist, mit einem Worte, die Kunst der Erziehung. Ermahnungen sind das schlechteste aller Erziehungsmittel. Die einzigen wirksamen Ermahnungen sind sehr kurz und sehr selten. Die feinste List des Erziehers ist, für den Augenblick zu schweigen und dann mittelbar den Fehler zu rügen, so daß das Kind dazu gebracht wird, sich selbst die Ermahnungen zu geben oder den Vorwurf zu machen! Dies kann z.B. dadurch geschehen, daß der Erzieher etwas erzählt, was das Kind veranlaßt, sein eigenes Betragen mit der häßlichen oder schönen Handlungsweise zu vergleichen, von der es berichten hört, oder durch ein Urteil des Erziehers, das das Kind auf sich beziehen muß, obgleich es nicht an dasselbe gerichtet war.

Bei manchen Gelegenheiten ist ein kräftiger Unwille vonseiten des Erziehers eine vortreffliche Strafe, wenn der Unwille für den rechten Moment aufgespart wird! Ich kenne Kinder, für die nichts furchtbarer war als des Vaters verächtliches: das war häßlich! Aber die Kinder, die man mit Ermahnungen und Betstunden duscht, und denen man eine Unze Moral in jeden Freudenbecher träufelt, sind diejenigen, die einmal am sichersten gegen all das handeln werden. Beinahe jeder denkende Mensch fühlt, daß die tiefst erziehenden Eindrücke in seinem Leben mittelbare gewesen sind: ein guter Rat, der nicht an ihn selbst gerichtet war, eine edle Handlung, die ohne Beziehung erzählt wurde. Aber als Erzieher vergessen alle ihre eigenen Erfahrungen!

Das am stärksten »konstruktive« Moment bei der Erziehung eines Menschen ist die feste ruhige Ordnung des Hauses, sein Friede und seine Schönheit. Die Herzlichkeit, die

Arbeitsfreude, die Schlichtheit im Hause entwickeln Güte, Arbeitslust und Einfachheit im Kinde. Die Kunstwerke und Bücher des Heims, seine Alltags- und Festgewohnheiten, seine Beschäftigungen und Vergnügungen sollen dem Gefühl und der Phantasie des Kindes ihre Bewegung und ihre Ruhe geben, ihre sichere Kontur und ihre tiefe Farbe. Die reine, warme, klare Luft, in der Vater, Mutter und Kinder sich in Freiheit und Vertraulichkeit bewegen, so daß keiner der Teile von den Interessen des anderen ferngehalten wird, aber jeder Teil volle Freiheit für seine eigenen besitzt; wo keiner das Recht des anderen verletzt, aber alle willig sind, einander zu helfen, wenn es nötig ist – in dieser Luft kann sowohl der Egoismus wie der Altruismus sein rechtes Wachstum und die Individualität ihre rechte Freiheit finden. Und je weiter die Evolution der Menschenseele zu ihren noch ungeahnten Möglichkeiten der Verfeinerung, der Machtausübung, der Vertiefung fortschreitet; je mannigfaltiger zusammengesetzt und nüanciert das geistige Leben der Generation wird; je stiller man anfängt, dem wunderbaren, geheimnistiefen Dasein hinter dem sichtbaren, sinnlichen, weltlichen, irdischen Dasein zu lauschen, desto mehr wird sich auch in jeder neuen Generation von Kindern ein verfeinertes und zusammengesetzteres Seelenleben zeigen, für das die Grobarbeit der jetzigen Haus- und Schulerziehung eine Tortur wird. Wir brauchen neue Heime, neue Schulen – sowie neue Ehen und neue Gesellschaftsverhältnisse – für die neuen Seelen mit ihrer unendlich vielfältigen, noch nicht einmal nennbaren neuen Art zu fühlen, zu lieben, zu leiden, das Leben zu fassen, zu ahnen und zu hoffen, zu glauben und zu beten. Die Begriffe Religion, Liebe, Kunst – all dies macht jetzt eine Umwandlung durch, so eingreifend, daß man schon ahnt, daß erst in späteren Generationen die neuen Begriffe auch neue Formen schaffen werden. Der jetzige Erzieher kann diese Neugestaltung dadurch fördern, daß er das welke Laub beseitigt, das die noch keimenden Lebensmöglichkeiten deckt.

Das Haus muß wieder ein Heim für die Seelen der Kinder werden, nicht nur für ihre Körper. Und damit solche Heime gebildet werden können – die dann ihrerseits die Kinder bilden –, müssen diese dem Hause wiedergegeben werden. Anstatt daß die Schule und die Hausaufgaben für die Schule wie jetzt den besten Teil des Lebens der Kinder in Anspruch nehmen, muß die Schule den geringeren Teil davon erhalten, das Haus den größeren. Auf das Haus kommt es dann an, die freie Zeit – sowohl die tägliche wie die in den Ferien – in solcher Weise anzuwenden, daß sie wirklich die Kinder mit dem Leben des Hauses verbindet, und zwar sowohl durch Pflichten wie durch Freuden. Erst wenn die Kinder von der Schule, der Straße, der Fabrik wieder für das Haus erobert werden, und die Mütter von der Außenarbeit oder dem Gesellschaftsleben den Kindern wiedergegeben werden, wird eine natürliche Erziehung in Rousseaus und Spencers Geist zur Wirklichkeit werden können, eine Erziehung durch das Heimleben für das Leben.

Eine solche war die altnordische Erziehung.

Die unmittelbare Teilnahme des Kindes an den Aufgaben der Erwachsenen, an wirklichen Arbeiten und Gefahren, gab dem Leben unserer nordischen Vorväter, bei denen der Knabe schon mit zwölf Jahren ein Mann war, Einheitlichkeit, Stil und Stärke. All dies eigens für die Kinder Gemachte, das ängstliche Bewachen all ihrer Unternehmungen, das Stützen all ihrer Schritte, das besonders für Kinder eingerichtete Arbeits- und Genußleben ist der Grundschaden in der gegenwärtigen Erziehung. Ein achtzehnjähriges Mädchen sagte mir kürzlich, daß sie und ihre Altersgenossinnen all des Überwachens, Beschützens, Amüsierens und Verzärtelns in der Schul- und häuslichen Methode so überdrüssig seien, daß sie bei der Erziehung ihrer Kinder bestimmt zu Hunger, Schlägen und Büffelei zurückkehren würden!

Man begreift diese unglückliche Reaktion gegen das künstliche Dasein, in dem die Kinder und die Jugend der Gegenwart aufwachsen, ein Dasein, das eine leidenschaftliche Sehnsucht nach den Wirklichkeiten des Lebens hervorruft, nach Selbsttätigkeit auf eigene Gefahr und eigene Verantwortung, anstatt wie jetzt beständig zu Hause wie in der Schule der Gegenstand der Tätigkeit anderer zu sein!

Was den Kindern von heute vor allem nottut, ist, wieder ernste häusliche Beschäftigungen zu bekommen, Aufgaben, die sie getreulich erfüllen müssen, an »Werk- und Feiertagen« geordnete Arbeitsgewohnheiten, und gar keine Beaufsichtigung in jedem Falle, wo sie sich selbst helfen können. Anstatt

110

daß ein modernes Schulkind Mutter und Dienstleute um sich hat, um zur Schule fertig zu werden und nichts zu vergessen, sollte das Kind Zeit haben, jeden Tag vor der Schule sein Zimmer aufzuräumen und seine Kleider zu bürsten, und es sollte keine Erinnerungen in bezug auf die Angelegenheiten der Schule erhalten, sondern Heim und Schule sollten im Einverständnis miteinander konsequent das Kind seine Versäumnisse entgelten lassen.

Jetzt sieht man umgekehrt die Mütter mit den Kindern Lektionen lernen, ihnen Spiele erfinden, ihnen Unterhaltungsbücher vorlesen, nach ihnen aufräumen, das aufheben, was sie fallen lassen, das fertig machen, wovon sie weglaufen – und auf diese und ähnliche Weise durch ihre beschützende Zärtlichkeit und Selbsttätigkeit die Arbeitslust, die Ausdauer, die Erfindungsgabe und die Phantasie des Kindes erschlaffen und schwächen! Im Hause, so wie es jetzt ist, nämlich ein Präparatorium für die Schule, wird die heranwachsende Jugend gewöhnt, Dienste zu erhalten, ohne Gegendienste zu leisten, beständig empfangend zu sein, anstatt gebend. Und dann wundert man sich über die selbstsüchtige, zügellose Jugend, die sich bei allen Gelegenheiten unverschämt vor den Älteren vordrängt, und grob ungeschliffen in bezug auf jene Aufmerksamkeiten ist, die früher eine schöne Sitte der Jugend waren!

Diese Sitte wird nicht eher wiederkehren, bis man mit allen jetzt gebräuchlichen Faxen in der Behütung des Kindes vor physischen wie vor psychischen Gefahren und Unbilden aufräumt. Wirf das Thermometer zum Fenster hinaus, und fange mit einer vernünftigen Abhärtung an! Lehre das Kind den natürlichen Schmerz kennen und ertragen! Nicht weil Schläge schmerzhaft, sondern weil sie tief unsittlich und widrig unschön sind, müssen sie abgeschafft werden. Weise die selbstischen Forderungen des Kindes zurück, wenn sie die Arbeit oder die Ruhe anderer beeinträchtigen; lasse das Kind nie, weder durch Liebkosungen, noch durch Quälereien die Rechte der Erwachsenen usurpieren und sieh zu, daß die Dienstboten nicht dem entgegenarbeiten, was die Eltern in diesem wie in anderen Fällen zu fördern suchen.

Man muß anfangen, für das Kind in gewissen Richtungen tausendmal mehr zu tun und in anderen hunderttausendmal weniger. Zum Beispiel schon vom zartesten Alter an den Grund zu dem Naturgefühl des Kindes zu legen, indem man es sich Jahr für Jahr in dasselbe ländliche Heim hineinlieben läßt, ist eines der tief bedeutungsvollen Momente der Erziehung, das auch da versäumt wird, wo es berücksichtigt werden könnte. Dasselbe gilt davon, schon von den ersten Lebensjahren an eine auserlesene Bibliothek zu schaffen, so daß das Kind zu verschiedenen Lebensaltern die für dieses Alter vortrefflichen Bücher hat, nicht wie jetzt das, was es durch einen Zufall erhält. Diese beiden Dinge werden zu den Wesentlichkeiten der neuen Erziehung gehören. Jetzt hingegen werden die Kinder durch stets neue »Sommerfrischen«, durch elende Kinderbücher und kostbare Spielereien verdorben, während sie niemals andere erhalten sollten als die allereinfachsten, die sozusagen klassischen. Hingegen müßte man sie reichlich mit den Mitteln versehen, sich selbst Spielsachen anzufertigen. Am schlechtesten sind die Spielsachen, die den Luxus der Erwachsenen nachahmen. Durch solche Gegenstände wird nur der gierige Drang des Kindes, zu bekommen, genährt, aber seine eigene Erfindung und Phantasie gehemmt – oder sie würde gehemmt werden, wenn die Kinder nicht glücklicherweise mit gesundem Selbsterhaltungsinstinkt die vollkommenen Spielsachen zerbrächen, die ihnen keine Gelegenheit zum Schaffen geben, um sich selbst neue Spielsachen aus Tannenzapfen und Eicheln, Nadeln und Porzellanscherben und all dem anderen Plunder zu machen, der von der Einbildung zu großen Werten umgedichtet wird!

Mit Kindern in der richtigen Weise zu spielen, ist auch eine große Kunst. Dies soll nie geschehen, wenn die Kinder nicht wissen, was sie mit sich anfangen sollen, sondern immer eine besondere Festfreude für sie sowohl wie für die Eltern sein. Aber diese letzteren müssen in diesem Fall alle Art von Erziehung beiseite lassen, vollkommen in der Gedanken- und Phantasiewelt der Kinder aufgehen, nicht versuchen, sie dabei etwas anderes zu lehren, als die alten, inhaltsreichen Spiele, und die Erfahrungen von der Natur der Kinder, zu denen das Spiel den Anlaß gibt, für späteren Gebrauch aufbewahren.

So kann das Spiel die Vertraulichkeit zwischen Eltern und Kindern fördern und die ersteren die letzteren besser kennenlernen. Aber den Kindern zu gestatten, alle Räume in ihren Spielplatz zu verwandeln, und beständig von den Erwachsenen verlangen, daß sie sie beschäftigen, das ist eine der allergefährlichsten Verzärtelungen der Gegenwart. Denn sie gewöhnt fürs erste an Selbstsucht und geistige Abhängigkeit und bringt außerdem das ewige Erziehen mit sich, das die Persönlichkeit des Kindes abstumpft. Dadurch, daß die Kinder in ihrer eigenen Welt – der Kinderstube – zu Hause waren, außerhalb derselben aber der festen Grenze der Gewohnheiten und des Willens, der Arbeit und der Ruhe, der Forderungen und der Wünsche der Eltern begegneten, wurde ehedem ein zugleich stärkeres und rücksichtsvolleres Geschlecht als die heutige Jugend erzogen. Nicht das viele Reden von Rücksichten, sondern die Notwendigkeit, Rücksichten zu nehmen, wirklich sich selbst und anderen zu helfen, erzieht! Früher waren die Kinder still wie Mäuschen in der Gegenwart von älteren Personen, und anstatt wie jetzt das Gespräch der Gäste zu unterbrechen, lernten sie zuhören, was – wenn das Gespräch der Erwachsenen inhaltsreich ist – eines der besten Erziehungsmittel der Kinder genannt werden kann. Ihr eigentliches Leben lebten sie in der Kinderstube, wo sie von irgendeiner alten treuen Dienerin und von einander ihre bedeutungsvollste Erziehung empfingen. Von den Eltern erhielten sie ihre Schläge, selten eine Liebkosung. Im Vergleich mit diesem System würde das jetzige Zusammenleben der Eltern mit den Kindern einen unbedingten Fortschritt bedeuten, wenn die ersteren darauf verzichten könnten aufzuklären, zu raten, zu bessern, auf jeden Gedanken und jeden Ausdruck einzuwirken! Aber all die geistigen und körperlichen Schutzmaßregeln machen jetzt das Kind mittelbar egoistisch, weil alles sich um dasselbe bewegt, und quälen es dazu gründlich! Jetzt darf der Sechsjährige das Gespräch der Erwachsenen stören, aber der Zwölfjährige wird um acht Uhr zu Bett geschickt – auch wenn er mit leuchtenden Augen einem Gespräche lauscht, das ihm den zündenden Funken fürs Leben geben könnte!

Gewiß müssen einige einfache Gewohnheiten – Benehmen und Ordnung, Nahrung und Schlaf, Luft und Wasser, Kleidung und körperliche Bewegung betreffend – zu elementaren Sittlichkeitsbegriffen bei dem Kinde gemacht werden, das nicht früh genug lernen kann, die körperliche Gesundheit und Schönheit als hohe ethische Werte anzusehen und Vergehen gegen die Gesundheit und Schönheit als häßliche Handlungen zu betrachten. Aber darüberhinaus müssen die Kinder ganz unabhängig von Gewohnheiten bleiben dadurch, daß bei jeder Regel auch die Ausnahme ihr Recht erhält. Die jetzige ängstliche Besorgnis, daß sie auf den Glockenschlag essen, gewisse Speisen zu gewissen Mahlzeiten bekommen, nach der Anzahl der Grade eingekleidet werden, sich nach dem Glockenschlag niederlegen, vor jedem Tropfen ungekochten Wassers und jedem Extra-Bonbon behütet werden – das entwickelt sie zu nervösen, reizbaren Gewohnheitstyrannen, während die vernünftige Abhärtung gegen die Ungleichheiten, Unannehmlichkeiten und Abenteuerlichkeiten des Lebens eine der wichtigsten Grundbedingungen für Lebensfreude und Gemütsstärke schafft. Auch in diesem Falle ist das Vorbild des Erziehers selbst das beste Mittel, um die Kinder zu lehren, über kleine Widerwärtigkeiten zu lächeln, die schließlich die Sonne verdunkeln, wenn man sich gewöhnt, sie als Wichtigkeiten zu behandeln. Sieht das Kind den Erzieher rasch eine unangenehme Pflicht erfüllen, die er ehrlich als unangenehm anerkennt, sieht es ihn leicht eine Widerwärtigkeit oder Mühe ertragen, so wird das Kind seine Ehre darein setzen, ein Gleiches zu tun, so wie Kinder ohne viele Worte lernen Güte üben, wenn sie sie um sich üben sehen, sich der Schönheit der Natur und Kunst freuen, wenn sie sehen, daß die Erwachsenen ihre Freude daran haben. Dadurch, daß man selbst in schöner, hochsinniger und maßvoller Art lebt, spricht man am besten zu den Kindern, und diese sind für diese Bildschrift ebenso empfänglich, wie sie gegen den gesperrten Druck unaufmerksam sind!

Da dies für mich das Alpha und Omega der Erziehungskunst ist, wiederhole ich jetzt das, was ich schon am Anfange und in der Mitte gesagt habe: Sei bemüht, das Kind in Frieden zu lassen, so selten wie möglich unmittelbar einzugreifen, nur rohe und unreine Eindrücke zu entfernen, aber verwende all deine Wachsamkeit, all deine Energie darauf, daß deine eigene Persönlichkeit und das Leben selbst, die Wirklichkeit in ihrer Einfachheit und Nacktheit der Erzieher des Kindes werde!

Stelle an die Kräfte des Kindes und an seine Selbstbeherr-schung proportionell zu dem betreffenden Entwicklungssta-dium weder größere noch geringere Ansprüche als an die Er-wachsenen, aber bringe auch den Freuden des Kindes, seinem Geschmack, seiner Arbeit, seiner Zeit dieselbe Achtung ent-gegen wie der eines erwachsenen Menschen! Die Erziehung wird so eine unendlich viel einfachere und unendlich viel schwerere Kunst als die jetzige Erziehung mit ihrem gekün-stelten Dasein und ihrer doppelten Moral, einer für die Kinder und einer für die Erwachsenen, einer Moral, die oft streng für das Kind und lax für die Erwachsenen ist, ebenso wie umge-kehrt. Dadurch, daß man zu jeder Stunde das Kind so behan-delt und betrachtet, wie man den erwachsenen Menschen be-handelt und betrachtet, wird man die Erziehung sowohl von den brutalen Willkürlichkeiten wie von den verhätschelten Schutzmaßregeln befreien, die sie jetzt verunstalten.

In den Händen der Eltern, die sich beständig benehmen, als wären die Kinder nur um ihretwillen da, und in den Hän-den der Eltern, die »nur für ihre Kinder leben«, fahren die Kinder gleich schlecht! Beide wissen in der Regel gleich we-nig von den wirklichen Gefühlen und Bedürfnissen der Kin-der. Die ersteren freuen sich, wenn die Kinder ihnen selbst gleichen, und ihr höchstes Ziel ist, in ihren Kindern eine ge-lungene Kopie ihrer eigenen Gedanken, Meinungen und Idea-le zu erhalten, während es sie doch gar sehr verdrießen sollte, sich so gut kopiert zu sehen! Denn was das Leben von ihnen verlangt und gebraucht hat, war im Gegenteil eine reichere Zusammensetzung, eine bessere Schöpfung, ein neuer Typus, nicht eine Reproduktion dessen, den es schon verbraucht hat. Die letzteren wieder strengen sich an, die Kinder nicht nach sich selbst, sondern nach dem Ideal eines guten Menschen, das sie in sich tragen, zu bilden; sie zeigen ihre Liebe da-durch, daß sie ihre eigenen Persönlichkeiten um der Kinder willen auslöschen, dadurch, daß sie die Kinder fühlen lassen, daß alles, was sie berührt, im Vordergrunde steht.

Und so soll es auch sein, aber nur mittelbar. Hinsichtlich der großen Lebenspläne, sowie bei der Anordnung des Heims, seiner Lebensgewohnheiten, seines Verkehrs, seiner Ausga-ben, müßte die Rücksicht auf die tiefen Bedürfnisse der Kin-der und ihre gesunde Entwicklung im Vordergrunde stehen.

In den meisten Fällen sind jetzt jedoch die Kinder, die kleinen sowie die herangewachsenen, Opfer der Haltlosigkeit des Hauses. Sie lernen Eigenwilligkeit, ohne wirkliche Freiheit zu besitzen, und leben unter einem Zwang, der doch kein durchgeführter Stil ist.

Wenn die eine Tochter nach der anderen das Heim verläßt, um sich selbständig zu machen, wird sie oft durch die Unfreiheit oder die Stillosigkeit des Familienlebens dazu getrieben. Sie sieht sich nach jeder Richtung hin von der Forderung gehemmt, etwas anderes zu sein, etwas anderes zu meinen, etwas anderes zu denken, etwas anderes zu thun, als wozu ihr eigenes Wesen sie mahnt. Eine in der Freundschaft ihrer eigenen Tochter glückliche Mutter äußerte kürzlich, daß sie Lust hätte, ein Asyl für gepeinigte Töchter zu errichten! Und ein solches Asyl wäre ebenso notwendig als Schutzmittel gegen die zärtlichen wie gegen die herrschsüchtigen Eltern. Beide quälen ihre Kinder gleich viel, allerdings in verschiedener Weise, dadurch, daß sie das Recht des Kindes, seine eigene Lebensanschauung, sein eigenes Ideal vom Glück, seinen eigenen Geschmack, seine eigenen Beschäftigungen zu haben, nicht verstehen; dadurch, daß sie nicht einsehen, daß die Kinder ebensowenig um der Eltern willen da sind, wie diese um der Kinder willen. Die intelligente Form des Familienlebens wäre die, daß jeder Teil voll und ganz selbst lebte und den anderen leben ließe, ohne daß der eine gegen den anderen Herrschsucht ausübte oder sie von ihm erduldete. Eltern, die dem Hause dieses Gepräge geben, können mit vollem Recht verlangen, daß die Kinder sich den Gewohnheiten des Heims anpassen, solange sie in demselben leben. Und die Kinder können ihrerseits mit demselben Recht verlangen, daß ihr Gedanken- und Gefühlsleben daheim in Frieden gelassen oder mit derselben Rücksicht behandelt werde, die man dem eines Fremden entgegenbringt. Wenn die Eltern diese Forderungen nicht erfüllen, leiden sie selbst am schwersten darunter. Es ist ja sehr leicht, einen Sohn zu verhindern, seine »roten« Ansichten auszusprechen, sehr leicht, die Tochter vom Buche wegzureißen und sie dem Kaffeeklatsch bei unnützer Handarbeit zuzuführen; sehr leicht, durch ein hohnvolles Wort ein »wunderliches« Gefühl zum Schweigen zu bringen. Tausend solche und ähnliche Dinge geschehen jeden Tag in den »guten« Familien der ganzen Welt. Aber wer dann die Jugend von ihrer geistigen Heimatlosigkeit, Einsamkeit und Traurigkeit sprechen hört, der fängt an, das zu verstehen, worüber sich Vater und Mutter mit Bitterkeit wundern: Warum die Eltern einsam in Häusern zurückbleiben, aus denen die Töchter forteilen; warum die Kinder mit ihren Sorgen, Freuden und Gedanken zu Fremden gehen; warum mit einem Worte die alte und die junge Generation – die doch gegenseitig einander bedürfen wie Wurzel und Blüte – sich beinahe stets mit einem schmerzhaften Ruck voneinander trennen!

Und dies gilt von dem hervorragenden, hoch gebildeten Vater oder Mutter ebensosehr wie von den einfachen bürgerlichen oder bäuerlichen Eltern. Ja, vielleicht noch mehr von den ersteren. Diese quälen die Kinder in naiver Weise, während jene unendlich weise und methodisch in ihrem Wahnsinn sind! Eine »hervorragende« Mutter gehört selten zu jenen Künstlerinnen des häuslichen Lebens, die durch Frische, Güte und Freudigkeit ihres Wesens die Arbeit des Alltagslebens in einen Tanz verwandeln, seine Ruhe in ein Fest. Solche Künstlerinnen sind oft einfache Frauen, die gar kein Examen gemacht, keine Vereine gegründet und keine Bücher geschrieben haben. Die »hochgebildeten« und »gesellschaftnützlichen« Mütter hingegen sind nicht selten diejenigen, vor welchen der Sohn seufzt: »Es scheint fast ein Naturgesetz zu sein, daß Mütter falsche Schritte tun, wenn sie zum Wohle ihrer Söhne handeln wollen ... Wie sehr hätte ich eine Mutter gebraucht, die schweigen könnte, die mich eine Weile geduldig hätte gewähren lassen ..., die mir Ruhe und Stille geboten hätte – mit linder, guter Hand die Außenwelt von mir abwehrend ... Ach, hätte ich eine Mutter, der ich den Kopf in den Schoß legen könnte und schweigen und träumen ...«[3]

Eine »hervorragende« Mutter wundert sich meistens darüber, daß alle ihre wohldurchdachten Pläne für die Kinder scheitern, für die Kinder, in denen sie den Stoff für ihre Schaffenslust gesehen, den Ton, den sie hatte formen wollen.

Die eben zitierte Schriftstellerin sagt mit tiefer Wahrheit, daß es nur der mütterlichen Resignation gelingt, die Aufgabe zu lösen, mit Weisheit und Güte ein junges Wesen zu schützen, während man es nach seinen eigenen Gesetzen wachsen läßt. Die resignierte Mutter, sagt sie, kann freudevoll »das Beste ihrer Lebenssäfte, ihrer Geistes- und Seelenkräfte dahinschenken an ein Werdendes, und dann dem Werdenden alle Türen öffnen und es hinauslassen ins Weite auf eigene Bahnen, und nichts mehr begehren – keinen Dank, keinen Ruhm, kein Zurückblicken.« Aber von den meisten Müttern gilt noch der bittere Ausruf des Sohnes in dem eben erwähnten Buche:

»Eine Mutter hat doch die Pflicht und Schuldigkeit, zu fühlen, womit sie einem wehe tut. Hat sie das nicht von Natur, ja warum soll ich sie dann überhaupt als meine Mutter anerkennen?«

Gewisse Mütter bringen den ganzen Tag hindurch das Nervensystem der Kinder in Aufruhr. Die Arbeit machen sie schwer, und die Spiele machen sie nicht froh, wenn sie irgend einmal daran teilnehmen. Sehr früh bemächtigt sich außerdem jetzt die Schule des Kindes, und das Heim verliert alle die Mittel, durch die es ehedem das Seelenleben der Kinder bildete und das Familienleben adelte. Die Schule, nicht Vater und Mutter, lehrt die Kinder spielen! Die Schule unterweist sie in Handarbeiten; die Schule lehrt sie singen, Bilder ansehen, laut lesen, in der Natur umherwandern! Durch Schule, Vereine, Sport und andere Vergnügungen wird die Jugend in der Stadt immer mehr an das Außenleben und das tägliche Feiern gewöhnt, das das echte Festgefühl tötet. Die Jugend hat vom eigenen Heim oft keinen anderen Eindruck, als daß – sie dort die Gesellschaft trifft, »in der man sich langweilt«.

Die Eltern liefern ihre Kinder der Schule in den Jahren aus, in denen sie sie geistig erobern sollten. Und wenn die Schule sie ihnen dann zurückgibt, wissen sie nicht, was sie mit ihnen anfangen sollen; denn dann haben die Eltern selbst aufgehört, jung zu sein!

Aber altern ist keine Notwendigkeit, sondern nur eine schlechte Gewohnheit.

Es ist sehr interessant, ein Antlitz, das altert, zu beobachten. Was die Zeit aus dem Antlitz eines Menschen macht, zeigt nämlich besser als irgend etwas anderes, was dieser Mensch aus der Zeit gemacht hat! Die meisten Menschen sind schon in mittleren Jahren geistig fett oder mager geworden, sie sind verhärtet oder vertrocknet, und mit vollem Recht sieht die Jugend sie mit kalten, unsympathischen Augen an. Denn die jungen Leute ahnen, daß es eine ewige Jugend gibt, die eine Seele als Siegespreis für ihre ganze innere Entwicklungsarbeit gewinnen kann. Aber sie spähen vergeblich nach dieser zweiten, unvergänglichen Jugend bei ihren von weltlichen Nichtigkeiten und zeitlichen Wichtigkeiten ausgefüllten Eltern.

Mit einem Seufzer schalten sie den »Alten« und die »Alte« aus ihren Erwartungen aus und gehen hinaus ins Leben, um dort ihre geistigen Eltern zu wählen!

Das ist tragisch, aber gerecht. Denn wenn es ein Feld gibt, auf dem man hundertfach säen muß, um zehnfach zu ernten, so sind es die Seelen der eigenen Kinder!

* * *

Schon als ich mir mit fünf Jahren aus einem großen Fetzenbündel ein Wickelkind machte, das durch seine Schwere den beglückenden Wirklichkeitseindruck mütterlicher Mühe hervorrief, begann ich über die Erziehung meiner zukünftigen Kinder nachzugrübeln! Damals wie jetzt bestand mein Erziehungsideal darin, daß die Kinder fröhlich sein und sich nicht zu fürchten brauchen sollten!

Die Furcht ist das Unglück der Kindheit, und die Leiden des Kindes werden durch den halbbewußten Gegensatz zwischen seinen grenzenlosen Glücksmöglichkeiten und der tatsächlichen Behandlung dieser Möglichkeiten noch verschärft. Man kann freilich antworten, daß das Leben auf allen Altersstufen grausam in der Behandlung unserer Glücksmöglichkeiten ist. Aber der Unterschied zwischen den Leiden der Erwachsenen durch das Dasein und den Leiden des Kindes durch die Erwachsenen ist ungeheuer. Das Kind will sich nicht resigniert den Leiden unterwerfen, die ihm, wie es fühlt, der Erwachsene zufügt. Und je aufrührerischer das Kind gegen das nicht notwendige Leiden ist, desto besser. Denn desto sicherer wird es einmal dahin getrieben werden zu suchen, für sich selbst und für andere die harten Notwendigkeiten des Lebens umzuwandeln.

Der Dichter, der in unserem Lande die tiefste Intuition in das Wesen des Kindes – und infolgedessen die tiefste Ehrfurcht vor demselben – besessen hat, schrieb einmal:

Wir ahnen Prinzen,
Wo Kinder wir schau'n –
Doch dann die Könige,
Wo sind sie, traun?
(Victor Rydberg)

Dies beruht nicht nur auf der tragischen Eigenschaft des Lebens, seine eigenen Quellen zu verringern und zu verschütten.
Es beruht auch auf dem Mangel an Ehrfurcht seitens des Erziehers vor den Quellen des Lebens, die ihm in den neuen
Wesen begegnen. Bevor nicht Vater und Mutter ihre Stirne vor
der Hoheit des Kindes in den Staub beugen; bevor sie nicht
einsehen, daß das Wort Kind nur ein anderer Ausdruck für
den Begriff Majestät ist; bevor sie nicht fühlen, daß es die Zukunft ist, die in Gestalt des Kindes in ihren Armen schlummert, die Geschichte, die zu ihren Füßen spielt – werden sie
auch nicht begreifen, daß sie ebensowenig die Macht oder das
Recht haben, diesem neuen Wesen Gesetze vorzuschreiben,
wie sie die Macht oder das Recht besitzen, sie den Bahnen
der Sterne aufzuerlegen.

Aber wenn die Mutter von derselben Ehrfurcht vor den unbekannten Welten, die ihr in den großen Blicken des Kindes
begegnen, durchbebt wird, wie vor den Welten, die ihre weis-
sen Blüten über das blaue Dunkel des Himmels rieseln lassen;
wenn der Vater in seinem Kinde den Königssohn sieht, dem
er in Demut mit seinen eigenen besten Kräften dienen soll –
dann kommt das Kind zu seinem Rechte! Nicht dem Rechte,
andere zum Spielball seiner Launen zu machen, sondern dem
Rechte, sein volles, starkes, persönliches Kinderleben vor einem Vater und einer Mutter zu leben, die selbst ein volles persönliches Leben leben, ein Leben, aus dessen Säften und
Kräften das Kind das schöpfen darf, dessen es zu seinem eigenen Wachstum bedarf.

Eltern dürfen nie erwarten, daß ihre eigenen höchsten Ideale auch die der Kinder werden. Die freidenkenden Söhne
frommer Eltern und die christlichen Kinder von Freidenkern
sind schon beinahe sprichwörtlich geworden. Aber was die
Eltern dadurch, daß sie groß und ganz ihren eigenen Idealen
nachleben, vermögen, das ist, die Kinder zu Idealisten zu machen, obgleich sie dies oft zu einem ganz anderen Strande des

Gedankens führen kann, als dem, an dem ihre Eltern gelandet sind!

In bezug auf Ideale gilt es für die Älteren, wie in jeder anderen Hinsicht, zagend ihren Rat und ihre Erfahrung anzubieten, ja, die Jugend danach suchen zu lassen wie nach Früchten, die unter dem Schatten der Blätter verborgen sind, und wenn der Rat verschmäht wird, darüber weder Verwunderung noch Ungehaltenheit zu zeigen.

* * *

Die Frage eines Witzlings, warum er etwas für seine Nachkommen tun solle, da diese doch nichts für ihn getan haben, versetzte mich schon in meiner Jugend in die lebhafteste Gedankenarbeit. Ich fühlte, daß die Nachkommen viel für ihre Vorgänger getan haben, nämlich dadurch, daß sie ihnen den unendlichen Horizont der Zukunft jenseits von ihrem täglichen Streben gaben! Aber bis auf weiteres hat die Menschheit sich selbst diesen Horizont verschlossen. Erst wenn man im Kind die neuen Schicksale des Menschengeschlechts ahnt, wird man behutsam mit den feinen Fäden in der Seele des Kindes umgehen, weil man dann weiß, daß es diese Fäden sind, die einstmals das Gewebe der Weltgeschehnisse bilden werden. Dann wird man einsehen, daß jeder kleine Stein, mit dem man die spiegelnden Tiefen im Geiste des Kindes bricht, durch Jahrhunderte und Jahrhunderte in immer weiteren Ringen seinen Einfluß verfolgen wird! Durch unsere Väter sind wir ohne unseren Willen und unsere Wahl bis in den tiefsten Grund unseres eigenen Wesens schicksalsbestimmt geworden. Durch die Nachkommen, die wir uns schaffen, können wir in gewissem Maße als freie Wesen die zukünftigen Schicksale des Menschengeschlechtes bestimmen!

Dadurch, daß die Menschen all dieses in ganz neuer Weise fühlen werden, da sie es alles im Lichte der Religion der Entwicklung sehen, wird das zwanzigste Jahrhundert das Jahrhundert des Kindes werden. Es wird es in zweifacher Bedeutung: in der, daß die Erwachsenen endlich den Kindersinn verstehen werden, und in der anderen, daß die Einfalt des Kindersinns auch den Erwachsenen bewahrt werden wird. Dann erst kann die alte Gesellschaft sich erneuen.

* * *

Die psychologische Pädagogik hat hohe Ahnen. Ich will jedoch nicht auf jene Erziehungskünstler zurückgreifen, die *Sokrates* und *Jesus* heißen, sondern ich mache beim Eingang der neuen Zeit halt. In den Stunden ihrer Morgenröte, in denen wir Zurückschauenden eitel Erneuerung zu sehen wähnen – während damals wie jetzt die Frühlingsblumen inmitten welken Laubs emporsproßten –, trat auch die Forderung nach einer Neugestaltung der Erziehung durch den großen Zeitgenossen unserer Zeit, Montaigne, auf, jenen Skeptiker, der ein so tiefer Verehrer der Wirklichkeiten war. In seinen *Essays* und seinen *Briefen an die Gräfin de Gurson* findet man schon alle Grundzüge der Erziehung der Zukunft! Montaigne kennt die Fähigkeit der Gewohnheit, die Natur umzuorganisieren, und schärft darum ein, daß die erste Aufgabe der Erziehung das Beibringen der richtigen Gewohnheiten sei. Aber es erscheint ihm verabscheuungswürdig, wenn dies durch Körperstrafen geschieht, und er verbietet seiner Frau, dieses Mittel bei der Erziehung ihrer Tochter zu gebrauchen. Dann spricht er seine tiefe Verachtung gegen das Einbüffeln und die Pedanterie beim Unterricht aus, gegen die Methode, »den Kindern in die Ohren zu tuten, so wie man in einen Trichter eingießt«. Der Pedant – hätte er in unserer Zeit gelebt, er würde der Pädagog gesagt haben – füllt das Gedächtnis an, aber läßt Verstand und Gewissen leer, während es wesentlicher ist, daß der Lehrer »a la tête bien faite« als »la tête bien pleine«! Was man das Kind lehren soll, ist, selbst die Dinge zu kosten, selbst zu wählen und zu unterscheiden. Zuweilen soll man ihm den Weg bahnen, zuweilen soll es das selbst besorgen. Man soll nicht nur zum Schüler sprechen, sondern auch diesen sprechen lassen: indem man so die Kinder »vor sich einhertraben läßt«, kann man ihre natürlichen Kräfte beurteilen und seinen Unterricht denselben anpassen; im anderen Falle zerstört man jede Wirkung.

Dadurch, daß der natürliche Maßstab für die Fähigkeiten des Kindes fehlt, verdirbt man alles, sagt Montaigne, und warum dem Lehrer in der Regel dieser Maßstab fehlt, das gibt er mit den Worten an: »Nur ein sehr hoher und großer Geist kann in die Kindesnatur blicken …«

Aber unsere Pädagogen sind noch in der Regel keine hohen und großen Geister. Darum führen sie freilich große pädagogische Worte auf den Lippen, aber in ihrem Herzen – und in ihren Werken – sind sie weit davon entfernt!

Weiter verlangt Montaigne, daß der Lehrer dem Schüler den Stoff von hundert Seiten zeige und ihn denselben auf hundert Stoffe anwenden lasse, um so zu wissen, ob er ihn wirklich verarbeitet hat. »Kann er nicht selbst Form und Gestalt des Aufgenommenen ändern, dann ist es nicht sein Eigentum! Und er soll in seinem Kopfe nichts bloß auf Autorität und guten Glauben hin behalten …«

Etwas, das dem System der Gegenwart diametraler entgegengesetzt wäre, läßt sich kaum denken. Ein Knabe, der der Auffassung seines Lehrers widerspräche, würde heute noch – aus neunundneunzig Schulsälen von hundert – einfach hinausgeworfen!

Selbständige Aneignung – das ist für Montaigne die ganze Summe des Unterrichts. Der Lehrer soll das Kind mit Blüten versehen, aus denen es Honig saugen kann, aber es soll ihn selbst bereiten. Es soll lernen, eigene Urteile zu fällen, sie mit eigenen Worten auszudrücken, und weder Worte noch Urteile fertig bekommen – dieses wieder der gerade Gegensatz zu den Bestrebungen der Gegenwart, bei Prüfungen und der Verbesserung von Aufsätzen, nämlich eingelernte Urteile und konventionelle Satzbildungen hervorzupressen! Eine natürliche, lebensvolle, farbenprächtige Ausdrucksweise wird durch die Ausbesserungen verwässert, die das Korrekte anstreben – und erreichen –, aber das Einzige zerstören, um dessentwillen es überhaupt irgendeinen Sinn hat, sprechen oder schreiben zu lernen: nämlich, daß man etwas zu sagen hat!

Man höre anstatt dessen Montaigne: »Wir machen den Verstand sklavisch und feig, weil wir ihm nie die Freiheit lassen, etwas aus eigener Kraft zu tun… Man strebt, den Verstand aufzuklären, ohne ihn je in Tätigkeit zu setzen… Man lehrt das Kind, ein Pferd, eine Waffe, eine Laute handhaben, indem es sich darin übt! Aber man will die Kinder denken und sprechen lehren, ohne daß man sie denken oder sprechen läßt …«

Der Lehrer, der zuweilen dieses letztere versucht, wird als ein »unmöglicher Pädagog« in bezug auf Disziplin und Präzision bei den Lektionen betrachtet. Und in einer Schule – selbst der besten – ist dies schließlich immer von größerer

Bedeutung, als daß die Kinder denken und sprechen, wie beredt man auch von ihrer individuellen Entwicklung spricht – in den Schulprogrammen nämlich.

Wie weise ist nicht Montaigne, wenn er ausruft: »Für das Denken kann ein Einfall bei Tische, eine Dummheit eines Bedienten ein ebenso guter Lernstoff sein wie ein Buch!«

Mit welcher gesunden Verachtung spricht er nicht von den Gelehrten, die eifriger bemüht sind, die Kommentatoren auszulegen als die Dinge, Bücher über Bücher zu schreiben anstatt neue Werke! *Nous ne faisons que nous entregloser:* es wimmelt von Kommentatoren, während es um Schriftsteller schlimm bestellt ist, ruft er – schon zu seiner Zeit – aus! Hätte er in der unsrigen gelebt, so würde er wohl den Turm, von dem aus er schon vor dreihundert Jahren seine Stellung als Selbstdenker verteidigte, mit doppelten Gräben und Wällen versehen haben!

Für Montaigne ist der Verkehr mit Menschen, »die Gewohnheit, sein Gehirn an dem anderer zu reiben«, die wirkliche Erziehung.

Den Umgang mit den Lebenden wollte Montaigne jedoch durch den Umgang mit großen Seelen aus großen Zeiten vertiefen, zu dem die Geschichte Anlaß gibt. Aber die Geschichte wirkt nur erziehlich, wenn es dem Lehrer weniger wichtig ist, den Tag der Zerstörung Karthagos einzuprägen, als Hannibals und Scipios Sitten, weniger, wo Marcellus starb, als warum es seiner Pflicht widerstritt, gerade dort zu sterben … »Mit einem Worte: Man soll die Kinder weniger Geschichte als über die Geschichte nachzudenken lehren!«

Montaigne will, daß der Lehrer die Seele des Schülers zur Universität erweitere und so der persönlichen und patriotischen Beschränktheit, dem Fanatismus und der Grausamkeit entgegenwirke. Die ganze Natur und die ganze Welt, das sollen die Bücher sein, die er den Schüler lesen lehrt, und erst nachdem dieser einen Einblick in die Mannigfaltigkeit empfangen, soll er anfangen, die besondere Wissenschaft zu studieren, die er zu der seinen machen will. So, sagt Montaigne, wird das Kind durch eigene geistige Mühen kräftig von Seele, sowie es durch eigene körperliche Mühen muskelstark wird. Nur durch die Gewöhnung an eigenes Prüfen macht man das Kind genau und wählerisch in bezug auf seine Gründe, beharrlich in ihrer Verteidigung, aber auch fähig, besseren Gründen zu weichen. Die Hauptsache ist, das Kind lehren zu sehen, zu hören und von allen und allem zu lernen, selbst von der Dummheit; wißbegierig zu werden, etwas über seine eigene Zeit, seine eigene Heimat, sowie über andere Zeiten und andere Länder zu erfahren. Und erst nachdem man das Kind gelehrt hat, was es klüger und besser macht, sollen die eigentlichen Kenntnisse mitgeteilt werden; und weil das Urteil des Kindes dann schon entwickelt ist, wird es dieselben rasch erwerben. Zuweilen ist es gut, dem Kinde ein Buch zu geben, in das es sich selbst hineinarbeiten soll; zuweilen soll der Lehrer ihm nur die gut zubereitete Substanz, das Mark der Sache geben. Vor allem soll die Jugend aus der Lebensweisheit, der Philosophie – »die, wenn man sie recht auffaßt, das fröhlichste, das heiterste von allem ist« – jene Gesundheit der Seele gewinnen, die den Körper frisch macht. »Das Kennzeichen der Weisheit ist eine stete Freude, und diese schafft einen steten Gemütsfrieden. Die wirkliche Weisheit ist nicht abschreckend, sondern schön, begeisternd und mutig; die echte Tugend beweist sich als solche, dadurch daß sie leicht, nützlich und ergötzlich ist! Man muß vom zartesten Alter an die Kinder die Kunst des Lebens lehren, nicht durch dialektische Finessen, sondern durch gesunde Lebensweisheit …« Für Montaigne bestand diese in erster Linie in gesundem Lebensgenuß. Er konnte es nicht leiden, daß Kinder durch Arbeit gequält und durch Kenntnisse verdummt würden. »Die Tafel oder der Garten, das Schlafzimmer oder die Gesellschaft, die Eindrücke des Morgens wie des Abends – all das kann Stoff zum Studium geben, d.h. zu der Lebensphilosophie, die die Meinungen und Sitten des Kindes bildet … Spiele, körperliche Übungen, Musik, Tanz, Jagd, Reiten, Waffenkunst, all das ist ebensosehr Erziehung wie das Buch: die Form soll zugleich mit der Seele gebildet werden. Man soll nicht eine Seele, nicht einen Körper heranbilden: sondern einen Menschen. Nichts soll bloß für einen Teil geschehen, sondern beide müssen wie ein an die gleiche Deichsel geschirrtes Zwiegespann behandelt werden. Eher soll man dem Körper mehr geben als der Seele, denn diese lernt mehr durch den Körper als der Körper durch die Seele!«

Es bedürfte nur dieses einen Zitats, um zu zeigen, wie sehr

Montaigne seiner eigenen Zeit, ja den meisten Menschen der unsrigen voraus ist!

Er findet die stärksten Worte gegen die Grausamkeit der Schulen, gegen ihre Prügelmethode. Er nennt diese Schulen »Gefängnisse, wo man die Jugend lasterhaft macht, indem man sie straft, bevor sie noch fehlte. Nicht die Rute, sondern blühende grüne Zweige würden in die Schulzimmer gehören, die nun, anstatt Wohnstätten der Freude zu sein, von den Klagen der mißhandelten Kinder erfüllt werden ...«

Wie paßt das nicht noch immer auf unsere eigene Zeit, wo die rohe Grausamkeit allerdings weniger groß ist, aber die pedantische Disziplin die sittlichen Begriffe fälscht, indem sie das Kleine groß und das Große klein macht; wo – in der Knabenschule – Schläge und Anmerkungen die Temperatur der Laune des Lehrers angeben, aber nicht den Gehalt der Anlagen des Schülers; wo der Kleinsinn an jedem zweiten Katheder seinen Altar hat!

Ebensosehr wie Montaigne Schläge haßt, haßt er auch die Weichlichkeit. Kinder sollen lernen, alles zu ertragen, alles zu essen, alles zu erfahren – auch die Folgen des Übermaßes: »Dadurch, daß sie alles probieren, lernen sie erst wirklich die Dinge zu lieben, die gut sind.«

Das sind goldene Worte für die Mütter, die jetzt genau die Seitenzahl bemessen, die das Kind in dem Buche lesen darf, das sie ausgewählt haben; die das Stück Zucker abteilen und nachdenklich die Frage erwägen, ob das Kind eine oder zwei Pflaumen eine oder zwei Stunden vor dem Mittagessen essen, und ein halbes Glas Wasser zwei oder drei Viertelstunden, nachdem es gelaufen ist, trinken darf! Sich zu überessen und zu überschlafen, zu überlesen und zu übergehen – sich überhaupt zu übernehmen! –, gehört mit zur Weisheit des Lebens und zum Recht des Menschen! Und wer nicht beizeiten etwas von all dem getan hat, wird entweder ein Schwächling oder ein Tollkopf, wenn das »Einteilungswerk« seiner Mama von der eigenen Verantwortung abgelöst wird.

Man höre weiter Montaignes vom Honig der Weisheit triefende Worte: »Schafft bei der Erziehung Gewalt und Roheit ab, denn nichts lähmt und erniedrigt unfehlbarer eine edel angelegte Natur ... Will man, daß der Schüler Beschämung und Strafe fürchte – so gewöhn ihn nicht daran, aber härtet ihn so

ab, daß er Kälte und Sonne und Hunger und alle Widerwärtigkeiten ertragen kann, die er verachten lernen soll; gewöhnt
ihm Weichlichkeit und Verzärtelung in bezug auf Kleider und
Bett, Essen und Trinken ab, härtet ihn ab; lasset den Knaben
wild und kräftig werden!«

Das Ziel der Gegenwart ist nicht die Heranbildung wilder,
kräftiger Knaben. Das Ziel ist die Amtskrippe, und die Schul-
methode – die doch glücklicherweise häufig mißlingt – be-
zweckt, gehorsam im Joch schreitende Ochsen heranzubilden!

Montaigne will den Durst der Jugend nach Wirklichkeiten
anreizen: »Anstatt den Schüler anzuspornen, Kenntnis von
anderen zu erlangen, streben wir nur, ihnen Kenntnis von uns
selbst beizubringen, und selbst sind wir eifriger bemüht, das
auszubieten, was wir besitzen, als Neues zu erwerben …«

Diese Fähigkeit, stets neue Werte zu erringen – sowie die
Ehrfurcht vor der Wahrheit, »die einen Menschen veranlaßt,
die Waffen vor ihr zu strecken, sobald er sie erkennt, sei es,
daß sie ihm aus den Händen eines Gegners offenbar wird, sei
es, daß sie in ihm selbst durch Meinungsänderung entspringt«,
– ist in hohem Grade für Montaigne selbst charakteristisch.
Und er hat tief Recht, wenn er dem Erzieher ans Herz legt,
diese beiden Dinge bei der Jugend zu pflegen. Denn diese Eigenschaften sind auf intellektuellem Gebiete das, was Aufge-
wecktheit und Rechtschaffenheit auf dem praktischen sind,
aber viel ungewöhnlicher auf dem ersteren als auf dem letze-
ren.

Immer will Montaigne Wirklichkeiten für die Kinder:
»Man wählt ja für sein eigen Teil lieber wirkliche Feigen als
gemalte: so soll man auch für die Kinder mehr nach den wirklichen Erkenntnissen streben, die das Leben gibt, als nach denen der Bücher. Lasset das Kind weniger seine Lektion lernen
als sie ausführen; laßt es sie handelnd repetieren! Die Welt ist
jetzt nur eine Tummelstätte für Schwätzer, und die Hälfte unseres Lebens vergeht mit Wortklaubereien, Wortfügungen und
ähnlichem Plunder! Verseht den Schuler reichlich mit Stoff –
und die Worte werden schon von selbst kommen!«

Latein und Griechisch wird zu teuer erkauft, sagt Montaigne, obgleich er sie selbst nicht missen will, weil das Latein in
dem Grade seine Muttersprache geworden ist, daß er es sogar
unbewußt gebraucht. Aber alle Sprachkenntnis, die nicht die

Aneignung der Literatur zum wesentlichen Ziele macht, fand schon er verwerflich.

Noch vieles möchte ich aus diesem Arsenal von Waffen gegen das Scheinwesen, den Konventionalismus und Dogmatismus anführen. Aber das schon Erwähnte ist genug, um zu zeigen, in wie gerade absteigender Linie Rousseaus *Emile* von Montaigne abstammt. Zwischen diesen zwei großen Sternen tauchten in Frankreich noch einige kleinere auf, z.B. Fénelon und Rollin, der der unmittelbare Fortführer der humanen Unterrichtsmethoden von Port Royal war. Ich will jedoch hier nur an das »Naturevangelium der Erziehung« erinnern, wie Goethe den *Emile* nennt, Goethe, der in so vieler Beziehung gerade eine solche Wirklichkeitserziehung empfangen hat, wie die, deren Konturen Montaigne entwirft.

Es war auch eine Frau – Mme d'Epinay –, die den unmittelbaren Anlaß zu Rousseaus Buch über Erziehung gab. In ihren Erinnerungen sind auch einige seiner energischen Worte bewahrt, z.B. daß man die Kinder ihre Zeit damit vergeuden läßt, Dinge zu lernen, die sie nicht zu wissen verlangten, und die zu vergessen ihnen so bald als möglich gelingt!

Rousseaus *Emile* war der Protest und das Programm der Individualität. Er glüht von Rousseaus herrlichem, fruchtbarem Haß gegen den Schein, die Form, die Phrase, das Gespielte, das Gemachte, das Gekünstelte! Das Echte, Selbsteroberte, Selbstgeprüfte, das nennt er Erziehung, d.h. für den Mann. Daß er die Erziehung des Weibes mit ganz anderen Augen ansieht, ist der große Mangel seines Systems, während seine – und seiner Zeitgenossen – Auffassung des Kindes als von Natur fehlerlos der große Mangel seiner Psychologie ist.

Sonst findet man in diesem »Naturevangelium« alles, dessen es zur Erlösung des Kindes wie des Erziehers bedarf – durch den Glauben an die natürliche Entwicklung des Kindes gemäß seinen von der Natur gegebenen Anlagen. Aber nur, wenn es im großen gesehen wird – so wie Rousseau wollte, daß man es sehen sollte –, ist sein System haltbar. Denn er wollte das *verwirklichte Ideal* eines Erziehers darstellen, und zu diesem Zwecke hat er auch die Verhältnisse idealisiert.

Diese allzu absichtlich anzuordnen und zu sehr durch die Außenwelt erziehen zu wollen, aber zu wenig durch Phantasie und Gefühl, das ist Rousseaus – und nach ihm Spencers – wesentlicher Fehler. Zuerst die realistisch praktischen Fähigkeiten ausbilden zu wollen, dann erst Gefühl und Phantasie, wie beide anempfehlen, zeigt, daß sie nicht tief genug in das Seelenleben des Kindes geblickt haben. Noch gefährlicher für dieses wäre eine so egoistische Isolierung vom Leben und seinen Aufgaben, wie Rousseau sie für seinen *Emile* durchführt. Aber während das Falsche in seinem System eigentlich jener Teil ist, der ohnehin nicht befolgt werden kann – die Isolierung von gewissen Erfahrungen und die Vorbereitung anderer –, ist glücklicherweise das Wahre von der Art, die befolgt werden kann und muß, wenn man endlich beginnen will, im Geist und in der Wahrheit zu erziehen.

* * *

Über die großen deutschen und schweizerischen Pädagogen und Psychologen Comenius, Basedow, Pestalozzi, Salzmann, Fröbel, Herbart usw. brauche ich mich für einen deutschen Leserkreis nicht weiter auszusprechen. Ich will nur daran erinnern, daß die größten Männer Deutschlands – Lessing, Herder, Goethe, Kant u.a. – für die natürliche Erziehung eingetreten sind. Was England betrifft, ist es bekannt, daß John Locke in *Einige Gedanken über die Erziehung* ein würdiger Vorläufer Herbert Spencers ist, dessen Buch über *Erziehung in intellektueller, moralischer und physischer Beziehung* das hervorragendste Erziehungsbuch des Jahrhunderts war.

Man hat darauf hingewiesen, daß Spencer als Pädagoge in der Schuld Rousseaus steht, und daß er außerdem in vielen Fällen nur das gesagt hat, was die großen deutschen Pädagogen – die er allerdings nicht kannte – schon vor ihm gesagt haben. Aber das verringert Spencers Verdienst nicht im mindesten. Absolut neue Gedanken gibt es äußerst wenige, und die Wahrheiten, die einmal neu waren, müssen stets dadurch erneut werden, daß sie wieder aus der Tiefe der flammenden persönlichen Überzeugung eines neuen Menschen ausgesprochen werden.

Daß die vernünftigen Gedanken auf dem Gebiete der Pädagogik wie auf anderen Gebieten immer wieder und wieder ausgesprochen werden, das beweist unter anderem, daß die vernünftige – d.h. bisher fast unversuchte – Erziehung gewisse Sätze hat, die ebensosehr Axiome sind wie die der Mathematik, und daß jeder vernünftig Denkende ebenso unfehlbar diese pädagogischen Sätze aufs neue finden muß, wie er aufs neue das Verhältnis zwischen den Winkeln eines Dreiecks finden wird. Immerhin ist es wahr, daß Spencers Buch keine neue Grundlage für die Erziehung geschaffen hat, sondern eher die Krönung des von Montaigne, Locke, Rousseau und den großen deutschen Pädagogen aufgeführten Gebäudes genannt werden kann. Das für unsere Zeit absolut Neue ist hingegen das Studium der Kinderpsychologie und die sich daraus entwickelnde Erziehungslehre.

In England und durch Darwin wurde dieses neue Studium der Kinderpsychologie begründet, in Deutschland erhielt es durch Preyer seine Ausbildung. Es hat teils das Studium der Aussprüche des Kindes selbst umfaßt, teils das der Kindheitserinnerungen der Erwachsenen, und schließlich unmittelbare Experimente zur Ergründung der physischen und psychischen Ermüdung und Ausdauer, der Schärfe der Sinne, der Stärke, Geschwindigkeit und Genauigkeit bei der Ausführung körperlicher und geistiger Arbeiten; des Beobachtungsvermögens der Gefühle und Begriffe in verschiedenen Lebensaltern; der Kindersprache, der kindlichen Ideenassoziationen u. dgl. Während des Studiums der Kinderpsychologie hat man begonnen, dieses Wort gegen genetische Psychologie zu vertauschen, da man gefunden hat, daß das biogenetische Prinzip sowohl für die Entwicklung des psychischen wie des physischen Lebens gilt, das Prinzip nämlich, daß die Geschichte der Gattung sich in der des Individuums wiederholt, was unter anderem auch die Sprachforschung bestätigt. Die Kinderpsychologie wird darum von derselben Bedeutung für die allgemeine Psychologie wie die Embryologie für die Anatomie, ebenso wie andererseits die Schilderung wilder Völker – wie z.B. die in Spencers *Descriptiver Soziologie* oder Waitz' *Anthropologie der Naturvölker* – in hohem Grade lehrreich für eine richtige Auffassung der Psychologie des Kindes sind.

Das Gebiet, auf dem unsere Zeit die größten Errungenschaften für das Jahrhundert erzielt hat, das das des Kindes sein wird, ist diese psychologische Forschung. In der großen Publikation *Zeitschrift für Psychologie und Physiologie der Sinnesorgane* bestand noch im Jahre 1893 keine besondere

Rubrik für Kinderpsychologie, aber unter individueller Psychologie wurden schon 18 Arbeiten über Kinderpsychologie erwähnt. 1894 beginnt eine besondere Rubrik für Kinderpsychologie und Erziehungspsychologie, die – von 29 Arbeiten in dem erwähnten Jahr – 1897 auf achtundsiebzig, 1898 auf einhundertsechs angestiegen ist und noch immer progressiv zunimmt![4]

In den großen Kulturländern hat diese Forschung viele bedeutende Pioniere, wie Professor Wundt, Professor Th. Ribot und andere. In Deutschland hat sie ihr bedeutendstes Organ in der vorerwähnten Zeitschrift, die mehrere der hervorragendsten Physiologen und Psychologen Deutschlands zu ihren Mitarbeitern zählt. Außerdem bewegen sich die von Wundt herausgegebenen *Philosophischen Studien* und teilweise auch die *Vierteljahrsschrift für wissenschaftliche Philosophie* in derselben Richtung. In Frankreich hat man die von Binet und Beaunis 1894 begründete *Année psychologique* und die von Binet redigierte *Bibliothèque de Pédagogie et de Psychologie;* in England die Zeitschriften *Mind* und *Brain.*

Besondere Laboratorien für Experimentalpsychologie, in denen physiologische Apparate und Untersuchungsmethoden zur Anwendung kommen, bestehen nunmehr an mehreren Orten. In Deutschland wurde das erste im Jahre 1878 von Wundt in Leipzig eingerichtet; außerdem bestehen ähnliche in Göttingen, Bonn, Berlin. Auch aus dem Institut des Psychiaters Kraepelin in Heidelberg und dem Sommers in Gießen gehen Arbeiten dieser Art hervor. Frankreich besitzt ein Laboratorium für Experimentalpsychologie in Paris (Sorbonne) – dessen Vorstand eben Binet ist – und Italien eines in Rom.

In Amerika ist die experimentelle Psychologie mit großem Eifer betrieben worden. Am Ende des Jahres 1894 gab es dort siebenundzwanzig Laboratorien für Experimentalpsychologie und vier Zeitschriften. Auch Dänemark hat nun ein derartiges Laboratorium. Und dazu kommen die »Gesellschaften für Kinderpsychologie«, von denen sich zuletzt eine in Deutschland bildete und andere schon früher in England sowie in Amerika gewirkt haben.

Die Arbeiten von Paul Flechsig: *Gehirn und Seele* (1894), sowie *Die Lokalisation der geistigen Vorgänge* (1896) werden nach dem Urteil der Fachgelehrten die größte Bedeutung für die künftige pädagogische Auffassung erlangen. Eine ganze Serie von Untersuchungen, die in Kraepelins Laboratorium in Heidelberg durchgeführt wurden, sind von großem Wert für die Beurteilung dessen, was das Hirn an Arbeit und Eindrükken bewältigen kann. Ein englischer Gelehrter hat schon die Behauptung aufgestellt, daß die Zukunft – dank dem modernen Schulsystem – originell produktive Menschen entbehren wird, weil die rezeptiven Funktionen die Hilfsquellen des Gehirns zum Nachteil der produktiven absorbieren. Und wenn das nicht eine allgemeine Redensart, sondern eine physiologische Gewißheit sein wird, dann wird man schließlich vielleicht aufhören, die Hirnrinde mit jenem Sandpapier zu reiben, das man Schulschema nennt!

Einen Verfechter der Umwandlung der Pädagogik in psycho-physiologische Naturwissenschaft besitzt unser Land in Professor Hjalmar Oehrwall, der schon in einigen kürzeren Abhandlungen über eigene und fremde Entdeckungen auf dem Gebiete der Psychologie referiert hat, wobei er unter anderem zu dem Resultat gekommen ist, das unzählige arme Schulkinder schon praktisch konstatieren konnten, nämlich daß die sogenannten Übungsgegenstände – Gymnastik, Handarbeit, Slöjd [Handwerk und Kunsthandwerk] und dergleichen – gewiß nicht, wie es so schön heißt, ein Gegengewicht gegen die intellektuelle Überanstrengung durch die Abwechslung der Arbeit bilden, sondern ganz einfach eine neue Hirnermüdung sind; daß alle Arbeit im Zustande der Ermüdung unökonomisch ist, sowohl in bezug auf die Arbeitsmenge, wie auf ihre Beschaffenheit und ihr Übungsresultat, und daß Ruhe eben ganz einfach *Ruhe* ist, d.h. Freiheit, zu tun, was man will, oder gar nichts zu tun! In bezug auf die Furcht zeigt er – an Binets Untersuchungen über diesen Gegenstand anknüpfend –, wie körperliche Züchtigung, Drohung und Spott zur Feigheit erziehen; wie alle diese Mittel als deprimierend und zu einer Herabminderung der Energie führend verwerflich sind; wie aber die Furcht sich progressiv überwinden läßt, indem man das Nervensystem und dadurch den Charakter stärkt. Und das geschieht teils dadurch, daß man alles überflüssige Erschrecken vermeidet, teils indem man milde und ruhig die Kinder daran gewöhnt, die unvermeidliche Unannehmlichkeit der Gefahr zu ertragen.

132

Auch im Auslande werden mit viel Anerkennung des schwedischen Professors Axel Key Untersuchungen über Schulkinder zitiert, das in unserem Lande bisher bedeutungsvollste Material zur Beurteilung des Einflusses der Studien auf die physische Entwicklung und die Folgen der intellektuellen Überanstrengung für dieselbe.

Es ist zu hoffen, daß wenn man so durch empirische Forschung anfängt, etwas über die wirkliche Natur der Kinder zu wissen, die Schule und das Haus von ihren absurden Begriffen über das Wesen und die Bedürfnisse des Kindes werden befreit werden, den absurden Begriffen, die jetzt jene empörende physische und psychische Mißhandlung veranlassen, die noch auch von gewissenhaften und denkenden Menschen in Schule und Haus – Erziehung genannt wird!

IV.
Heimatlosigkeit

Von Zeit zu Zeit hört man immer wieder Anklagen gegen die Gegenwart und ihre Verderbtheit im Gegensatz zum sittlichen Ernst früherer Zeiten. Diese Anklagen sind ebenso laut und ebenso grundlos wie die meisten derartigen Beschuldigungen, die sich von Generation zu Generation wiederholen, von der Zeit an, in der die Menschheit begann, bewußt anderen Zielen nachzustreben als der augenblicklichen Befriedigung des ungezügelten Triebes.

Man braucht sich nur an die Männer dieser und die Greise der vorhergehenden Generation zu wenden, um darüber belehrt zu werden, daß Unsitten in den Schulen nichts für unsere Zeit besonders Charakteristisches sind. Liest man die historischen Schilderungen, z.B. des Lebens an den Hochschulen in früheren Zeiten – wo die jüngeren Studenten in demselben Alter standen wie heute die Schulknaben der fünften und sechsten Klasse –, so wird man sich davon überzeugen, daß die Ursache des Übels nicht »die moderne Literatur« oder »der moderne Unglaube« ist.

Von der wirklichen unmittelbaren Ursache, den in der Natur begründeten Leidenschaften, und der Möglichkeit, diese durch die Erziehung zu beeinflussen, beabsichtige ich hier nicht zu sprechen. Diese Frage könnte nur von einem Menschen gelöst werden, der eine gründliche Kenntnis der Resultate sowohl der physiologischen wie der psychologischen Wissenschaften besäße und zugleich ein pädagogisches Genie wäre – ja, vielleicht würden auf dem jetzigen Standpunkt der Wissenschaften nicht einmal hinreichende Hilfsmittel für eine solche Aufgabe zu Gebote stehen, selbst wenn es jemanden gäbe, der das Originellste in Sokrates', Rousseaus und Spencers pädagogischen Systemen beleben und weiterentwickeln könnte. Denn nichts Geringeres wird von dem verlangt, der einen für die Entwicklung wirklich bedeutungsvollen Einsatz auf diesem Gebiete machen können soll.

Meine Absicht ist nur, einige Andeutungen über die sekundäre Ursache des Übels zu geben, der nicht so viel Aufmerksamkeit geschenkt wird, wie sie verdient. Diese Ursache ist die in allen Gesellschaftsklassen gesteigerte Heimatlosigkeit.

Denn bei seinen Eltern wohnen – wie es die Schuljugend der Stadt ja im allgemeinen tut – ist nicht dasselbe, wie in einem Heim leben.

Bei uns wie überall wird das Familienleben in der arbeitenden Klasse durch die Außenarbeit der Mütter und in der Oberklasse durch eine unaufhörlich wachsende Menge öffentlicher Vergnügungen und Obliegenheiten gestört.

Früher war es eigentlich nur der Mann und Vater, den das Heim seiner äußeren Angelegenheiten wegen entbehren mußte. Jetzt verläßt auch die Gattin und Mutter, nicht nur wegen Vergnügungen, Gesellschaften oder Erbauung, sondern auch wegen Versammlungen, Vorlesungen oder Sitzungen, Abend für Abend das Haus, d.h. gerade zu der Zeit, die sie den vormittags in den Schulen beschäftigten Kindern widmen sollte.

Das beständig anwachsende Gesellschaftsleben, das sich unaufhörlich mehrende Vereinsleben und Außenleben hat zur Folge, daß die Mutter so früh wie möglich die Kinder in die Schule schickt, auch wenn sie durch nichts anderes als die ebenerwähnten Verhältnisse abgehalten ist, den Kindern selbst ihren ersten Unterricht zu erteilen, zu dem in der Regel die schulgebildete Generation der jetzigen Mütter ganz tauglich wäre, und bei dem sich das Bedürfnis nach den Reizungen des kameradschaftlichen Lebens noch nicht geltend macht. Ja, selbst bevor die Schulzeit beginnt und in den freien Stunden der Schule werden die Kinder in der Regel Dienerinnen zum Spazierengehen, Eislaufen usw. überlassen. Die Kinder der »oberen Klassen« werden in den meisten Fällen von der Kinderfrau und der Schule in ebenso hohem, wenn nicht in höherem Grade erzogen als von der Mutter – vom Vater gar nicht zu sprechen, der in der Regel doch nur ein unwesentlicher, gelegentlicher Faktor bei der Erziehung der Kinder ist.

Mancher hat vielleicht den Einwand bereit, daß doch zu keiner Zeit so viel für die Erziehung der Kinder geschehen ist, wie heute; daß die Eltern nie so aufmerksam auf die physischen und psychischen Bedürfnisse der Kinder waren; daß zu keiner Zeit der Verkehr zwischen Eltern und Kindern ein so freier gewesen ist, zu keiner die Schulen in so starker Tätigkeit.

All das ist wahr, aber vieles davon trägt gerade dazu bei, die Heimatlosigkeit, von der ich spreche, zu steigern. Je mehr die Schule sich entwickelt, desto mehr wird sie mit allem Unterricht der Kinder belastet und nimmt infolgedessen immer mehr Stunden des Tages in Anspruch. Die Schule muß auch in jenen einfachen Gegenständen unterrichten, die die Mütter jetzt mindestens ebensogut übernehmen könnten, wie unsere Großmütter es einst konnten, nämlich die Kinder mit der einheimischen Schönliteratur und mit Handarbeiten vertraut zu machen. Je mehr die Sorge für das körperliche und geistige Wohl der Kinder solche an sich vortrefflichen Dinge, wie Gymnastik, Handfertigkeit und allerlei Sport hervorruft, desto mehr werden die Kinder vom Heim abgezogen; und sind sie zu Hause, werden sie oft durch Lektionen und schriftliche Aufgaben verhindert, mit Vater und Mutter zu sein – selbst wenn diese ausnahmsweise zu Hause sind! So daß, wenn man in Betracht zieht, wie das jetzige Schulsystem die Zeit der Kinder und das jetzige Gesellschafts- und Vereinsleben die der Eltern verbraucht, man eben zu der Beobachtung kommen wird, mit der ich begonnen habe: daß das häusliche Leben mehr und mehr aufhört.

Die Reformen, die man von der Schule verlangen muß, um die Kinder dem Hause in gewissem Maße wiederzugeben, kann ich hier nicht berühren, da die Absicht dieser Zeilen nur die ist darzulegen, was die Familien selbst reformieren müssen, wenn die Reformen der Schule der Jugend wesentlich nützen sollen.

Denn Schulreformen in der angedeuteten Richtung sind geschehen, aber die Mütter beklagen sich dann darüber, daß die Kinder zu wenig Hausarbeiten oder zu wenig Schulstunden haben, und daß sie – die Mütter – gar nicht wissen, womit sie die Kinder in der vielen freien Zeit »beschäftigen« sollen!

Was man mit Grund als einen großen Fortschritt im Familienleben der Jetztzeit hervorheben kann, der vertraulichere Verkehr zwischen Eltern und Kindern, hat nur teilweise die rechte Richtung genommen. Er hat mehr die Folge gehabt, daß die Kinder mit den Gewohnheiten und Vergnügungen der

Eltern die Großen spielen können, oder daß die Eltern aufgehört haben, ihr eigenes Leben zu leben. Aber keines von beiden ist die Weise, wie ein tiefes und gesundes Verhältnis zwischen Eltern und Kindern hervorgerufen wird.

Man sieht z.B. auf der einen Seite eine Minderzahl gewissenhafter Mütter und Väter, die eigentlich »nur für die Kinder leben«, ja ihr ganzes Leben für das der Kinder umgestalten, wodurch diese die Vorstellung erhalten, daß sie der Mittelpunkt des Daseins sind. Man sieht auf der anderen Seite, daß die Kinder, an allem Luxus und aller Überfeinerung des Hauses teilnehmend, die Ansprüche der Erwachsenen an Vergnügungen und Eleganz stellen, selbst Bälle und Soupers zu Hause oder in Hotels für ihre Schulkameraden geben, Veranstaltungen, bei denen alle Eitelkeit und Torheit der Erwachsenen getreulich nachgebildet wird.

Aber dann verlangt man von diesen Knaben und Mädchen – wenn das Alter, in dem die Leidenschaften erwachen, kommt – eine Selbstbeherrschung, eine Fähigkeit der Entsagung, einen Stoizismus gegenüber den Versuchungen, in dem sie nicht geübt worden sind und den sie nicht von den Eltern üben sahen.

Die meisten Häuser der oberen Klassen haben nicht die Mittel, das Leben, das dort gelebt wird, zu führen; durch das Geld der Gläubiger oder einen unbilligen Profit auf Kosten der Arbeiter oder ein leichtsinniges Verbrauchen der für schwere Zeiten oder den Todesfall des Familienversorgers sehr notwendigen Ersparnisse wird der Luxus in den Gewohnheiten des Hauses bestritten. Aber selbst wenn in dem einen oder anderen seltenen Fall die Mittel, so zu leben, wirklich vorhanden sind, sollten die Eltern doch nicht dazu »in der Lage sein« – falls nämlich das Beste der Kinder in Betracht gezogen würde.

Die Eltern mögen von Fleiß sprechen, soviel sie wollen; wenn die Arbeit von Vater und Mutter für die Kinder keine lebendige Wirklichkeit ist, täten die Eltern am besten, ganz zu schweigen. Und dasselbe gilt von Warnungen und launenhaften Verboten an die Kinder in bezug auf Befriedigung ihrer Genußsucht, falls die Eltern nicht durch ihr Vorbild wirken.

Andererseits sind die Folgen oft ebenso betrübend, wenn

arbeitsame Eltern den Kindern ihre Entbehrungen verbergen, wenn sie selbst alle Mühen auf sich nehmen, um die Jugend zu schonen, und sich abrackern, damit die Kinder nicht glauben, die Eltern seien nicht in der Lage, sie ebenso fein zu kleiden wie die Kameraden, oder ihnen dieselben Vergnügungen zu bieten. Und am allerwenigsten gelingt es jenem Heim, der Jugend durch die Schwierigkeiten der Jugendjahre zu helfen, wo die Strenge das Vertrauen zwischen Kindern und Eltern ertötet hat, wo die Kinder unwahr werden aus Mangel an Mut und leichtsinnig aus Mangel an Freiheit, wo die Eltern sich den Kindern als Ausnahmewesen gegenübergestellt haben mit der Forderung einer blinden Ehrfurcht, einer absoluten Unterwerfung. Aus solchen Heimen konnten ehemals tüchtige Männer und Frauen hervorgehen, aber jetzt äußerst selten. Denn die Jugend erkennt in unserer Zeit keine solchen Ansprüche an, seit der vertrauliche Verkehr mit den Eltern diesen ihren Unfehlbarkeitsnimbus geraubt hat.

Die Häuser, die die sittlich stärksten und arbeitsfrischesten jungen Männer und Frauen entsenden, sind diejenigen, wo Kinder und Eltern Arbeitskameraden und Gleichgestellte sind, auf dieselbe Art, wie eine gute ältere Schwester oder ein solcher Bruder jüngere Geschwister als ihresgleichen betrachten; wo die Eltern dadurch, daß sie Kind mit den Kindern, jung mit der Jugend sind, zwanglos die Heranwachsenden in ihrer Entwicklung zu Menschen stützen, indem sie sie immer *als Menschen* behandeln. In einem solchen Heim wird nichts besonders für die Kinder angeordnet; man betrachtet sie da nicht als einer Art von Wesen angehörig, während die Eltern einer anderen Art angehören; sondern die Eltern erringen die Achtung der Kinder dadurch, daß sie wahr und natürlich sind; sie leben und handeln so, daß sie den Kindern Einblick in ihre Arbeit, ihre Bestrebungen, ja soweit als möglich in ihre Freuden und Schmerzen, ihre Fehler und Mißgriffe gewähren können. Solche Eltern können auch ohne gekünstelte Herablassung oder Überlegenheit die Mitteilsamkeit der Kinder aufnehmen und in einem freien Austausch der Gedanken und Meinungen unmerklich erziehen. Die Kinder erhalten nicht alles als Geschenk: nach Maßgabe ihrer Kräfte müssen sie an den Arbeiten des Heims teilnehmen; sie lernen Rücksicht auf Eltern, Diener und einander nehmen; sie haben Pflichten und

Rechte, ebenso unerschütterlich wie die der Älteren, und man hat Achtung vor ihnen, ebenso wie man sie lehrt, Achtung vor anderen zu haben. Sie kommen in tägliche Berührung mit Wirklichkeiten; sie können Nutzen tun, nicht bloß so machen, als täten sie es; sie schaffen sich ihre Vergnügungen, ihre kleinen Einkünfte, ja selbst ihre Strafen selbst, weil die Eltern sie niemals hindern, die natürlichen Folgen ihrer Handlungen zu erleiden. In einem solchen Heim wird nie ein Befehl anders als zugleich mit dem Grunde gegeben, sobald ein solcher verstanden werden kann, und das Verantwortlichkeitsgefühl wird so vom zartesten Alter an auf die Kinder selbst übertragen. Verbote sind äußerst selten, aber unumstößlich, weil immer auf einem guten Grunde beruhend, nicht auf einer Laune; Mutter und Vater sind wachsam, aber bewachen die Kinder nicht, und die relative Freiheit lehrt die Kinder, die vollständige Freiheit zu brauchen, während Verbot und Kontrolle Unaufrichtigkeit und Schwäche hervorrufen. Eine alte, ungelehrte Haushälterin, die davon lebte, Schulknaben in Kost zu haben, war eine der besten Pädagoginnen, die ich je gesehen habe. Ihre »Methode« bestand darin, die Jungen lieb zu haben und *an sie zu glauben*, ein Vertrauen, das sie in der Regel zu verdienen suchten. Weiter ist ein gutes Heim immer froh. Die Zärtlichkeit dort ist frisch, nicht sentimental. Da wird nicht über Kleinigkeiten gepredigt und gesalbadert; da bekreuzigen sich Mütter und Schwestern nicht, wenn der Junge eine lustige Geschichte erzählt oder ein Kraftwort in den Mund nimmt; da wird ein Scherz nicht als eine Äußerung der Sittenverderbnis betrachtet oder kühne Ansichten als Beweis von Schlechtigkeit. Da herrscht die Frische, der Mangel an Prüderie, der sich bei den weiblichen Mitgliedern des Hauses so wohl mit Gemütsreinheit und einfacher Würde vereinen läßt, Eigenschaften, die durch nichts anderes ersetzt werden können. Da herrscht Zusammenhalt, so daß jung und alt sich zu Arbeit, Zerstreuung, Lektüre und Gespräch vereinigt, wo einmal die Jungen, das andere Mal die Alten den Ton angeben. Da ist ein offenes Haus für die Freunde der Kinder und Freiheit, sich so froh als nur möglich zu vergnügen, aber in aller Einfachheit, ohne daß die Gewohnheiten des Heims dabei geändert werden. Aus des großen finnländischen Dichters Runeberg Kindheitsheim wird erzählt, daß seine Mutter –

wenn sie die jungen Gäste des Sohnes aufforderte zu tanzen, solange sie konnten – hinzufügte: »Wenn Ihr durstig werdet, so steht der Wasserzuber da, und der Trinkbecher hängt daneben«, – und fröhlichere Tanzgesellschaften erinnerte sich die alte Dame, die die Geschichte erzählte, niemals mitgemacht zu haben. Diese einstmalige Vornehmheit, der Mut, sich so zu geben, wie man war, der fehlt in den Häusern von heutzutage, und Mangel an Mut hat Mangel an Freude im Gefolge.

Die einfache, gastfreundliche häusliche Freude, die jetzt den Kinderbällen, dem Lektionenbüffeln und dem Außenleben der Eltern Platz gemacht hat – die muß wiederkommen, wenn das Übel sich nicht verschlimmern soll. Denn Böses treibt man nicht mit Bösem aus: man überwindet das Böse nur durch das Gute. Wird das Heim nicht wieder sonnig, ruhig, einfach und frisch, dann können die Mütter soviel sie wollen zu Diskussionsabenden über Erziehung und Sittlichkeit gehen – nichts wird wesentlich anders werden! Die Mütter müssen ernstlich einsehen, daß keine soziale Tätigkeit größere Bedeutung hat als die Erziehung, und daß bei dieser nichts ihren eigenen, gleichmäßigen Einfluß in einem Heim ersetzen kann. Und sie müssen sich zu Reformen entschliessen, wie die, zu der eine mit öffentlichen Angelegenheiten und gesellschaftlichen Verpflichtungen überhäufte Mutter in Stockholm griff, sich nämlich, außer einmal die Woche, von allen Einladungen fernzuhalten, um ihre Abende in Ruhe mit den Kindern zu haben. Wie lange wird die Mehrzahl der Mütter die Kinder dem ewigen nichtigen Einerlei des jetzigen Gesellschaftslebens und Vereinslebens opfern?

Es ist durchaus nicht beabsichtigt, dem Gesellschaftsleben oder der öffentlichen Arbeit allen Einfluß erfahrener und denkender Mütter entziehen zu wollen, sondern nur auf die Überanstrengung hinzuweisen, die jetzt dadurch verursacht wird, daß jeder sich viel zu viel Verkehr und öffentliche Tätigkeit aufbürdet, eine Überanstrengung, die besonders durch die Mütter schädlich auf das Heim zurückwirkt. Zu unserer Zeit sowie zu allen anderen Zeiten – die Lebensanschauung möge im übrigen welche immer sein, die des Heiden oder des Christen, des Juden oder des Freidenkers – wird ein gutes Heim nur von jenen Eltern geschaffen, die eine religiöse Ehrfurcht vor der Heiligkeit des Heims empfinden.

V.
Die Seelenmorde
in den Schulen

Wer vor die Aufgabe gestellt würde, mit einem Federmesser einen Urwald zu fällen, müßte vermutlich dieselbe Ohnmacht der Verzweiflung empfinden, die den Reformeiferer vor dem bestehenden Schulsystem ergreift – diesem undurchdringlichen Dickicht von Torheit, Vorurteilen und Mißgriffen, wo jeder Punkt sich zum Angriff eignet, aber jeder Angriff mit den zu Gebote stehenden Mitteln fruchtlos bleibt.

Der Schule der Jetztzeit ist etwas gelungen, das nach den Naturgesetzen unmöglich sein soll: die Vernichtung eines einmal vorhanden gewesenen Stoffes. Der Kenntnisdrang, die Selbsttätigkeit und die Beobachtungsgabe, die die Kinder dorthin mitbringen, sind nach Schluß der Schulzeit in der Regel verschwunden, ohne sich in Kenntnisse oder Interessen umgesetzt zu haben. Das ist das Resultat, wenn die Kinder ungefähr vom sechsten bis zum achtzehnten Jahre ihr Leben auf Schulbänken damit zugebracht haben, Stunde für Stunde, Monat für Monat, Semester für Semester Kenntnisse zuerst in Teelöffel-, dann in Dessertlöffel- und schließlich in Eßlöffelportionen einzunehmen, Mixturen, die der Lehrer oft aus Darstellungen aus vierter oder fünfter Hand zusammengebraut hat.

Und nach der Schule kommt oft eine weitere Studienzeit, in der der einzige Unterschied in der »Methode« darin besteht, daß die Mixtur jetzt mit dem Schöpflöffel zugemessen wird.

Wenn die Jugend diesem Regime entrinnt, ist die geistige Eßlust und Verdauungsfähigkeit bei einigen so zerstört worden, daß ihnen für immer die Fähigkeit fehlt, wirkliche Nahrung aufzunehmen; andere wieder retten sich von all diesen Unwirklichkeiten auf das Gebiet der Wirklichkeit, indem sie die Bücher in die Ecke werfen und sich irgendeiner Aufgabe des praktischen Lebens widmen; in beiden Fällen sind die Studienjahre so ziemlich vergeudet. Bei denen, die weitergehen, sind die Kenntnisse gewöhnlich auf Kosten des Persönlichen erworben: der Aneignung, des Vermögens der Reflexion, der Beobachtung, der Phantasie. Und ist es jemandem gelungen, all dies zu bewahren, so ist es gewöhnlich auf Kosten der Gründlichkeit der Kenntnisse geschehen. Eine geringere Intelligenz oder eine geringere Arbeitskraft oder ein geringeres Aneignungsvermögen, als die Natur ihnen zugedacht, das ist gewöhnlich das Resultat der zehn, zwölf Schuljahre; und es liegt eine tiefe Weisheit in dem französischen Witz: Sie sagen, daß Sie nie in die Schule gegangen sind – und sind doch so stockdumm?

Die Fälle, in denen Schulstudien nicht schaden, sondern im Gegenteil teilweise nützen, sind diejenigen, wo keine regelmäßige Schulzeit hinter dem Schüler liegt, sondern lange Ruhezeiten oder Zeiten des Privatunterrichts, oder gar kein Unterricht überhaupt, sondern bloß Selbststudium. Beinahe jede hervorragende weibliche Persönlichkeit in den letzten 50 Jahren ist eine solche Autodidaktin oder ein unregelmäßig unterrichtetes Mädchen gewesen, das daher in seinen Kenntnissen vielleicht große Lücken gehabt hat, aber desto mehr Frische und Fülle in der weiteren Aneignung von Kenntnissen und in der Art, das Angeeignete zu brauchen.

Heute ist es jedoch noch so, daß, wie laut auch die Familien über die Schulen klagen, sie doch nicht eingesehen haben, daß sie ihre Ansprüche an die »allgemeine Bildung« ändern müssen, bevor ein vernünftiges Schulsystem – d.h. ein in allem von dem jetzigen verschiedenes – zustande kommen kann. Die sehr wenig zahlreichen Privatschulen, die sich in gewissem Maße von dem allgemeinen Systeme unterscheiden, sind Schwalben, die, weit davon entfernt, Sommer zu machen, das Schicksal der zu früh gekommenen Vögel teilen!

Solange die Schule eine Idee repräsentieren, einen abstrakten Begriff bilden soll, so wie die »Familie«, der »Staat« usw., so lange wird sie – ganz wie die Familie und der Staat – die denselben angehörigen Individuen unterdrücken. Erst wenn man einsieht, daß die »Schule« ebensowenig wie »die Familie« und »der Staat« eine höhere Idee oder etwas Größeres repräsentiert als gerade die Anzahl Individuen, aus denen sie gebildet wird, und daß sie – ebensowenig wie die Familie und der Staat – eine andere »Pflicht«, ein anderes »Recht«

oder eine andere »Aufgabe« hat, als jedem einzelnen dieser Individuen so viel Entwicklung und Glück als möglich zu schaffen – erst dann ist der Anfang gemacht, daß Vernunft in die Schulfrage kommt. Die Schule wird dann ganz einfach das geistige Speisehaus, in dem die Eltern und Lehrer den für jedes Kind geeigneten Speisezettel entwerfen. Die Schule muß das Recht haben zu bestimmen, was sie in ihr Menu aufnehmen kann, aber die Eltern haben das Recht, für ihre Kinder unter den von der Schule aufgenommenen geistigen Nahrungsstoffen zu wählen.

Bevor nicht das Phantom der »allgemeinen Bildung« aus den Schulplänen und den Elternköpfen vertrieben ist und die Bildung des Individuums die Wirklichkeit wird, die an ihre Stelle tritt, wird man vergebens Reformpläne entwerfen.

Aber so wie gewisse einfache Grundstoffe in jeder Nahrung enthalten sind, gibt es gewisse einfache Wissensstoffe, die die Grundlage aller höheren Kenntnisse bilden. Das Lesen und Schreiben der Muttersprache, die Anfangsgründe des Rechnens, der Geographie, der Naturkunde und der Geschichte muß die Schule als obligatorische Basis zu fortgesetztem, selbständigerem Studium verlangen.

Die eigentliche, im Alter von neun bis zehn Jahren beginnende Schule denke ich mir als eine wirkliche Gesamtschule. Die Unterrichtsweise müßte die Breite, die Ruhe, die Anschaulichkeit und die Selbsttätigkeit auf seiten der Kinder voraussetzen, die jetzt durch das Hetzen und Jagen und die vielen Abstraktionen zerstört werden. Diese sind eine Folge des Kurslesens, der Viellernerei und des Formalismus, die von der Knabenschule ihren Einzug in die Mädchenschule gehalten haben, von der Elementarschule in die Volksschule, bis sie nun alle von diesen Gebrechen beherrscht werden, die die meisten bedauern, aber die nur durch eine radikale Reform kuriert werden können.

Ferner müßte der Unterricht gruppenweise geordnet werden, so daß gewisse Gegenstände in früheren Stadien untergebracht, andere auf spätere Stadien verschoben würden. Und nicht genug damit, daß man hierbei auf die psychologische Entwicklung des Kindes Rücksicht nähme, müßten auch noch gewisse Gegenstände auf gewisse Jahreszeiten verlegt werden.

Endlich müßten diese Schulen in dem Alter von ungefähr 15 bis 16 Jahren abschließen, damit die Jugend dann entweder ins praktische Leben treten oder zu Fortsetzungs- und Anwendungsschulen übergehen könnte. Wünschenswert wäre es, wenn die Sitte eingeführt würde, die Grundtvig anempfohlen hat, nämlich: daß das eine oder andere Ruhejahr eintrete, bevor die Studien wieder anfingen. Besonders die Mädchen würden dann mit gestärkten Körperkräften und gesteigertem Wissensdurst wiederkommen. Jetzt ist es eine allgemeine Erfahrung, daß die Wißbegierde auch bei der begabten Jugend erschlafft, wenn sie – oft vom sechsten bis zum zwanzigsten Lebensjahre und darüber – ununterbrochen mit den Studien fortfährt.

Die Bestimmung des Schemas einer solchen Schule würde ungeheure Schwierigkeiten in sich schließen. Aber sie würden sich nicht als unüberwindlich zeigen, sobald man sich darüber geeinigt hätte, daß die Seelen der Kinder mehr Berücksichtigung verdienen als das Schulschema.

Man bekommt von den Eltern unter anderen Einwänden den zu hören, daß man, bevor nicht der Staat die Initiative zur Reformierung des Schulwesens ergreift, es nicht wagen kann, sich auf einen Weg zu begeben, der die Zukunft der Kinder so ungewiß machen könnte; man müßte bis auf weiteres die Kinder das lernen lassen, was alle anderen lernen; aber wenn der Staat den ersten Schritt gemacht hätte, dann würde man mit ungeheurer Bereitwilligkeit folgen.

Aber was ist immer der richtige Weg zur Durchführung von Reformen gewesen? Daß in der Gesellschaft eine genügend starke Empörung gegen die bestehenden Mißverhältnisse entstanden ist. Und diese Empörung wird noch nicht genügend stark empfunden, besonders seitens der Eltern. Die Kinder selbst fangen an, sie zu fühlen, und wenn nicht früher, so hoffe ich, daß wenn die jetzige Generation der Schuljugend Väter, Mütter, Lehrer geworden ist, eine Reform statthaben wird.

Man darf nicht erwarten, daß ein System geändert wird, bevor die, welche das System mißbilligen, dies ernstlich genug tun, um die Opfer auf sich zu nehmen, die nötig sind, um sich den unheilvollen Folgen des Systems zu entziehen. Solange die Familien über die Viellernerei klagen, aber beständig die Schule mit neuen Lehrgegenständen belasten, auch solchen, die die Familie auf sich nehmen könnte; solange die Familien über Überanstrengung klagen, aber von der Wahlfreiheit in jenen Schulen, wo sie eingeführt ist, keinen Gebrauch machen; solange die Eltern für die Verwirklichung ihrer Grundsätze nichts aufs Spiel zu setzen wagen – so lange kann man sich auch nicht wundern, daß der Staat sich nicht auf irgendwelche Reformen einläßt!

Ein alter pädagogischer Denkspruch lautet: »Man lernt für das Leben, nicht für die Schule.« Solange noch während eines großen Teiles ihrer Lebenszeit die Geschlechter von einander getrennt werden, dadurch, daß die Knaben für sich studieren und die Mädchen für sich, ist das eine schlechte Erziehung für das Leben, das dann ihrer harrt, und in dem die gemeinsame Arbeit und das Zusammenwirken zwischen Mann und Weib nach der Ordnung der Natur das Normale sein soll. Solange die Gesamtschule eine Schule für eine Gesellschaftsklasse ist, aber nicht für alle, ist sie keine Gesamtschule im höchsten Sinne, und auch keine Schule, in der man fürs Leben lernt.

Ich habe darum immer aufs wärmste den Gedanken gehegt, daß die Schule keine Knaben-, keine Mädchen-, keine Elementar- und keine Volksschule sein soll, sondern eine wirkliche Gesamtschule, wo das eine und das andere Geschlecht, die Kinder der einen sowie der anderen Gesellschaftsklasse das gegenseitige Vertrauen, die gegenseitige Achtung, das gegenseitige Verständnis lernten, das dann ihr segensreiches Zusammenarbeiten in der Familie und im Staate ermöglichen soll.

Die Gesamtschule, so eingerichtet, ist vielleicht das wichtigste Mittel, um schließlich die Sittlichkeitsfrage, die Frauenfrage, die Ehefrage, die Arbeiterfrage auf eine weniger einseitige, eine mehr menschliche Weise zu lösen. Aus diesem Gesichtspunkt ist die Gesamtschule viel mehr als eine pädagogische Frage: sie ist eine Lebensfrage der Gesellschaft.

Mann und Frau, Oberklasse und Unterklasse gehen noch auf verschiedenen Seiten einer Mauer, über die sie sich die Hände reichen. Aber die Mauer zu durchbrechen, darum handelt es sich. Und die Gesamtschule in dem eben erklärten Sinne des Wortes ist die erste Bresche in diese Mauer!

Eine solche Schule wäre ein Gärungsstoff, der nach und nach den ganzen Teig durchsäuern würde. Denn es ist nie so, daß die Vielen für die Wenigen reformieren; die Wenigen sind es, die nach und nach für die Vielen reformieren müssen, weil sie einen genügend starken Unwillen gegen die gegenwärtigen Mißverhältnisse haben, genügend großen Mut, ihren Unwillen zu zeigen, und genügend starken Glauben an die neuen Wahrheiten, um durch ihren Glauben den Grund zur Zukunft zu legen.

Bei einer solchen Schule muß auch derselbe Grundsatz, der auf anderen Gebieten Sitte und Gesetz humanisiert hat, sich geltend machen, nämlich die Rücksicht auf die verschiedenen Individualitäten, so daß der persönlichen Freiheit so wenig Hindernisse wie möglich in den Weg gelegt werden, wenn sie dem Rechte eines anderen nicht zu nahe tritt, während die Schranken behalten, ja vermehrt werden müssen, wo das Recht eines anderen gekränkt werden kann.

Wenn diese Humanität ihren Einzug in die Schulen gehalten hat, wenn die Schüler nicht mehr als Klasse betrachtet werden, sondern jeder für sich, dann wird die Schule anfangen, eine der vielen Bedingungen zu erfüllen, um der Jugend wirkliche Nahrung und dadurch Entwicklung und Glück geben zu können.

Eine solche Schule würde fürs erste streben, ungewöhnliche Anlagen früh zu entdecken und auf Spezialstudien zu richten.

Fürs zweite würde sie auch für jene, denen ausgeprägte Anlagen fehlen, eine Studienweise anordnen, in der auch ihre Individualität ausgebildet und ihre seelische Spannkraft erhöht werden könnte. Und diese Bedingung ist wenn möglich noch wichtiger als die erste, denn die ungewöhnlichen Anlagen bringen auch eine größere Selbsterhaltungsenergie mit sich, während die gleichmäßiger oder geringer Begabten – die ja die Mehrzahl bilden – viel mehr durch die Mannigfaltigkeit verwirrt und viel leichter durch die Gleichförmigkeit des jetzt herrschenden Systems als Persönlichkeiten ausgelöscht werden.

Sowohl das Recht der ungewöhnlich Begabten wie das der übrigen könnte berücksichtigt werden, wenn, wie oben erwähnt wurde, der Schulplan so geordnet würde, daß gewisse

Gegenstände während eines Teiles des Schuljahres vorgetragen würden, gewisse während eines anderen; ferner gewisse Gegenstände zu verschiedener Zeit, nie alle auf einmal.

Weiters dadurch, daß der Unterricht so eingeteilt würde, daß das lebendige selbständige Studium unter der Leitung des Lehrers das Gewöhnliche würde, der Vortrag des Lehrers hingegen das Ungewöhnliche, die Feierstunde, nicht die Alltagskost.

Schließlich dadurch, daß man bei allem Unterricht den Schüler so weit wie möglich zur Wirklichkeit selbst führte, nicht zu einem Referat derselben.

Eine solche Schule müßte absolut mit dem ganzen in konzentrischen Kreisen angeordneten Vortragssystem brechen und in gewissen Fällen zu dem System der alten Schule zurückkehren, das sich um die »humanistischen« Studien konzentrierte, obgleich nicht die toten Sprachen der Gegenstand sein sollten, um den man sich sammeln würde.

Frühe Spezialisierung da, wo ausgeprägte individuelle Anlagen vorhanden sind;

Konzentrierung auf gewisse Gegenstände zu gewissen Zeitpunkten;

selbständiges Arbeiten während der ganzen Schulzeit;

Wirklichkeitsberührung während aller Schulstadien: dies müssen die vier Ecksteine der neuen Schule sein.

Doch die Zeit, in der die staatlichen Schulen anfangen, auf dieser Grundlage zu bauen, ist wohl noch fern. Das nun Folgende bezieht sich daher nicht auf die oben angedeutete große Umgestaltung des Schulwesens, sondern berührt nur die Verbesserungen, die schon jetzt stattfinden könnten.

Wenn man, wie dies schon in Frankreich geschieht, das Lektionenlernen in die Schule verlegte und den Kindern einen ganzen freien Tag in der Woche gäbe, könnte das häusliche Studium – die Lektüre belletristischer Arbeiten, von Reisebeschreibungen und dergleichen, die die Lehrer im Zusammenhang mit den in der Schule betriebenen Studien empfehlen würden – schon jetzt in Kraft treten.

Die Hausaufgaben zerstören das Behagen, ohne die Selbsttätigkeit zu fördern, denn sie werden in der Regel unter allzu freigebiger – und oft unkluger – Hilfe seitens der Eltern angefertigt. In der Schule würden die Aufgaben in der Regel ohne

Hilfe gemacht werden, eine selbsttätige und rasch erledigte Arbeit sein.

In der Schule könnte Zeit für wahlfreies Selbststudium z.B. in folgender Weise festgesetzt werden: In einer Klasse von ungefähr zwölf Schülern – bei größeren Klassen ist keine vernünftige oder persönliche Unterrichtsmethode möglich – finden sich z.B. drei Schüler mit ausgeprägten Neigungen, der eine für Geschichte, der andere für Mathematik, der dritte für Sprachen; zwei mit ausgesprochener Unbegabung, der eine für Mathematik, der zweite für Sprachen; die anderen sieben hingegen gleichmäßig begabt. Die drei ersten müßten dann während des ganzen Semesters zu gewissen, für selbständige Studien bestimmten Stunden jeder in seinen gewählten Gegenstand tiefer eindringen; der erste einige historische Werke über die Epoche lesen, die die Geschichtsstunden behandelt haben; der zweite die Zeit seiner Mathematik widmen; der dritte einige fremdsprachige Bücher lesen, die in der Sprachlektion berührt wurden; die sieben übrigen, mehr gleichmäßig Begabten könnten dieselbe Zeit zu lauter Lektüre und Handarbeit verwenden. So erhalten alle ihr Teil an Geschichte, Mathematik und Sprachen, aber die besonders Interessierten Gelegenheit, tiefer in den Gegenstand einzugehen. Sollte wieder unter den drei Begabten einer große Neigung und leichte Auffassung für alle drei Gegenstände haben, so muß dieser für sich selbst zu Hause lernen, falls nicht das gründlichere Studium des einen Gegenstandes das des anderen ablösen könnte. Die zwei hingegen, denen Mathematik oder Sprachen besonders schwer fielen, könnten entweder den Gegenstand ganz durch einen anderen ersetzen oder in jenen Stunden schulfrei sein oder schließlich die Stunden, die für die Begabtesten zum Selbststudium über die Forderungen des gemeinsamen Kurses hinaus bestimmt wären, dazu verwenden, sich mit Hilfe des Lehrers besser in den der ganzen Klasse gemeinsamen Kurs hineinzuarbeiten.

Um einen solchen Plan durchzuführen, ist vor allem die Konzentrierung der Gegenstände nötig, von der ich früher gesprochen, so daß z.B. nie mehr als einer oder höchstens zwei der umfassendsten Hauptgegenstände – Geschichte, Geographie, Naturwissenschaft – zu gleicher Zeit studiert würden; ferner dürfte nie mehr als eine Sprache auf einmal gelehrt werden; die schon gelernten müßte man aber durch literarische Lektüre, schriftliche Resümees und Gespräche fortwährend üben.

Noch eine andere Art der Konzentrierung ist notwendig: nämlich nicht jeden Gegenstand in Unterabteilungen zu zersplittern, sondern die Geschichte auch Litteraturgeschichte, Kirchengeschichte usw. einschließen zu lassen; in die Geographie im Anfangsstadium einen Teil der Naturkunde aufzunehmen und die Kunstgeschichte mit beiden zu vereinigen. Und eine andere, nicht weniger wichtige Konzentrierung ist die, sich bei den allen gemeinsamen Kursen auf die Hauptsachen zu richten, unter Opferung einer Menge Nebensachen, die – bei dem unablässig wachsenden Inhalt des Wissens – nicht von Generation zu Generation als »unentbehrlich für den gebildeten Menschen« mitgeschleppt werden können.

In Beziehung auf den Unterricht dürfte die jetzt in Blüte stehende Methodik wohl das Feld räumen müssen. Die bis jetzt obligaten zwei Tempi: das sorgsame mündliche Verhör und die sorgsame Präparation der nächsten Lektion, müßten mit anderen Methoden abwechseln, je nach dem Alter der Schüler, der besonderen Art des Gegenstandes und der Schüler oder dem besonderen Teil des Gegenstandes. Einmal würde der Lehrer eine anregende, anschauliche Darstellung einer Zeit, einer Persönlichkeit, eines Landes, einer Naturerscheinung geben; das andere Mal sich mit einer bloß orientierenden Anweisung zur Lektüre der einen oder anderen Arbeit über den Gegenstand, am besten einer Quellenschrift begnügen; das eine Mal würde er das Referat – seines Vortrages oder des Gelesenen – mündlich verlangen, das andere Mal schriftlich. In einer von mitgeteilten Tatsachen ausgefüllten Lektion würde der Schüler eine Stunde mitschreiben, das andere Mal bloß aus dem Gedächtnis referieren dürfen. Das eine Mal könnte ein aufgegebenes Pensum erklärend vom Lehrer durchgenommen werden; ein anderes Mal würde ein Pensum gegeben, das gar nicht durchgenommen wurde, aber das die Schüler doch fähig wären, auf eigene Hand zu durchdringen und sich anzueignen. Zuweilen würde die Aufgabe in kurzer Zeit zu machen sein, von einem Tag auf den anderen, zuweilen in längerer.

All diese Arbeit würde, wie gesagt, in der Regel in der

Schule stattfinden. Aber die Lektüre der Schönliteratur und aller damit vergleichbaren Bücher muß hingegen zur Hausaufgabe werden, und zwar innerhalb weiterer Zeitbestimmungen. Denn wir wissen alle, daß was auf uns in dieser Beziehung einen tiefen Eindruck gemacht hat, nur frei Gelesenes war, das, wozu wir uns selbst die Zeit, den Ort und die Stimmung wählen konnten. Und da es ja in diesem Falle auf den Eindruck ankommt, nicht auf die Kenntnisse, ist die Freiheit hier noch wesentlicher als sonst. Die Selbsttätigkeit kann dadurch unterstützt werden, daß der Lehrer, wie es z.B. in Frankreich geschieht, eine vorhergehende Erklärung der Worte und solcher Dinge gibt, die in der Dichtung schwer verständlich sind, und dadurch, daß der Lehrer hier und da durch Vorlesen eines Gedichtes die Lust erweckt, mehr von demselben Dichter kennen zu lernen. Am meisten wirkt ein Gedicht, wenn es unerwartet kommt. Wenn eine Geschichtslektion z.B. dadurch abgeschlossen wird, daß man etwas aus Lenaus »Albigensern« oder einer anderen historischen Dichtung vorliest, so vergessen die Schüler weder die Dichtung noch die Episode, die dieselbe behandelt – mögen sie auch sonst alles andere vergessen! Aber die in der Literaturstunde mitgeteilten Proben gehen zu dem einen Ohr hinein und zum anderen wieder heraus.

Wie ein überzeugter Lehrer dann im einzelnen diese Art konzentrierten und auf der Selbsttätigkeit des Schülers beruhenden Unterrichts durchführen würde, muß sich natürlich aus der Persönlichkeit des Lehrers selbst ergeben. Ich denke mir, daß z.B. der Geschichtslehrer die vorhistorische Zeit nicht schildern, sondern den Schülern irgend eine gute populäre Arbeit darüber in die Hand geben würde und sie einige Museumsbesuche machen ließe. Dann würde er ein schriftliches Referat verlangen, das der Schüler mit Zeichnungen einiger charakteristischer Typen von alten Gegenständen illustrieren müßte. Hierauf könnte er selbst eine vergleichende Übersicht derselben Periode bei anderen Völkern geben und schließlich, falls ein besonders wißbegieriger Schüler vorhanden wäre, diesem ein Werk über den Urzustand des Menschen in die Hand geben. Jeder Lehrer und jede Lehrerin kann sich leicht in ihrem Gegenstand Analogien zu diesem Verfahren ausdenken. Die Geographielehrerin, die z.B. über Sibirien vorträgt, könnte allen Schülern zum Privatstudium irgendeine gute allgemeine Schilderung geben; aber den besonders Interessierten würde sie außerdem eine Reiseschilderung über Sibirien, Dostojewskys *Aus dem toten Hause* usw. zur Lektüre empfehlen. Stellte z.B. der Geschichtslehrer Napoleon dar, so könnte in der französischen Stunde eine Arbeit wie de Vignys *Servitude et grandeur militaire* gelesen werden; während des niederländischen Freiheitskrieges Motleys Arbeit über dieses Thema, Goethes *Egmont* und Schillers *Don Carlos*. Ein ganzes Buch könnte über ähnliche Pläne geschrieben werden; mit Vorschlägen, wie die verschiedenen Wissensgebiete sich gegenseitig ausfüllen könnten; wie man Geschichte, Geographie, Literatur und Kunst miteinander zu verflechten imstande wäre, ebenso wie auf der anderen Seite Geographie und Naturwissenschaft; wie auf diese Weise die verschiedenen Lehrer einander behilflich sein könnten, den Schülern ein volleres Wissen zu vermitteln.

Ich möchte hier zur Diskussion und Prüfung eine Hypothese aufstellen, die ich auf eine umfassende Erfahrung als Zuhörerin sowohl wie als Erzählerin von Märchen gegründet habe. Wenn ich in eine Behauptung, die zu beweisen hier nicht beabsichtigt ist, meine Erfahrung über den genannten Gegenstand zusammenfassen sollte, so wäre es die, daß jene geistige Speise, die für das Kind die anziehendste ist, auch die für dasselbe nahrhafteste sein wird; etwas, das die Physiologie unserer Tage für das organische Dasein des Kindes bewiesen hat und das die Erziehungslehre schon anfängt, bewußt oder unbewußt auf das geistige Gebiet zu übertragen, aber ohne noch recht zu wagen, die Natur für so einfach zu halten, daß sie Bedürfnis und Neigung so nahe verbunden haben sollte. Natürlich kann ebensowenig behauptet werden, daß nur das für das Kind Fesselndste, z.B. Märchen, seine ganze Erziehung bilden soll, wie die Physiologie behauptet, daß das für das Kind Wohlschmeckendste, z.B. Zucker, seine einzige Nahrung zu bilden habe.

Was jeder Märchenerzähler als ganz besonders anziehend für das Kind finden wird, ist die episch ruhige, klare Anschaulichkeit des Märchens, seine unerschütterliche Objektivität. Und jede Darstellung, die die Aufmerksamkeit des Kindes gewinnen will – sei sie aus der nordischen, der klassischen oder der biblischen Geschichte –, muß jene Eigenart des Märchens haben. Es gibt kaum Märchenerzähler, die das Kind so völlig fesseln wie alte Kinderfrauen. Sie vergessen nie irgendeinen malenden Zug im Märchen, sondern geben stets dieselbe breite, volle Darstellung. Und sie erzählen ohne Erklärungen und ohne Anwendung, mit dem eigenen unmittelbar ergriffenen Gefühl der Kinder. Alles, was den ruhigen Gang des Märchens stört, vor allem, wenn sich der Erzähler durch einen Scherz außerhalb desselben stellt, trifft das Kind als ein tiefes Unbehagen. Die Kinder sind immer mehr oder weniger Künstlernaturen, in dem Sinne, daß sie einen Eindruck rein empfangen wollen, nicht als Mittel zu etwas anderem. Und sie wollen an das Märchen glauben. Sie wollen durch dasselbe etwas Wirkliches erleben, während sie gleichzeitig »nein« rufen, wenn man sie fragt, ob sie eine wirkliche Geschichte lieber hören wollen als ein Märchen? Dieser scheinbare Widerspruch erklärt sich dadurch, daß die Darstellung, die das Märchen von der Wirklichkeit [gibt], so wie die Kinderphantasie der Völker sie auffaßt, gerade die Form ist, in der auch die Phantasie des Kindes sie aufnehmen kann.

Beim Märchenerzählen findet man weiter, daß das für das Kind Anziehende die Darstellung von Handlungen ist; daß es sich nur auf diesem Umwege von Gefühlen und Stimmungen ergreifen läßt. Die Entwicklung des Kindes – das ist eine Wahrheit, die abgedroschen worden ist, bevor man sie sich wirklich angeeignet hat – entspricht im kleinen der der Menschheit im großen. Und daraus folgt, daß die Kinder ebenso naiv Idealismus und Realismus vereinen, wie es die epische Dichtung der Völker tut. Das Große, Gute, Heldenhafte, Übernatürliche ergreift sie am meisten; aber nur in konkreter Gestalt, sinnlich veranschaulicht, mit dem eigenen Kraftreichtum des Lebens, ohne Anpassung an die gegenwärtigen Auffassungen.

Man kann das erproben, wenn man z.B. ein echtes Volksmärchen erzählt und eine Variation von Andersen darüber, mit wenigen Ausnahmen werden die Kinder das erstere einstimmig als »das schönste« bezeichnen.

Was weiter für frische Kinder mit gesundem Appetit anziehend ist, ist ein Viel, aber keineswegs ein Vielerlei.

Zuallererst fragen sie, ob »das Märchen lang ist«, nachdem sie die Hoffnung haben, daß es schön ist; sie hören gerne dasselbe Märchen weiß Gott wie oft; sie haben ein unbewußtes Bedürfnis nach gründlicher Aneignung, sobald das, was man ihnen gibt, mit ihrem Entwicklungsstadium übereinstimmt. Das gilt von allen Gegenständen. Ich kenne Kinder, die die »Ausgewählten Erzählungen« aus der Bibel verabscheuten, mit denen die Morgenandacht eingeleitet wurde, die aber das neue Testament als »Unterhaltungsbuch« lasen; die durch die pädagogischen Auszüge nicht zum Interesse für die nordische Götterlehre erweckt werden konnten, die aber vor Entzücken außer sich gerieten, als ihnen der Inhalt der Edden selbst mitgeteilt wurde usw. Auch darin gleichen die kleinen Kinder den großen, den Künstlern. Die Phantasie der Kinder verlangt volle, ganze, tiefe Eindrücke als Stoff für ihre rastlos bildende und umbildende Arbeit; und ist ihre gesunde Sinnlichkeit nicht durch einen aufgezwungenen Dualismus gestört, so führt sie sie mit bewundernswert sicherem Instinkt dahin, das Gesunde, Reine und Schöne zu wählen, das Ungesunde, Häßliche und Rohe aber zu verwerfen. Schließlich findet man beim Märchenerzählen, daß die Vorliebe der Kinder für *Kontinuität der Eindrücke* ebenso groß ist wie ihre vielbesprochene Vorliebe für Abwechslung. Man hört die Kinder nie sagen: erzähle jetzt ein lustiges Märchen, das vorher war so gruselig! Sondern hat man angefangen, gruselige Märchen zu erzählen, so wollen sie ein gruseliges nach dem anderen haben. Und hat man angefangen, lustige zu erzählen, werden sie gar nicht müde zu lachen. Die Veränderlichkeit der Kinder bei Spielen, bei Lektüre und Arbeit ist kein so allgemein charakteristischer Zug der Kindernatur, wie man glaubt. Er ist wenigstens nur für jene Kinder besonders charakteristisch, deren Lektüre und Spiele nicht ihrer Natur und ihrer Neigung angepaßt sind; die Veränderlichkeit ist in gewisser Weise eine Selbstverteidigung der Natur gegen das unbewußt Nachteilige.

Was das Komische betrifft, so findet man beim Märchenerzählen, daß das Kind den gewecktesten Sinn für das, was man Situationshumor nennen könnte, hat; hingegen haben sie kaum eine Spur von Empfänglichkeit für den auf tieferen seelischen Kontrasten beruhenden Humor und am allerwenigsten für den selbstironisierenden Humor. Soll eine Erzählung aus ihrer eigenen Welt wirklich Eindruck auf sie machen, so muß sie wie das Märchen voll Leben, Handlung und Überraschungen sein, breit und naiv in der Darstellung ohne merkbare Absichten. Alle Kinderbücher, von denen Kinder das Leben hindurch eine Erinnerung und Eindrücke bewahren, sind solche, die wenigstens in der einen oder anderen Beziehung diese Bedingungen erfüllen. Die übrigen werden von anderen Eindrücken bedeckt, aber dadurch ebensowenig unschädlich gemacht, wie arsenikhaltige Tapeten durch weiß der Himmel wie viele neue Papierschichten! Man kann sich, was den Humor des Kindes betrifft, leicht durch eine Probe überzeugen. Man kann Kindern die allerkomischste psychologische Kinderanekdote erzählen, und von 99 von hundert wird man höchstens ein »wie furchtbar dumm« hören, während sie sich über eine einfältige Geschichte, die eine Situation darstellt, vor Lachen zerkugeln wollen.

Daß Kinder sich nicht zum Abstrakten hingezogen fühlen, ist auch eine der alten Wahrheiten, für deren Richtigkeit das Märchenerzählen die besten Beweise liefert. Alle noch so gut verkleideten Tugenden und Eigenschaften enthüllen sich wunderbar rasch den Kindern als »langweilig«. Für Fabeln haben Kinder selten Geschmack, am wenigsten jedoch für Abhandlungen. Das Auftreten des Fuchses oder des Bären in einem Märchen oder in einer wirklichen Begebenheit macht sie zu den vertrauten Freunden der Kinder, während selbst die lebendigste und kindlichste Abhandlung über »Der Bär« oder »Der Fuchs« sie unberührt läßt, falls nicht ihre persönliche Erfahrung vom Lande oder von einem zoologischen Garten ihnen zu Hilfe kommen kann. Diese Wahrheit ist so anerkannt und von so vielen Gesichtspunkten bewiesen, daß ich hier bloß bemerken will, daß auch das Märchenerzählen neue Beweise für dieselbe liefert. Schließlich zeigen die Kinder beim Märchenerzählen eine feinfühlige Empfindlichkeit gegenüber aller Herablassung, allem Herabsteigen zum Standpunkt des Kindes, allem Gemachten in der Darstellung. In dem Verkehr mit Kindern hat – besonders bei den Repräsentanten einer Entwicklung zum Besseren – die Reaktion gegen die alten Lektionen- und Büffelmethoden eine gekünstelte Naivität, einen Bilderreichtum und eine Lebendigkeit hervorgerufen, die die Kinder bald als etwas für ihre Rechnung Hergerichtetes, als etwas nicht ganz Echtes empfinden. Diese Art, den Kindern gewissermaßen seine eigene Einbildungskraft zu geben, erschlafft die der Kinder, wenn es auch im Anfang gelingt, sie bei den Lektionen gut zu unterhalten. Denn die Bilder und Vergleiche sowohl wie die Schlußfolgerungen, die ein anderer für sie ausgedacht hat, werden für die Selbsttätigkeit des Kindes hemmend und geraten überdies sehr rasch in Vergessenheit. Es ist damit ebenso wie mit den Spielsachen: die selbstgemachten gewähren unerschöpfliches Vergnügen, während die fertig gekauften gewöhnlich nur zwei Freuden bereiten: das Zeigen und dann das Zerlegen, um das Uhrwerk herauszufinden, die einzige Selbsttätigkeit, die dabei möglich ist. Der Unterricht beginnt in diesem Falle den Kinderspielsachen und den Kinderbüchern zu gleichen; zu vollkommen, zu reich illustriert hindern diese die eigenen, freien Entdeckungsfahrten der Phantasie, und auch die guten Illustrationen gereichen so oft zum wirklichen Schaden, um nun gar nicht davon zu sprechen, wie oft sich die Kinder durch die Bilder enttäuscht fühlen.

Das Maßhalten des Märchens ist auch eine nicht wenig anziehende Eigenschaft für das Kind. Seine Bilder sind mit einigen wenigen bestimmten, oft wiederholten Zügen gezeichnet, der Phantasie bleibt es dann überlassen, das Bild mit Farben zu füllen. Die Einförmigkeit, der Rhythmus und die Symmetrie, die das echte Volksmärchen aufweist, sind für das Kind außerordentlich fesselnd, es genießt Wiederholungen wie »das erste, zweite, dritte Jahr« usw. ganz wie Refrain und Reim in der Poesie.

Aber alle diese Beobachtungen führen zu dem Schlußsatze: daß das jetzige Lesebuchsystem weder das für die Kinder anziehendste ist noch ihnen am meisten gibt. Anstatt des episch Ruhigen, Einheitlichen bringen die Lesebücher eine unruhige Mischung von allerhand aus der Kinderstube, der Religionslehre, der Poesie, der Naturgeschichte und der Geschichte. Hier und da kommt eine Sage oder ein wirkliches Gedicht, das in Ton und Anschaulichkeit grell von seinen Nachbarn absticht. Anstatt klarer Eindrücke erhalten die Kinder durch diesen Mischmasch getrübte, anstatt Objektivität sittenlehrende Kindergeschichten; anstatt Poesie belehrende Reimerei; anstatt Handlung Erwägung; anstatt viel vielerlei;

anstatt Kontinuität der Eindrücke unaufhörliche Abwechslung; anstatt konkreter Lebenseindrücke Abhandlungen und anstatt Naivität Herablassung!

Was ist nun für die Entwicklung vom 6. bis zum 16. Jahre die Folge dieses Lesebuchsystems?

Ja, was ist im allgemeinen die Folge für die Entwicklung des Charakters, wenn man von Eindruck zu Eindruck flattert, flüchtig an den verschiedensten Dingen nippt, Bild um Bild vorüberhuschen läßt, ohne irgendwo Halt zu machen?

Man pflegt, was die Erwachsenen anlangt, die Antwort sogleich bei der Hand zu haben, und sie ist so übereinstimmend, daß sie nicht wiederholt zu werden braucht. Aber das, was für die Erwachsenen gilt, das sollte weniger für das Kind gelten? Es gilt für das Kind *viel mehr*! Die Erwachsenen haben gewöhnlich eine Arbeit, eine Aufgabe, etwas Einheitliches, um das die Mannigfaltigkeit sich ordnen kann und wobei Abwechslung manchmal nützlich sein mag. Aber der ganze Schultag des Kindes *ist* Abwechslung, die Art, wie es Kenntnisse aufnimmt, geschieht löffelweise. Hat man da nicht Grund, mit allen Kräften dieser Zersplitterung überall entgegenzuarbeiten, wo sie nicht notwendig ist?

Und sie ist *nicht* notwendig in den Lesebüchern. In den fremden Sprachen sowie in unserer eigenen wird durch ein Buch viel mehr als durch ein Lesebuch das Interesse der Kinder angespornt, ihr Wortvorrat vermehrt. Aber selbst wenn das nicht der Fall wäre, so ist das, was man durch die Lesebücher an flinkerer Fertigkeit in der Muttersprache und in den fremden Sprachen gewinnt, nicht mit dem oben angedeuteten Verlust, den sie für die Entwicklung bedeuten, vergleichbar.

Wenn schon die Schule durch ihren Mangel an Spezialisierung, Konzentrierung, Selbsttätigkeit und Wirklichkeitsberührung unverantwortlich mit den geistigen Kräften der Jugend verfährt, so sind die Gymnasien und Seminarien geradezu Vernichter der Persönlichkeit. Hier, wo nur periodische Tentamina (Kolloquien) vorkommen sollten, wo alle Studien den Charakter der Selbsttätigkeit tragen müßten, hier wird kaum in irgendeiner Beziehung der Hunger der Schüler nach Wirklichkeiten befriedigt, ihr Durst, selbst zu sehen, zu lesen, zu urteilen, Eindrücke aus erster Hand zu bekommen, nicht durch fremde Referate!

Auch hier ist gewiß die Leitung des Lehrers nötig; bald um eine überflüssige Arbeit durch einen klarmachenden Überblick zu ersparen; bald um auf eine einseitige Darstellung hinzuweisen, um das Bild vollständig auszufüllen. Manchmal muß der Lehrer durch eine lebensvolle Darstellung aus eigenem Gesichtspunkte anfeuern, durch eine feine, psychologische Studie, ein farbenvolles Zeitgemälde interessieren; ein anderes Mal dem Schüler helfen, die Gesetze zu finden, die die Erscheinungen beherrschen, welche er durch eigene Erfahrung kennengelernt hat; oder die Vergleiche anzustellen, zu denen die Erfahrungen Anlaß geben. Auch hier muß das mündliche und das schriftliche Referat große Bedeutung erlangen.

Aber das Ziel des ganzen Unterrichts hier sowie in der Schule darf nicht in Examen und Zeugnissen bestehen, die von der Erde ausgetilgt werden müssen; sondern das Ziel wäre: daß die Schüler selbst aus erster Hand ihre Kenntnisse einholten, ihre Eindrücke erhielten, ihre Ansichten bildeten, sich zu ihren geistigen Genüssen durcharbeiteten, anstatt sie wie jetzt ohne alle Mühe durch den »interessanten«, oft schlaff angehörten und rasch vergessenen Vortrag der Lehrer über fünf Gegenstände an jedem Vormittag zu erlangen.

Fakten entgleiten jedermanns Gedächtnis – und am raschesten dem Gedächtnis derer, die nach dem Mixtur- und Teelöffelsystem gelernt haben. Aber Bildung ist glücklicherweise nicht bloß Kenntnis von Fakten, sondern nach einem vortrefflichen Paradoxon »das, was übrig ist, wenn wir alles, was wir gelernt haben, vergessen haben«.

Je größer der Reichtum an solchem bleibenden Gut ist, desto größer ist der Nutzen des Studiums; mit je mehr inneren Bildern, vibrierenden Gefühlen und Ideenverbindungen, mit je mehr suggestiv wirkenden Eindrücken wir erfüllt wurden, desto mehr Entwicklung haben wir durch ein Studium für unsere Persönlichkeit gewonnen. Und daß die Schüler in dieser Beziehung so wenig gewinnen, wenn sie auch alle Schulen mit »Vorzugszeugnissen« durchmachen, das ist die ernste Schädigung, an der sie ihr Leben lang zu tragen haben. Das schön geordnete, etikettierte Schachtelwissen der Examina geht nur zu bald verloren. Der jedoch, der durch freie Wahl und selbständige Arbeit Wißbegierde und Arbeitstauglichkeit beibehalten hat, kann dann leicht die Lücken ausfüllen, die diese Studienmethode in bezug auf Kenntnisse hinterlassen hat.

Nur der, der durch das Wissen einen Blick für den großen Zusammenhang im Dasein erhalten hat, den Zusammenhang zwischen der Natur und dem Menschenleben, zwischen der Jetztzeit und der Vorzeit, zwischen Völkern und Ideen, kann seine »Bildung« nicht verlieren. Nur der, der durch die geistige Nahrung, die er erhalten, klarer sieht, feuriger fühlt, des Lebens Reichtum ganz erfaßt, hat wirklich »Bildung« erworben. Diese Bildung kann in der regellosesten Weise errungen sein; vielleicht an der Kaminflamme oder auf der Wiese; am Meeresstrand oder im Walde; sie kann aus alten Scharteken oder aus der Natur selbst geholt sein; sie kann große Lücken und viele Einseitigkeiten aufweisen – aber wie lebendig, persönlich und reich ist sie nicht gegen diejenigen, die in dem fünfzehnjährigen Lehrkurs-Kreislauf mit zugebundenem Munde das Getreide auf fremden Feldern gedroschen haben!

Die Zeit ruft nach »Persönlichkeiten«, aber sie wird vergebens rufen, bis wir die Kinder als Persönlichkeiten leben und lernen lassen; ihnen gestatten, einen eigenen Willen zu haben, ihre eigenen Gedanken zu denken, sich eigene Kenntnisse zu erarbeiten, sich eigene Urteile zu bilden; bis wir mit einem Worte aufhören, in den Schulen die Rohstoffe der Persönlichkeiten zu ersticken, denen wir dann vergebens im Leben zu begegnen hoffen.

VI.
Die Schule der Zukunft

Ich möchte hier in kurzen Zügen meine Träume von einer Zukunftsschule schildern, in der die Seelen eine freie volle Selbstentwicklung erhalten könnten. Ich sage absichtlich Träume, damit man nicht glaube, daß ich den Anspruch erhebe, im Folgenden ein Reformprogramm für die Gegenwart zu geben.

* * *

Mein erster Traum ist, daß der Kindergarten und die Kleinkinderschule überall durch den häuslichen Unterricht ersetzt wird.

Zweifellos hat die ganze Bewegung, deren Resultat unter anderem das Pestalozzi-Fröbelhaus und andere diesem nachgebildete Anstalten sind, den tief eingreifenden Einfluß ausgeübt, bessere Erzieherinnen heranzubilden. Aber als ein großes Unglück betrachte ich die zunehmende Neigung, die Krippe, den Kindergarten und die Schule als den *idealen Erziehungsplan* anzusehen. In jeder Diskussion über die Arbeitsmöglichkeiten der Frau im öffentlichen Leben wird nun hervorgehoben, daß dieser Plan die Mütter von der Pflege der Kinder – und die Kinder von der schlechten Pflege der Mutter!! – befreien und den Frauen Arbeitsmöglichkeiten außerhalb des Hauses geben wird. Als einen Mittelweg schlägt eine amerikanische Schriftstellerin[1] vor, daß jede pädagogisch begabte Mutter eine Gruppe Kinder neben ihren eigenen betreuen solle. Aber was die eigenen unter solchen Verhältnissen erhalten, das ist genugsam durch die armen Kinder bekannt, die in Erziehungsanstalten aufgewachsen sind, in denen ihre Eltern Vorsteher waren, und durch die armen Eltern, die darunter litten, unter diesen Verhältnissen für die eigenen Kinder nicht zuzureichen.

Es ist vollkommen wahr, daß unter den *jetzigen* Verhältnissen, mit unzähligen außer Hause arbeitenden, für ihre Pflichten schlecht vorbereiteten Müttern, die Krippe und der Kindergarten für viele Kinder ein Segen war und es noch immer ist. Und irgendein Typus des Kindergartens wird vielleicht immer als Notbehelf für besondere Verhältnisse nötig sein, z.B. bei dem Mangel an Spielkameraden für ein Kind, bei der Unlust oder der Unfähigkeit einer Mutter, selbst zu erziehen, einer Unfähigkeit, die gewöhnlich die Folge einer allzu beweglichen, allzu willensschwachen oder allzu schwermütigen Veranlagung ist.

In vielen Fällen kann man noch Mary Wollstonecrafts vor hundert Jahren getanem Ausspruch beipflichten: »daß, wenn die Kinder nicht schon physisch von ihren unwissenden Müttern gemordet worden sind, sie psychisch durch die Unfähigkeit der Mütter, zu erziehen, zugrunde gerichtet werden; daß, nachdem die Mütter in den sechs ersten Jahren, in denen die ganze Charakterentwicklung der Kinder bestimmt wird, dieselben den Händen der Dienstboten überlassen haben – Dienstboten, deren Autorität überdies oft durch die Art, wie man sie behandelt, untergraben wird –, man die Kinder der Schule übergibt, die die Unarten zähmen soll, die die Wachsamkeit der Mutter hätte verhüten können, und die sie mit Mitteln zähmt, die ihrerseits den Grund zu aller Art von Lastern legen!« Aber weil solche Fälle noch häufig sind, weil es immer Mütter ohne erzieherische Fähigkeiten geben wird, daß nicht die Mehrzahl der Frauen zu Erzieherinnen herangebildet werden könnten, wenn der Entwicklung der Frau einmal dieses Ziel gesetzt würde, das wäre doch eine übereilte Annahme zu glauben! Eine neue Generation erzogener Mütter zu bilden, die unter anderem die Kinder vom Kindergartensystem befreien sollen, das ist eine der Aufgaben der Zukunft. Dadurch daß man die Kinder schon im Alter von zwei und drei Jahren in Herden behandelt, sie in Herden auftreten, nach einem Plan arbeiten, dieselben kleinen, dummen und unnützen Arbeiten machen läßt – dadurch glaubt man jetzt Menschen zu bilden, während man tatsächlich Nummern exerziert! Hat man selbst als Kind am Strande oder im Walde gespielt, in einem geräumigen Kinderzimmer oder in einer Bodenrumpelkammer, und andere Kinder so spielen gesehen, dann weiß man, welchen hundertfachen Wert ein solches freies Spiel für die Vertiefung der Seele, für die Unternehmungslust und die Phantasie hat, im Vergleiche mit den von Erwachsenen angeordneten und unterbrochenen Spielen und Beschäftigungen. Diese gewöhnen die Kinder, sich in Herden zu unterhalten – eine Gewohnheit, die zu den geistigen Pöbelzeichen gehört – anstatt sich allein in der Einsamkeit zu vergnügen; und sie eifert sie an, Überflüssigkeiten hervorzubringen und sich noch dazu einzubilden, daß das »Arbeiten« sind! Die Kinder zu lehren, all die unzähligen Unnötigkeiten zu verabscheuen, die jetzt das Leben entstellen und verkünsteln, sie zu lehren, dasselbe zu vereinfachen und seine großen Werte zu suchen – das soll die Aufgabe der Erziehung sein. Das Kindergartensystem ist jedoch im Gegenteil eines der geeignetsten Mittel, um schwache Dilettanten und zähe »Herdenmenschen« heranzubilden!

Ist bis auf weiteres oder auch in Zukunft ein Kindergarten nötig, so lasse man ihn ein Platz für die Kinder sein, wo diese dieselbe Freiheit wie Kätzchen oder Hündchen haben, für sich selbst zu spielen, sich selbst etwas auszudenken, und wo sie nur mit Mitteln versehen werden, etwas auszuführen, und mit Kameraden, um mit ihnen zu spielen. Man lasse eine kluge Frau daneben sitzen und zusehen, und nur dann eingreifen, wenn die Kinder im Begriffe sind, sich selbst oder einander Schaden zuzufügen; sie gebe ihnen hier und da eine Handreichung, erzähle ihnen ein Märchen oder lehre sie ein lustiges Spiel, aber sei im übrigen anscheinend ganz passiv, jedoch unermüdlich aktiv in der Beobachtung der Charakterzüge und der Anlagen, die das Spiel nur in dieser freien Form offenbart. In gleicher Weise sollte die Mutter die Spiele der Kinder beobachten, ihre Behandlung der Spielkameraden, ihre Neigungen und soviel Material als möglich sammeln, während sie sich so wenig als möglich einmischt. Diese andauernde, allseitige, anstrengende, passive Beobachtung verschafft schließlich der Mutter eine halbwegs genaue Kenntnis des Kindes; ganz lernt ein Wesen niemals das andere kennen, nicht einmal, wenn es ihm das Leben gegeben hat, nicht einmal, wenn es ihm täglich aufs neue das Leben schenkt, um das volle Glück der geistigen Mutterschaft zu erreichen! Es ist eine treffende Äußerung, daß so wie man das Gebären eines Kindes als das Zeichen der physischen Reife ansieht, das

Erziehen eines Kindes das der psychischen Reife ist. Aber durch den Mangel an psychologischer Einsicht verbleiben die meisten Eltern ihr ganzes Leben lang unreif. Sie können die besten Grundsätze, die eifrigste Pflichttreue gepaart mit einer Starblindheit gegen die Natur der Kinder haben, gegen die wirklichen Ursachen ihrer Handlungen und gegen die verschiedenen Verbindungen, die gewisse Eigenschaften miteinander eingehen.

Um nur ein paar der gröbsten Irrtümer zu erwähnen, so wird oft das kleine Kind, das voll Interesse seine eigene Identität im Spiegel studiert, gefallsüchtig genannt; das Kind, das – aus Furcht oder Verwirrung bei einer harten oder unverstandenen Anrede – nicht antwortet oder gehorcht, trotzig. Das Kind, das seine Handlungen in jenen kleinen Dingen, in denen das Gedächtnis täglich die Erwachsenen im Stich läßt, nicht erklären kann, wird als lügnerisch angesehen, und wenn es, bevor es einen Begriff des Eigentumsrechtes hat, maust, erklärt man es für diebisch. Das Kind, das sagt, es wisse, daß es schlimm sei und wolle es sein, wird als frech und verhärtet betrachtet – während dies gerade eine Selbsterkenntnis und einen Charakter zeigt, an die man mit bestem Resultat appellieren könnte. Das Kind, das, in Gedanken versunken, die kleinen Dinge des Alltagslebens vergißt, nennt man gedankenlos. Und selbst wenn das Kind wirklichen Eigensinn oder Lügenhaftigkeit oder Trägheit zeigt, werden diese Fehler als etwas Losgelöstes behandelt, während sie doch oft nur von einem anderen, tieferliegenden Fehler verursacht sind, gegen den man sich zu richten hätte, oder von einer guten Eigenschaft, die man zerstören kann, wenn man den Fehler mit ungeeigneten Mitteln bekämpft.

Aber auch jene Eltern, die mit mehr psychologischer Einsicht als die früherer Zeiten die Kinder jetzt beobachten, sind außerstande, sie zu studieren, wenn diese vom zartesten Alter an dem Kindergarten und der Schule angehören. Aus dem Mangel an Einsicht leiten sich dann die Irrtümer her, die ihrerseits den oft tiefen Antagonismus zwischen Kindern und Eltern veranlassen, der jetzt so viele Häuslichkeiten verbittert. Nur die Mutter und der Vater, die mit Ehrfurcht vor der Individualität ihrer Kinder eine das ganze Leben hindurch rege Beobachtung derselben verbinden, können den jetzt typischen Irrtum vermeiden, Weintrauben vom Dornenbusch zu verlangen, anstatt sich mit der Hagebutte zu begnügen! Nicht schaffen zu können, wo es keinen Stoff zum Schaffen gibt, aber fähig zu sein, die Eigenschaften zu entwickeln, die man in dem Naturgrund seines Kindes entdeckt, das ist die Resignation und der Optimismus, den einsichtsvolles psychologisches Studium mit sich bringen wird. Und das wird vielen – für Eltern wie Kinder gleich peinlichen – Bemühungen in jenen Richtungen, in denen die Energie unbelohnt bleibt, Einhalt tun.

Aber das Studium der Psychologie eines Kindes, begonnen bei seiner Geburt, fortgesetzt bei seinen Spielen, seiner Arbeit, seiner Ruhe, ein tägliches, vergleichendes Studium, verlangt einen ganzen Menschen. Es ist nur für eine Person möglich, die einige wenige Kinder unter ihrer Obhut hat; in Herden ist es unmöglich, umso unmöglicher, als das Kind in der Herde dieser mehr oder weniger gleicht, was die Beobachtung noch erschwert.

Der Kindergarten ist nur eine Fabrik, und daß die Kinder dort »modellieren« lernen anstatt nach eigenem Geschmack ihre Lehmkuchen zu bilden, ist typisch für das, was das kleine Menschenmaterial selbst durchmacht. Von dem Erdgeschoß der Fabrik werden dann die gedrechselten Gegenstände in das nächste Stockwerk hinaufgeschickt, die Schule, und aus dieser gehen sie dann – zwanzig aufs Dutzend hervor!

Mit allen Kräften dieser Dutzendarbeit entgegenzuarbeiten, der sich unsere Zeit auf allen Gebieten zuneigt, das sollte das Ziel der Schulerziehung sein; so viele individuelle Schulmethoden wie möglich zu schaffen, das könnte die Dutzendmenschen vielleicht auf elf aufs Dutzend reduzieren?!

Solange es noch Großstädte gibt, muß man den armen Kindern dort zu den Möglichkeiten der Landkinder verhelfen, sich aus der sie umgebenden Welt Spielsachen zu machen und durch die Obliegenheiten des eigenen Heims wirkliche »Arbeit« zu erhalten, nicht die mit dem Ernst der Wirklichkeit ganz zusammenhanglose Spiel-»Arbeit« des Kindergartens. Eine kluge Mutter oder Lehrerin entnimmt dem Kindergartensystem gerade so viel, daß sie die Kinder lehrt, die Natur und alles andere, was sie umgibt, zu beobachten, daß sie zuweilen ihre Tätigkeit mit dem einen oder anderen nützlichen Zweck verknüpft, ihr Vergnügen mit der einen oder anderen Erkenntnis.

Der Fröbelsche Satz:

Laßt uns für die Kinder leben!

muß in den inhaltsreicheren verwandelt werden:

Laßt uns die Kinder leben lassen!

Und das bedeutet unter anderem, sie von der Dressur des Einlernens, von den Formen der Methodik, von dem Druck der Herde in den Jahren zu befreien, wo die stille, verborgene Seelenarbeit ebenso bedeutungsvoll ist wie das Wachsen des Samens in der Erde! Das Kindergartensystem ist hingegen das Hervortreiben des Samens auf einem Teller, wo er sich recht niedlich ausnimmt – bis auf weiteres!

Die Seelen der Deutschen werden schon im Kindergarten für die Uniform einexerziert, und überhaupt ist es überall die Schule mit ihrem Kameraden- und Korpsgeist, die der öffentlichen Gewissenlosigkeit den Weg bahnt. So gelangt die moderne Gesellschaft dahin, die Verbrechen aller vergangenen Zeitalter zu reproduzieren, sie auch durch im Privatleben gewissenhafte Menschen zu reproduzieren. Denn die großen Gewissenlosen, die die verbrecherische Richtung angeben, würden niemals die Masse in Bewegung setzen können, wenn sie nicht bis auf weiteres eben *Masse* wäre, dazu geschaffen, kollektiven Ehrgesetzen, kollektiven patriotischen Gefühlen, kollektiven Pflichtbegriffen zu folgen. Das Kind lernt gehorsam gegen seine Schule sein, loyal gegen seinen Kameradenkreis, ebenso wie später gegen seine Universität, sein Korps, sein Amt – lernt das früher, als gegen sein eigenes Gewissen, sein eigenes Rechtsgefühl, seine eigenen Impulse ehrlich zu sein. Es lernt ein Auge zudrücken, beschönigen, verleugnen, was der eigene Kameradenkreis, das eigene Korps, das eigene Land sündigt.

Und so erhält die Welt ihre Dreyfusaffairen und ihre Transvaalkriege. Will man Menschen erzielen, nicht Masse, dann gilt es wirklich, das Erziehungsprogramm des großen Staatsmannes Stein zu befolgen, nämlich »*alle* jene Impulse zu entwickeln, von denen Wert und Stärke des Menschen abhängen!!« Und das geschieht nur, wenn man schon so früh wie möglich das Kind die Freiheit und die Gefahr der eigenen Wahl lehrt, das Recht und die Verantwortung des eigenen

Willens, die Bedingungen und Aufgaben der eigenen Prüfung
– all das also, dem schon der Kindergarten unbewußt entge-
genarbeitet und das nur ein Heim hervorarbeiten kann. Jedes
Individuum allein seinem Gewissen gegenüberzustellen, das
ist das höchste Resultat der Erziehung. Und das schließt keineswegs aus, daß dasselbe Individuum Schritt für Schritt das
Glück und das Bedürfnis erfahren kann, ein dienender Teil eines Ganzen zu sein, zuerst im Hause, dann im Kameradenkreis, im Vaterlande und schließlich in der Welt. Der Unterschied ist der, daß der Mensch in dem einen Falle eine lebende Zelle wird, die bei dem Aufbauen lebender Formen mitwirkt, im anderen Falle ein Ziegelstein, mit dem gebaut wird!

Aber nicht nur in bezug auf Entwicklung zu Individualität,
sondern ebensosehr in bezug auf Gefühlskultur stehen Kindergarten und Schule hinter dem Elternhause zurück. In seinem geschlossenen kleinen Kreis kann das Gefühl innig werden; da kann sich die Zärtlichkeit durch die Handlungen
entwickeln, die die Wirklichkeiten des häuslichen Lebens verlangen, während der Kindergarten und später die Schule die
Kinder von den natürlichen, privaten Pflichten befreien und
ihnen gewisse Forderungen eintrichtern, die in Herden erfüllt
werden können. Da kommt das Kind in eine Menge ober-
flächliche Verhältnisse, und dies hat wieder die Veräußerli-
chung des Gefühles zur Folge, die die große Gefahr des in
zartem Alter beginnenden Schullebens ist, so wie ein zu ein-
seitiges häusliches Leben die Gefahr mit sich bringt, das Gefühl allzusehr zu konzentrieren. Darum ist die häusliche Erziehung in den Jahren, wo das Gefühl seine Konsistenz, seine
lebenentscheidende Kultur erhält, von ebenso großem Gewicht wie später ein gutes Kameradenleben, wenn die Kinder
das zwölfte Jahr überschritten haben. Alle intellektuelle Ausbildung nach den vortrefflichsten Methoden, alle sozialen Gefühle sind wertlos, wenn sie nicht als Grundlage die Kultur
des individuellen Gefühls haben. Man muß irgendwo im Körper ein Herz besitzen, um auch im Kopfe ein wirkliches
Gleichgewicht zu haben. Und nur derjenige, welcher gelernt
hat, einige wenige so tief zu lieben, daß er für sie sterben
kann, wird imstande sein, für viele schön zu leben.

* * *

Aber nicht nur den Kindergarten, auch die Kleinkinderschule möchte ich ins Haus verlegt sehen. Dort kann man die Rücksichten nehmen, die eine allgemeine Schule nie beobachten kann; dort kann das Kind mit der Nahrung verschont werden, die es nicht verlangt hat, und die es zu dem Zeitpunkt, zu dem es sie jetzt in der Regel erhält, nicht braucht. Man wird in der häuslichen Schule das eine Kind spät anfangen lassen zu lesen, das andere zeitig; die Tätigkeitslust des einen und den Buchhunger des anderen befriedigen; die körperliche Entwicklung und den nach außen gekehrten Wirklichkeitssinn durch häusliche Arbeiten, Spiele und Wanderungen in der Natur berücksichtigen. Erst dann soll man anfangen zu unterrichten, wenn das Kind selbst verlangt, etwas zu hören oder etwas zu tun, wozu ihm nur Kenntnisse verhelfen können. Das Kind wird mit doppelter Leichtigkeit mit zehn Jahren das lernen, was es jetzt mit acht lernt, mit acht, was es jetzt mit sechs lernt, wenn es mit entwickelter Beobachtung und reger Tätigkeitslust zum Studium kommt. Und da eine Schule niemals volle Einsicht in die Eigenart der Persönlichkeit erhalten kann; in die verschiedene Art, die die richtige zur Mitteilung der Kenntnisse für die eine oder die andere Natur ist; in den richtigen Zeitpunkt für das Aufnehmen eines Gegenstandes oder für das Ausruhen von demselben, so verbleibt die häusliche Schule mit einer kleinen Gruppe gut gewählter Kameraden immer der ideale Unterricht. Nur da kann alle Rücksicht auf die Individualität genommen werden, durch die große Rücksichtslosigkeit gegen Stundenpläne und Kurse, ohne die ein wirklich lebendiger Unterricht nicht möglich ist. Die Vorteile, die die moderne Schule vor dem Hause voraus hat, sind kaum der Rede wert. Die »Ordnung« der Schule, ihre »Methode«, ihr »System«, ihre »Disziplin« – die von den Vertretern der Schule als ihre Vorzüge gepriesen werden – sind von meinem Gesichtspunkte aus lauter Nachteile. Die Gewöhnung an Pflichterfüllung, Arbeit und geordnete, pünktliche Tätigkeit, die zu einer gesunden Erziehung gehören, kann die häusliche Schule mit viel weniger gekünstelten Mitteln erzielen. Ein anderer eingebildeter Vorzug der Schule ist, daß das Kind dort Mitglied einer kleinen Gemeinschaft wird, die es soziale Pflichten lehrt! Aber das Haus ist die natürliche Gemeinschaft, wo das Kind in vollem Ernst die sozialen Pflichten der

Hilfsbereitschaft und Tätigkeit lernt, während die jetzige Schule nur künstlich die häusliche soziale Erziehung ersetzt, die Schule und Hausaufgaben dem Kinde jetzt rauben. Was die Schule jetzt an eigentlichem Wert gibt – das Kameradenleben –, kann die häusliche Schule ohne die Gefahren desselben ebenfalls bieten. Und mit diesen Gefahren meine ich nicht nur schlechte Einflüsse, sondern vor allem die kollektive Verdummung, die durch den starken Meinungsdruck entsteht, den die Herde ausübt; die Furcht vor der »allgemeinen Meinung«, vor der Lächerlichkeit, zu der der Grund schon in den für solche Einflüsse so ungeheuer empfänglichen Kindheitsjahren gelegt wird. Die geringste kleine Abweichung in der Kleidung, im Geschmack wird schonungslos kritisiert, und würde man eine Enquête über die Leiden der Kinder durch die Tyrannei des Kameradenlebens anstellen, eine Tyrannei, die bald in härteren, bald in milderen Formen auftritt – so würde das Vorurteil, daß die Schule in dieser Beziehung unersetzlich sei, wohl erschüttert!

Dazu kommt, daß der nivellierende Druck der gleichförmigen Disziplin die Persönlichkeit von oben niederdrückt, während das Kameradenleben sie von allen Seiten einpreßt. Jeder Bemerkung über die formelle Pedanterie wird ja mit der Antwort begegnet: »In einer Schule ist es ja unmöglich, den Kindern das zu erlauben, was in einem Hause geschehen kann; denken Sie doch, wenn alle Kinder in der Schule ihre Bleistifte spitzen dürften, oder Worte in ihren Aufsätzen ausstreichen, oder ...« Ich verzichte darauf, fortzufahren! Hundert kleinliche Regeln »müssen« der Ordnung, der Disziplin wegen aufrechterhalten werden, heißt es. Und wenn auch die Regeln ganz gut auf ein Viertteil ihres jetzigen Kubikinhalts reduziert werden könnten, so ist doch der Druck der Gleichförmigkeit auch in der besten Schule fühlbar. Je später, mit je größerer individueller Widerstandskraft jeder diesem Druck begegnet, desto besser.

Die erste Erziehung muß darauf hinzielen, die Individualität zu stärken. Die ganze biographische Literatur bildet eine fast einstimmige Zeugnisaussage dafür, wie bedeutungsvoll es ist, daß die abplattende »Gesellschaftserziehung« der Schule nicht zu zeitig beginne! Daß sie es jetzt tut, ist eine der Ursachen der Erfahrung, die man nun immer häufiger macht, daß man nämlich »so viele kluge Kinder, aber so viele dumme Menschen trifft«, um Dumas' bekannte Äußerung anzuführen.

Fast alle großen Männer und Frauen, die selbstdenkend und selbstschaffend waren, haben ihre Bildung teils gar nicht in der Schule, teils mehr oder weniger spät, teils mit längeren oder kürzeren Unterbrechungen, teils in *verschiedenen* Schulen erhalten. Meistens war es der Zufall, die lebendige Anschauung, das im geheimen gelesene Buch, die eigene Wahl des Stoffes, die dem Ausnahmemenschen seine Bildung gegeben haben. Goethes Erziehung ist in diesem Falle ideal, wenn man von einiger Pedanterie auf Seiten des Vaters absieht. Am Arbeitstisch seiner Mutter lernt er die Bibel kennen; Französisch lernt er von einer Theatertruppe; Englisch von einem Sprachmeister zusammen mit dem Vater; Italienisch, indem er die Schwester in dem Gegenstande unterrichten hört; Mathematik von einem Freunde des Hauses, und Goethe wendet sie sogleich an: zuerst bei seinen Papparbeiten, später bei seinen architektonischen Zeichnungen. Er führt seine Aufsätze in Form eines Briefwechsels in verschiedenen Sprachen zwischen mehreren, in verschiedene Länder zerstreuten Geschwistern aus, und er studiert eifrig Geographie in Reisebeschreibungen, um den Schilderungen Lokalfarbe geben zu können! Er wandert mit dem Vater herum, lernt verschiedene Handwerke beobachten, kleine Aufträge ausführen usw.

Aber, wendet man ein, alle Menschen sind nicht Genies, und gerade die Mehrzahl, diejenigen, denen ausgesprochene Begabung fehlt, brauchen die Schule. Glaubt man denn, daß der Zusammenhang zwischen der Originalität und dem unregelmäßigen Schulbesuch ein *zufälliger* ist?! Wieviel Verwässerung von Originalität hat die Schule nicht auf ihrem Sündenregister? Und überdies ist auch für jene, denen Originalität fehlt, das oben angeführte Argument eine Bestätigung des Bibelwortes, daß dem, der nichts hat, auch das Wenige genommen wird; der, welcher keine ausgeprägte Persönlichkeit besitzt, wird in der Schule gezwungen, das Geringe, was er sein eigen nennen mag, zu verlieren.

Die frühere Schule, mit ihrem Auswendiglernen weniger Gegenstände, mit ihren oft schlechten Lehrern, mit ihrer relativen, um das Latein konzentrierten Einheitlichkeit, erscheint uns barbarisch. Aber sie war unschädlicher für die Persönlichkeit als die jetzige mit ihren gründlichen Präparationen, ihren interessanten Lektionen, ihren vervollkommneten Methoden, ihren ausgezeichneten Lehrern, die dem Schüler jedes Steinchen aus dem Wege räumen und ihm seine geistige Nahrung so schmackhaft bereitet wie möglich geben, ja sogar schon gekaut! *Diese* gute Schule ist es, die durch die Übertreibung der Vielfältigkeit den Grund zur Nervosität unserer Zeit legt und durch die dort herrschende geistige Trägheit die Negativität unserer Zeit verschuldet!

Das stillste, gehorsamste Kind ist das beste Schulkind. Das heißt, die unpersönlichsten und farblosesten werden immer »Muster« – und so werden schon in der Schule die Wertbegriffe verzerrt. Je mehr Körper und Seele sich passiv, leicht dressierbar und rezeptiv zeigen, desto bessere Resultate vom Gesichtspunkt der Schule aus. Die Unfugstifter, die trotzig Individuellen, die einseitig Originellen sind in der Schule immer Märtyrer ihrer Tätigkeitslust, ihres Widerspruchsgeistes, ihrer »Tollheiten«. Nur eine bestimmte Art leichter, liebenswürdiger, allgemein begabter Naturen kann mit halbwegs bewahrter Eigenart durch die Schule durchschlüpfen und gleichzeitig gute Fleiß-, Sitten-, Ordnungs- und Fortgangszeugnisse erlangen.

In die ausgezeichnete moderne Schule wird das zarte Persönlichkeitsmaterial eingefügt – oder richtiger, es wird in Wind und Wellen hinausgeschleudert, wie ein kleines Steinchen am Strande. Da wird es von einem Wellenschlag nach dem anderen getroffen, Tag für Tag, Semester für Semester! Platsch – fünfundvierzig Minuten Religion; platsch – ebensoviel Geschichte; platsch – ebensoviel Slöjd; platsch – ebensoviel Französisch; platsch – ebensoviel Naturkunde! Am nächsten Tag neue Gegenstände in neuen kleinen Spritzern! Am Nachmittag Hausaufgaben und Schreibereien – ebenfalls vorbereitet und »disponiert« – und dann mit der größten Genauigkeit korrigiert, so wie die vorbereiteten Lektionen nach der vortrefflichsten Methodik abgefragt werden, nachdem sie schon zu Hause von der Mutter überhört worden sind! Unter diesen Sturzwellen werden die Hirne betäubt, die Seelen verdummen und verstummen, die der Lehrer wie die der Schüler. Auch die lebensvollsten Lehrer bewegen sich in einem Käfig von Forderungen und Vorurteilen, von unbedingten »Notwendigkeiten« und methodischen »Prinzipien«. Nur hie und da rettet einer seine Seele durch totale Skepsis. Andere erheben die Kleinlichkeitskrämerei zur Seligkeitslehre. Andere wieder sind unverdrossen bestrebt, in Einzelheiten zu verändern, Detailverbesserungen zu besprechen! Aber jede tiefe Neugestaltung – das heißt, jede Neugestaltung, die das Prinzip trifft, nicht die Methoden – scheitert an dem vom Staate aufrecht erhaltenen System: an der fügsamen Unterwerfung der Eltern unter dieses System; an der Unfähigkeit der Pädagogen, die Folgen des Systems voll zu überblicken; an der Abneigung aller gegen radikale Heilmittel.

Das Ziel der Schule – wie das des Hauses und der Gesellschaft – sollte darin bestehen, unter stets vermehrter Kraft und stets wachsendem Glück, unter fortgesetzter Bekämpfung aller lebensverringernden Einflüsse das Leben in seiner Entwicklung zu immer höheren Formen zu fördern.

Aber die jetzige Schule wirkt diesem Ziel entgegen. Es ist Selbstbetrug, wenn man die Anzahl der Schulen, ihr vortreffliches Material usw. als Beweis für die Bildung eines Volkes anführt! Wie man in der Schule unterrichtet; wie man das Material gebraucht; welche Gegenstände dort betrieben werden – das ist das Entscheidende!

* * *

Für das Kind wie für den Erwachsenen gilt Goethes Wort, daß Glück die Entwicklung unserer Fähigkeiten ist. Worin diese bestehen, das kann man bei dem begabten Kinde früh entdecken, und so sein Glück dadurch sichern, daß man ihm die Möglichkeit einer solchen Entwicklung gewährt. Aber es gibt auch allgemeinmenschliche Fähigkeiten, die jedem normalen Menschen eigen sind, und aus deren Entwicklung ihm sein Glück erwachsen könnte. Unter diesen Fähigkeiten ist z.B. das Gedächtnis, das der moderne Mensch beinahe zugrunde gerichtet hat. Wir streuen, sagt Max Müller, täglich Asche auf die Glut der Erinnerung, während die Menschen der Vergangenheit es vermochten, unsere jetzigen Literaturschätze im Gedächtnis zu behalten! Zu diesen Fähigkeiten gehört z.B. die Denkkraft, nicht in dem Sinne des philosophischen Denkens, sondern in dem einfacheren der Beobachtung, der Schlußfolgerung und des Urteils. Und vor allem ist das Gefühl eine dieser von der modernen Schule unterdrückten allgemein-menschlichen Fähigkeiten!

Es gehört zu den grundfalschen Vorurteilen auf dem Gebiete der Pädagogik, daß Mathematik und Grammatik die Verstandesfähigkeiten entwickeln. Dies geschieht erst, wenn man in diesen Gegenständen ein höheres Stadium erreicht hat. Aber es gibt keinen Menschen, der ernsthaft behauptet, daß er – in bezug auf Natur oder Menschen – bei einer einzigen Beobachtung, einem einzigen Schlußsatz, einem einzigen Urteil, mittelbar oder unmittelbar Nutzen von den Thesen und Hypothesen, den Sätzen und Problemen, den Regeln und Ausnahmen gehabt hat, die in der Mathematik und in der Grammatik in seiner Kindheit sein Hirn belastet haben. Und ich habe von Mathematikern und Sprachforschern dieselbe Ketzerei gehört, die ich hier ausspreche, daß Mathematik und Grammatik, wenn sie nicht als Wissenschaften getrieben werden, auf ein äußerstes Minimum eingeschränkt werden sollen. Hat man mathematische Begabung, dann bereitet natürlich das Studium der Mathematik Genuß durch die Entwicklung einer Fähigkeit nach einer gewissen Richtung hin; hat man sprachliche Begabung, so gilt dasselbe vom Sprachenstudium. Aber ohne eine solche spezielle Begabung bleiben diese Gegenstände bar allen Bildungswertes, denn die Beobachtung, die Schlußfolgerung, das Urteil sind ebenso unentwickelt, wie bevor das Problem gelöst oder die Regeln gelernt wurden!

Das Leben – das Leben der Natur und des Menschen –, das allein erzieht fürs Leben. Was die Welt der Natur und die Welt des Menschen an Lebensformen, an Schönheitsbildern, an Arbeitsweisen, an Entwicklungsverläufen bietet – das kann durch die Naturkunde, die Geographie, die Geschichte, die Kunst und Literatur dem Gedächtnis wirkliche Werte geben, den Verstand lehren zu beobachten, zu unterscheiden und zu urteilen, das Gefühl zu glühen und mit seiner Wärme den verschiedenen Stoff zu jener Einheit zu verschmelzen, die allein Bildung ist. Wirklichkeiten – das ist mit einem einzigen Worte das, was Haus und Schule den Kindern in großen, reichen, warmen Strömen geben sollten, ohne diese Ströme

176

durch Methodik, Systematik, Kurseinteilungen und Examina zu kanalisieren und einzudämmen.

Ich habe nie von einer pädagogischen Diskussion gelesen, ohne daß die schönen Worte »Selbsttätigkeit«, »individuelle Entwicklung«, »Wahlfreiheit« mich an die Musik bei den Opferfesten der Kannibalen erinnert haben! Denn wenn dann die Anwendung kommt – dann sind die Einschränkungen und Reservationen, die der Repräsentant jedes Gegenstandes zugeben will, in ihrer Unbedeutendheit ganz lächerlich im Vergleich mit den großen Prinzipien, in deren Namen die Modifikation geschieht. Und am Schlusse werden die Kinder weiter den Bildungsidealen, den pädagogischen Systemen, den Examensforderungen geopfert, die man von keiner Seite preisgeben will!

Die ewige Sünde der Schule gegen die *Kinder* ist stets, vom *Kinde* zu sprechen! Zum Beispiel:

Der Slöjd (Handfertigkeit: Handwerk und Kunsthandwerk) hat gewisse gute Wirkungen auf das Kind; folglich muß der Slöjd auf den Schulplan kommen und alle seines Nutzens teilhaftig werden. Aber – nun gibt es Kinder, für die der Slöjd ein ebenso widerwärtiger und nutzloser Zwang ist wie das Lateinlernen! Das Kind, das in sein Buch versinken will, soll ebenso wenig zum Slöjd gezwungen werden, wie man das Kind, das an seiner Hobelbank glücklich ist, zur Literatur zwingen soll!

Alles Reden von der »harmonischen Ausbildung« muß dorthin verwiesen werden, wo es hingehört, in die pädagogische Küchenwissenschaft! Harmonische Entwicklung ist gewiß das herrlichste Resultat der Bildung eines Menschen. Aber sie wird nur durch seine eigene Auswahl errungen! Denn sie bedingt Harmonie zwischen den eigenen Fähigkeiten des Individuums, und nicht Harmonie nach dem Rezept der Pädagogik für eine solche. Was auf dem Teigbrett der Schule, in ihrem Hacktrog erzielt wird, das ist – etwas ganz anderes.

Einzelreformen in der modernen Schule bedeuten nichts, solange man durch dieselben nicht bewußt die große Revolution vorbereitet, die, welche das ganze jetzige System zertrümmert, und von diesem nicht einen Stein auf dem anderen läßt. Ja, es müßte eine Sintflut der Pädagogik kommen, bei der die Arche nur Montaigne, Rousseau, Spencer und die neue kinderpsychologische Literatur zu enthalten brauchte! Wenn dann die Arche aufs Trockene käme, würden die Menschen nicht Schulen bauen, sondern nur Weingärten pflanzen, wo die Lehrer die Aufgabe hätten, »die Trauben zur Höhe der Lippen der Kinder zu erheben«, anstatt daß diese jetzt den Most der Kultur in hundertfacher Verdünnung zu kosten bekommen!

Die Schule hat nur ein großes Ziel: sich selbst entbehrlich zu machen, das Leben und das Glück – das will unter anderem sagen, die Selbsttätigkeit – an Stelle des Systems und des Schemas herrschen zu lassen.

Schon vom Kindergarten an ist das Kind jetzt, wie gesagt, das von bald zornigen, bald freundlichen Händen geformte Material! Denn auch die müdeste, die scheinbar freieste Methode führt bei denselben Arbeiten, denselben Eindrücken, denselben Ordnungsregeln, Tag für Tag, Jahr für Jahr, Gleichförmigkeit herbei. Und da die Schule überdies ihre Klasseneinteilung niemals nach dem Temperament und den Anlagen des Kindes ordnet, sondern nach ihrem Alter und ihren Kenntnissen, wird das eine Kind verurteilt, sich tödlich zu langweilen und unendlich viel Zeit zu vergeuden, während es auf andere wartet.

Schon beim allerersten Unterricht gilt es, die Selbstbeobachtung und Selbstarbeit des Kindes als Erziehungsmittel für das Kind und als Richtschnur für seine eigene Beobachtung desselben zu gebrauchen.

Ist diese Beobachtung eine tiefe gewesen, so gehen aus derselben keine allgemeinen Regeln, sondern lauter besondere Regeln hervor. Das eine Kind muß Lesen oder Sport oder Handarbeit in ganz verschiedenem Maßstabe haben als das andere; das eine soll früh, das andere spät dazu gelangen, die Bildungsmittel von Museumsbesuchen oder Reisen (am besten Fußreisen) zu genießen usw. Und das »Unumgängliche« wird dann auf das geringstmögliche Maß eingeschränkt. Denn was jeder Mensch zu können braucht, um sich im Leben zurechtzufinden, ist überaus wenig. Dieses Wenige ist gut lesen und richtig buchstabieren; mit beiden Händen schreiben; einfache Gegenstände abzeichnen, so daß man eine Bildschrift ebensowohl wie eine Buchstabenschrift erlernt – eine Fertigkeit, die von künstlerischer Begabung ganz unabhängig ist; ferner geometrischer Anschauungsunterricht; die vier einfachen Spezies und Dezimalbrüche; so viel Geographie, daß man sich mit einer Karte und einer Zeittabelle zurechtfinden kann; so viel Naturkunde, daß man einen Grundbegriff von den einfachsten Forderungen der Hygiene hat; schließlich die englische Sprache, um sich in dem zunehmenden Verkehr mit der weiten Welt durchzubringen. Mit diesen Fertigkeiten hat man dem Kinde das gegeben, was es braucht, um sich dann selbst in den Büchern und im Leben zurechtzufinden – wenn man dazu noch die Fähigkeit fügt, einen Strumpf zu stopfen, einen Knopf anzunähen und einen Nagel einzuschlagen.

Nur das *Unentbehrliche* soll die *obligatorische* Grundlage der weiteren Bildung sein! Diese ist dann nur eine Stickerei auf jenem einfachen Kleide. Und die Stickerei erhält ihren ganzen Wert dadurch, daß das Individuum sie selbst ausgeführt hat, dadurch, daß sie nicht nach von der Fabrik bestimmten Mustern mit der Maschine gemacht ist.

Während der erwähnte für alle gleiche Grund gelegt wird, soll es den Kindern möglich sein, sich in das Hirtenleben des alten Testamentes einzuleben, in das Leben der griechischen und der nordischen Götter und Helden, in das Leben der Volkssagen und der nationalen Geschichte, aber durch die Bücher, die sie zu ihrer Unterhaltungslektüre bekommen – während man jetzt aus all dem lauter Schulgegenstände gemacht hat!

Ist diese Grundlage einmal vorhanden, dann wird die Schule der Zukunft – die die Schule für alle ist – die allgemeine Bildung fortsetzen, aber nach einem jedem Individuum angepaßten Plan. In meiner geträumten Schule wird es keine Zeugnisse oder Belohnungen geben; es werden keine anderen »Reifeprüfungen« angestellt werden als solche, die sich durch Gespräche vollziehen. Bei diesen werden nicht die Detailkenntnisse, sondern die Ganzheit der Bildung den Ausschlag für die Zensoren geben, die dann mit den Kindern in der Natur umherstreifen werden, um so in Ruhe zu erfahren, was sie von dieser, von den Menschen, von der Vorzeit und von der Jetztzeit wissen!

Und der Unterricht, der zu diesem Schlußziel der Bildung führt, wird von dem Lehrer diametral entgegengesetzt dem der Jetztzeit erteilt werden. Der Lehrer wird eigene Beobachtungen notwendig machen; er wird die Schüler zwar bei der Wahl der Bücher wie bei der Art zu arbeiten, leiten, aber nicht zuerst seine Beobachtungen, Urteile und Kenntnisse in der Form von Vorträgen, Präparationen und Experimenten geben. Zuweilen wird er, indem er unvorbereitet ein mündliches oder schriftliches Referat verlangt, sich vergewissern, wie gründlich der Schüler in den Gegenstand eingedrungen ist; ein anderes Mal, wenn er den Schüler dafür reif weiß, eine Zusammenfassung, einen Gesamtüberblick über den Gegenstand geben, einen erwärmenden und weckenden Eindruck als Lohn für die selbständige Arbeit; schließlich wird er auf den eigenen Wunsch der Schüler Prüfungen vornehmen. Aber seine wesentliche Arbeit wird darin bestehen, den Schüler zu lehren, seine eigenen Beobachtungen zu machen, seine eigenen Aufgaben zu lösen, seine eigenen Hilfsmittel zu finden – in Büchern, Lexika, Karten u. dgl.; sich selbst in seinen Schwierigkeiten zum Siege durchzukämpfen und so den einzigen sittlichen Lohn für seine Mühen zu erlangen: eine erweiterte Einsicht, eine errungene Stärke!

Nicht der Schüler, der dasitzt und die Demonstration oder das Experiment des Lehrers anhört oder ansieht, lernt beobachten; nicht der, dessen Schreibheft mit peinlicher Genauigkeit korrigiert wird, lernt schreiben; nicht der, der pedantisch die Modellserien des Slöjds ausführt, lernt Gerätschaften für die Aufgaben des Alltags machen! Selbst die Untersuchung anzustellen; selbst die angedeuteten Fehler zu finden; selbst die Gegenstände auszudenken, die man ausführt – überhaupt nicht in Einzelheiten korrigiert zu werden, außer wenn diese allzusehr zeitraubend fehlerhaft sind –, sondern selbst tastend die richtige, die vollkommene Arbeits- und Ausdrucksweise zu finden, das ist Erziehung, das ist Bildung!

Die Lehrbücher werden alle voll Kraft und Lust sein! Das Lesebuch wird verschwinden, und die großen Bücher, die Originale – allerdings in Bearbeitungen, wenn sie von störenden Details belastet sind – werden wieder in die Hand der Jugend gegeben werden. Die Bibliothek der Schule wird das größte, schönste und wichtigste Lehrzimmer sein, und das Bücherverleihen der Schule ein wesentlicher Teil ihrer ganzen Lehrtätigkeit.

Ich träume mir jede Zukunftsschule von einem großen Garten umgeben, wo – wie es schon in verschiedenen Schulen der Fall ist – der Schönheitssinn seine unmittelbarste Nahrung erhält. Selber die Blumen in der Schule wie im Heime zu ordnen, sie zu Hause zu ziehen, um den »Fenstergarten« zu schmücken, der im Winter in allen Schulzimmern vorhanden sein wird, das wird dann die natürliche Art sein, den einfachsten aller Schönheitsgenüsse zu einem allgemeinen Bedürfnisse zu machen. Aber nicht durch »Unterricht« in der Kunst, die Blumen zu ordnen, wie es schon in Deutschland geschieht, sondern nur durch Hervorhebung der am schönsten geordneten soll der Geschmack entwickelt werden! In dieser wie in jeder anderen Beziehung ist Selbsttätigkeit das Wesentliche.

Durch Buchbinderei, Tischlerei und andere Handwerke sowie durch Gärtnerei und Sport wird man dann die natürliche Gymnastik erhalten, die eine so viel mehr erziehende Bedeutung hat als die methodische. Deren einförmige Zwecklosigkeit ist die Qual der Jugend, und sie sollte nur an den Tagen vorkommen, an denen das Wetter Leibesübungen im Freien unmöglich macht. Gewiß kann die Gymnastik lebendiger werden, wenn man sie mit Physiologie und Hygiene verbindet, so wie die Mathematik es durch die Verbindung mit Handarbeit und Zeichnen wird. Aber nie kann sie an Wert der naturfrischen Bewegung gleichkommen.

Neben dem Garten wird die Zukunftsschule im Hause ihren Saal, außer dem Hause ihren Sportplatz für Tanz und wirklich freie Spiele haben, das heißt solche, wo die Kinder, nachdem sie einmal das Spiel gelernt haben, sich selbst überlassen sind. Beständig vom Lehrer geleitete Spiele machen das Spiel zur Parodie!

Und ebenso wie einmal bei den Griechen wird die Ausbildung der Schönheit, nicht bloß der Stärke das Ziel der physischen Erziehung sein.

Durch verschiedene Handwerke und Gartenarbeit wird man in der Mathematik und Naturlehre in einer Reihe von Fällen überhoben sein, Behauptungen aufzustellen, indem man das Kind selbst entdecken läßt. Nach der Büffelmethode erfährt das Kind, daß der Same in Wärme und Feuchtigkeit wächst. Nach der Erziehungsmethode sät das Kind selbst den

Samen und sieht, was sich zuträgt. Schon jetzt geschieht das ja in manchen Schulen, aber als *Beweis* für einen gegebenen Satz. Darin besteht nämlich gerade der Mißgriff der modernen Schule, ihre Behauptungen fesselnd zu illustrieren, anstatt dem Kinde Zeit und Gelegenheit zu geben, seine Behauptungen selbst aufzustellen.

In dem zukünftigen Schulgebäude gibt es gar keine Klassenzimmer. Aber es gibt da verschiedene Säle mit reichem Material für verschiedene Gegenstände, und neben ihnen Arbeitsräume, wo jeder seinen gegebenen Platz zum Selbststudium hat; gemeinsame Prüfungen finden nur dann statt, wenn mehrere bereit und willig sind, sich in demselben Gegenstand prüfen zu lassen, aber jeder kann sich unabhängig von den anderen zur Prüfung anmelden.

In jedem Raume so wie im Äußeren des Gebäudes werden Architektur und Dekoration zusammen ein schönes Ganzes bilden. Und die freistehenden Kunstwerke, die außerdem die Schule schmücken, werden teils Originale, teils Abgüsse und Kopien berühmter Originale sein.[2]

So, aber nicht durch unmittelbaren Unterricht über Kunst, sei es in der Schule oder anläßlich von Museumsbesuchen, wird der Kunstsinn geweckt werden. Kenntnisse kann vielleicht die Klasse erlangen, die nach Lichtwarks Plan für Museumsbesuche herumgeführt wird! Aber nur dadurch, daß man von Kunst umgeben ist, daß man sie in Ruhe und Freiheit in sich aufnehmen kann, erwacht die Liebe zur Kunst. Greift man deren stillem Wachstum durch Unterricht vor – womit ich nicht die Bewunderung des Lehrers selbst meine, die er im Vorübergehen ohne Hinweisen und Ausfragen ausspricht –, so trübt man auch das Wasser dieses lebendigen Quells. Hier wie überall zerstört das Daraufhinstoßen die eigene Entdeckerfreude: stets herumgeführt zu werden, raubt einem gerade die Fähigkeit, selbst zu sehen. In bezug auf Kunst wie auf Literatur wie auf Religion ist aller Unterricht von Übel, bis die Jugend etwas davon als Wissenschaft erwählt hat. Kenntnisse töten, das Gefühl macht lebendig. Aber die Wurzeln des Gefühls sind sehr verletzlich.

Was die vom Lehrer geleiteten Museumsbesuche betrifft, so sind diese erst dann von Nutzen, wenn der Schüler schon auf eigene Hand seine Entdeckungen gemacht hat. Diese hingegen soll der Lehrer veranlassen. Bei der Beschäftigung mit der Geschichte Griechenlands z.B. verlangt er eine Schilderung der griechischen Skulpturen, die in dem und dem Museum zu finden sind; bei der Lektüre des niederländischen Freiheitskrieges eine Beschreibung der Gemälde der Holländer etc. Erst nachdem der Schüler so selbst seine Augen gebraucht und seine eigenen Urteile gefällt hat, wird eine Synthese seiner Erfahrungen in Form einer Vorzeigung von Nutzen sein. Dies gilt auch von naturhistorischen, historischen und ethnographischen Museen, wo die Herumführung in Herden sehr geringe Resultate für jene Kinder ergibt, die nicht schon allein vorbereitende Beobachtungen angestellt haben.

So wie sich unter den Büchern der Schule die vortrefflichste Literatur sowohl im Original wie in guten, allen zugänglichen Übersetzungen befinden soll, so sollen auch Arbeiten vorhanden sein, die dem künstlerisch Interessierten Nahrung bieten können. Überhaupt gibt es keine größere Torheit in der modernen Erziehung als das genaue Aussuchen der Bücher, die für das eine oder andere Alter »passen«. Das ist im höchsten Grade individuell und kann nur durch die eigene Wahl des Kindes entschieden werden. Eine Razzia unter den Kinderbüchern, aber Freiheit für die Jugend, die große Literatur zu lesen, das ist eine Grundbedingung für die gesunde Entwicklung dieser Jugend. Das Verfrühte wird schon von der Unlust des Kindes selbst beiseite geschoben. Vertieft es sich mit zehn Jahren in den *Faust* – und ich kenne solche Fälle –, dann erhält das Kind auch mit zehn Jahren einen Lebenseindruck, der nicht verhindert, daß es von derselben Dichtung mit zwanzig Jahren einen anderen und mit dreißig, mit vierzig Jahren einen noch anderen empfängt! Was die »Gefahren« betrifft, so sind diese in der großen Literatur für das Kind gleich Null. Seine kühlen Sinne läßt das für Ältere Aufreizende ganz unberührt. Und auch wenn die Kinder das empfindsame Entwicklungsalter erreichen, ist es selten das Unverhüllte in der Art der großen Geister, die natürlichen Dinge zu berühren, sondern die modernen Romane sind es – die Damenromane ebensosehr wie die französischen –, die die Phantasie beflecken, die Wirklichkeit verfälschen und den Geschmack verflachen!

Die Kinder können jetzt nicht, selbst wenn die Eltern so

unvernünftig wären, es zu wünschen, in Unwissenheit erhalten werden. Und das roh oder verstohlen Unreine wird größere Macht über den Sinn erlangen, der nicht durch seine Erzieher und durch Eindrücke aus der großen Literatur und der großen Kunst das Gefühl für den schlichten Ernst des Natürlichen erhalten hat.

Die Verschleierung hingegen verleitet und verroht. Für die durch diese Geschädigten wird die Bibel ebenso sinnenreizend sein, wie irgendwelche Nacktheiten der neueren Literatur. Aber auf das ruhige Gefühl der Selbstverständlichkeit des Natürlichen läßt sich eine echte Unschuld gründen. Und nur durch echte Unschuld wird das Leben sowie die Kunst und die Literatur groß und gesund.

In den Werken der größten Geister tritt einem eine unendliche Welt entgegen, in der die Erotik nur ein Moment ist, und das gibt ihr eine große Kühle. Die Phantasie muß überdies Nahrung erhalten, soll sie sich nicht an sich selbst verzehren, und sie soll das Erlesenste als Nahrung erhalten. Das Kind schöpfe zuerst aus der Sage und dann aus der großen Literatur. Umso mehr, als diese sonst oft ungelesen bleibt, wenn die Mannigfaltigkeit der modernen Literatur später anfängt, das Interesse zu absorbieren.

Gut sehen zu können – in die Welten der Natur, des Menschen und der Kunst – und gut lesen zu können, das sind die zwei großen Ziele, denen die Erziehung des Hauses wie der Schule zusteuern soll. Wenn das Kind das vermag, kann es fast alles andere selbst lernen. Beiläufig möchte ich noch darauf hinweisen, daß eine gesunde Entwicklung der Phantasie nicht nur eine ästhetische Bedeutung hat, sondern auch eine ethische, sie ist nämlich eine Grundbedingung für eine werkthätige Sympathie. Unzählige Grausamkeiten werden jetzt z.B. von Menschen begangen, die nicht böse sind, die jedoch nicht genug Phantasie besitzen, um einzusehen, wie ihre Handlungen auf andere wirken.

* * *

In meiner geträumten Schule herrscht – nachdem der oben erwähnte Grund gelegt ist – Wahlfreiheit in allen Gegenständen. Die Schule bietet dieselben, aber sie zwingt sie niemandem auf. Nebst dem Englischen lehrt die Schule Deutsch und

Französisch, Naturwissenschaft und Mathematik, Geschichte und Geographie. Die Muttersprache wird fleißig durch Sprechen, Lesen und Schreiben geübt; aber die in diesem Falle für die Bildung und Sprachbehandlung gleich überflüssige Grammatik gehört dem wissenschaftlichen Studium an, nicht dem auf allgemeine Bildung abzielenden. Und für die fremden Sprachen kommt nur so viel Grammatik in Anwendung, wie unumgänglich notwendig ist, um sich die Literatur anzueignen, das einzige Ziel, das die Allgemeinbildung im Auge haben soll, während die, welche lernen wollen, die Sprachen fließend zu sprechen und fehlerlos zu schreiben, die Fertigkeiten bei einem fortgesetzten Studium erwerben müssen. Die, welche die Literatur beherrschen, lernen das Übrige sehr leicht. Der in der Literatur Bewanderte schreibt zum Beispiel auch mit Sprachfehlern einen besseren Brief in einer ausländischen Sprache als derjenige, der ein fehlerfreies Skriptum nur nach den Regeln der Grammatik zusammensetzt. Wenn das Kind durch die Sprechmethode so weit in einer Sprache gekommen ist, daß es ein leichteres Buch versteht, soll es sich mit dem Lexikon durch ein Buch nach dem anderen durcharbeiten und sprechend das Gelesene erzählen. So wird der Grund zu einer Kenntnis der Literatur gelegt – nicht zu den fertigen Urteilen der Literaturgeschichte! In der einheimischen wie in der ausländischen Literatur muß man die Jugend zum Wesen, nicht wie jetzt zum Spiegelbild, zum Meere, nicht wie jetzt zu der Wasserleitung führen! Während der Lehrer dieses Sprachstudium leitet, ist er zugleich bestrebt, dem Schüler zu einer gewissen Wahl unter den Büchern zu verhelfen, einer Wahl, die wenn möglich im Zusammenhang mit den anderen Gegenständen steht. Er empfiehlt z.B. die Literatur, die sich mit dem historischen, dem naturhistorischen oder dem geographischen Studium verbindet. Ab und zu gibt der Lehrer eine Übersicht, er liest etwas vor, oder er regt die Lust der Schüler an, selbst ein ihnen liebes Gedicht vorzulesen. Aber alle Dichtermorde – d.h. das Zerhacken eines Dichters strophenweise und klassenweise – sind verboten.

Da die Kindheit die beste Zeit zur Einübung der Fertigkeit in Sprachen ist, sollen diejenigen, für die Eltern und Lehrer in gemeinsamer Beratung Sprachstudien beschlossen haben,

185

nach ein paar Jahren Englisch ein paar Jahre Französisch und dann ein paar Jahre Deutsch haben – oder umgekehrt –, so daß eine Sprache immer neben den übrigen Gegenständen studiert wird, aber nie drei Sprachen auf einmal. Es ist nämlich nur dann möglich, sich eine Sprache als ein künftighin unverlierbares Besitztum anzueignen, wenn man sich ein paar Jahre in diese allein vertieft.

Die, welche wünschen, Zeichnen fortzusetzen oder irgend ein Handwerk zu lernen, können das mit dem Studium der Hauptgegenstände vereinigen. Chorgesang soll auch das ganze Jahr täglich vorkommen, im Hause sowie im Freien, aber als ein Mittel behandelt, Gefühle auszudrücken, nicht als Anleitung, musikalische Fertigkeiten auszubilden, obgleich der Gesang den Anstoß zur Entdeckung der musikalischen Anlagen geben kann.

Was die vier Hauptgegenstände betrifft – Geschichte und Geographie, Naturwissenschaft und Mathematik –, so sollen diese nicht gleichzeitig getrieben werden. Die kleinliche Mannigfaltigkeit des jetzigen Systems quält alle und wirkt wie eine Wassertortur auf die Begabten, deren Lernlust, Initiative, Selbsttätigkeit und Lebensfreude so von Jahr zu Jahr ermattet, und die schließlich unter der Pein, nie aufatmen, sich nie vertiefen zu können, oberflächlich werden.

Im Winter z.B. wird in meiner geträumten Schule Mathematik gelernt; die paßt zu der kalten und klaren Winterluft! Aber im Frühling und im Herbst studiert man den ganzen Tag die Natur draußen in der Natur selbst, nicht jedes Gebiet der Natur als einen besonderen Gegenstand, und die Einsichten in die Geologie, die Botanik und die Tierwelt werden in einem unzertrennlichen Zusammenhang erworben. Während die Schüler durch lebendige Anschauung die Einzelheiten lernen, bekommen sie dann in einem lebendigen Lehrbuch eine in großen Zügen entworfene Zusammenfassung dessen, was die Sinne sie gelehrt haben, oder sie machen selbst – an Regentagen! – eine solche schriftliche und illustrierte Übersicht. Nicht die Anzahl Staubgefäße oder die Anzahl Knochen einiger hundert Blumen oder Skelette zu wissen, ist allgemeine Bildung. Aber den Gesetzen des Lebens und der Entwicklung in der uns umgebenden Natur folgen zu können; die Phänomene desselben selbst zu beobachten und zu kombinieren –

das ist allgemeine Bildung, das wirkt auf Gefühl und Phantasie ebensowohl wie auf das Denken und den Charakter ein. Als das letzte Glied in der Entwicklungskette kommt der Mensch. Und das Studium desselben, aus dem Gesichtspunkte der Physiologie und der Gesundheitslehre, sollte auch das letzte sein, wenn nicht die Rücksicht auf die Psychologie des Kindes dafür spräche, daß die Wissenschaften, die den Grund zur Kenntnis der organischen Natur legen, nämlich Physik und Chemie, den letzten Abschluß bilden.

So wie man in den Naturwissenschaften anfängt, mit der falschen Methode zu brechen, mit erweiterten Kursen zu demselben Gegenstand zurückzukehren, so soll man auch das Kind sich zu gewissen Zeiten in Geschichte oder Geographie vertiefen lassen, um dann diese Gegenstände ganz zu verlassen. Der ewige Kreisgang, das Büffeln, die Wiederholungen – die alle als Schlußziel das Examen haben – verschwinden mit dem Examen. Die Erfahrung, daß die kleinen Einzelheiten aller Gegenstände ein paar Monate nach dem Examen der Erinnerung entgleiten, und daß die meisten hochgebildeten Menschen keine Ahnung von dem haben, was sie an Detailkenntnis in den Schulen erworben haben, während die Ganzheitseindrücke ihre Seele und ihr Herz, ihren Willen und ihren Charakter beeinflußt haben – diese Erfahrung wird einmal *angewendet*, nicht wie jetzt beständig konstatiert werden!

In meiner geträumten Schule wird z.B. der, der sich für Geschichte interessiert, die Wintermonate dazu verwenden können, Werke über diesen Gegenstand zu lesen, während andere sich in Mathematik oder Geographie vertiefen. Im Frühling können diese »Historiker« und »Geographen« bei den Ausflügen mitkommen, ohne dabei in anderer Weise aktiv zu sein, als als Zuhörer, während die »Naturwissenschaftler« sammeln, zeichnen und mikroskopieren. Eine Gruppe kann zum Beispiel durch das Geographiestudium einen Zusammenhang mit dem Leben der Natur einerseits und dem Leben des Menschen andererseits erhaltcn, der sie dazu veranlaßt, ein nächstes Jahr an der Geschichte im Winter und an der Naturwissenschaft im Frühling und im Herbst teilzunehmen. All die verschiedenen Kombinationen, dic Eltern, Lehrer und Schüler sich ausdenken werden, können hier nur angedeutet werden. Das Schlußresultat wird jedoch sein, daß nur ein paar

Gegenstände auf einmal studiert werden, und nachdem diese dem Schüler all jene Bildung gegeben haben, die er in diesem Stadium in sich aufnehmen kann, werden diese Gegenstände von neuen abgelöst, um erst später wieder von jenen aufgenommen zu werden, die sich Fachstudien in der einen oder anderen Richtung widmen. Anstatt der Trennung der Gegenstände, die in der jetzigen Schule Interesse und Kräfte zersplittert, wird in der neuen die Konzentrierung eine Hauptaufgabe sein. Die Geschichte kann – nachdem der Raum für die Kriege auf den eingeschränkt ist, den jetzt die Kultur einnimmt – wirklich das einzige werden, was sie für die Allgemeinbildung sein soll: die Entwicklungsgeschichte des Menschen. Sie wird die großen Züge der Ethnographie und der Gesellschaftslehre mitteilen; der ökonomischen Prinzipien; des Lebens großer Persönlichkeiten; der Geschichte der Kirche, der Kunst und der Litteratur. Bei dem Naturkunde- und Mathematik-Unterricht werden die hervorragendsten Männer der Wissenschaft und Entdecker geschildert. Die Geographie eröffnet Ausblicke in fast alle Gebiete, und man hat nach den schon gemachten Versuchen guten Grund, diesen Gegenstand zum Zentrum des ganzen Unterrichts zu machen.

* * *

Die Resultate der jetzigen Schule – worin bestehen sie? Abgenützte Hirnkraft, schwache Nerven, gehemmte Originalität, erschlaffte Initiative, abgestumpfter Blick für die umgebenden Wirklichkeiten, erstickte Idealität unter dem fieberhaften Eifer, es zu einem »Posten« zu bringen – eine Hetzjagd, bei der Eltern wie Kinder den Verlust eines Jahres als ein großes Unglück betrachten! Wenn das Examen abgelegt ist, wenn ein paar Jahre vergangen sind, dann erwacht im besten Falle das Bedürfnis, seine Studien in lebendiger Weise fast auf jedem Punkt wiederzubeginnen! Für die meisten ist das Resultat jetzt, daß sie nicht einmal mit wirklichem Nutzen eine Zeitung lesen können, und die, welche ein Buch in der fremden Sprache – der unzählige Stunden geopfert wurden – ganz verstehen, sind seltene Ausnahmen, wenn das Haus nicht den Sprachunterricht der Schule unterstützt hat. Das Unvermögen, selbst zu beobachten, die Erscheinungen zu ergründen und durch Reflexionen zu verbinden, wird durch das Präparationssystem der Schule – noch durch das Lektionenüberhören der Mutter zu Hause unterstützt – immer auffallender. Der ehemalige Professor Key hat aus seinen Erfahrungen als Lehrer am Medizinischen Institut dargelegt, daß die Schüler schon in der Schule unfähig geworden sind zu sehen, zu denken, zu arbeiten. Von einem Amt in Stockholm habe ich kürzlich ganz dieselbe Beobachtung gehört, daß nämlich die jungen Herren ratlos vor den praktischen Aufgaben stehen, bei denen sie ihre bei einem »schönen Examen« an den Tag gelegten Kenntnisse zeigen sollten. Das System dient also nicht einmal seinem eigenen sekundären Zwecke, während es allen höheren Zwecken eines menschlichen Daseins entgegenwirkt!

Diese Erfahrung wird auch schließlich in einigen hundert Jahren seinen Untergang herbeiführen.

Dann werden vielleicht diese geträumten Schulen entstehen, in denen die Jugend in erster Linie das Leben beobachten und lieben lernt, und wo ihre eigenen Kräfte als der höchste Wert des Lebens zielbewußt gehegt werden. Durch die Berührung zwischen den Kindern aller Klassen wird die Oberklasse – wenn eine solche noch vorhanden ist? – jene »Beschattung«, jenen ernsten Charakter erhalten, der ihr, wie schon Almquist sagte, fehlt; die Unterklasse wieder die »Weiße«, die allgemeine Bildung, die sie noch entbehrt. Durch diese allen gemeinsamen Bildungsschulen wird auch die natürliche Standeszirkulation gefördert werden, von der ein Schwede so weise Worte gesprochen hat, nach der der Bauernsohn und der Grafensohn den Platz wechseln, wenn die Natur den letzteren tauglich für den Stall und den ersteren tauglich für das Staatsleben geschaffen hat! Durch diese Schulen wird das Landkind immer auf dem Lande aufwachsen können und nicht seiner Bildung halber in die Großstadt geschickt werden müssen – falls es dann noch Großstädte gibt? Und schließlich werden Knaben und Mädchen dort alle Vorteile der gemeinschaftlichen Erziehung genießen, ohne daß die besonderen Anlagen irgendeines der Teile durch den gleichförmigen Druck eines gemeinsamen Examenzwangs vergewaltigt werden.

Wenn die Kinder rings im Lande in solchen wirklichen Gesamtschulen bis ungefähr zum fünfzehnten Lebensjahre unterrichtet worden sind, die einen mit mehr Arbeit für das

189

Hirn, die anderen mit mehr Arbeit für die Hand, werden die Anwendungsschulen beginnen: Schulen für klassische Studien, für exakte, für soziale oder für ästhetische Wissenschaften; für Künste und Handwerke, für verschiedene Berufe und Ämter. Schulen mit verschiedenen Prinzipien und Methoden, Schulen, die eine Mannigfaltigkeit verschiedener Bildungsformen und Individualitäten hervorbringen können. Und so wird die Erziehung, anstatt wie jetzt formanbetende Sklavenseelen oder alle Form hassende Aufruhrgeister zu bilden, der geistigen und materiellen Kultur – den Wissenschaften wie der Erfindung, dem künstlerischen Schaffen wie der Lebenskunst – frische persönliche Kräfte zuführen. Sie wird den Mut und die Fähigkeit entwickeln, neue wissenschaftliche Methoden zu finden, junge Gedanken zu denken, kühne Entdekkungen zu machen. Und die ausgebildeten Menschen werden dann in den ganzen Kulturverlauf ihre Gewöhnung an eigene Wahl, eigene Prüfung, eigene Wirksamkeit, eigene Mühe einsetzen, zu der Schule und Heim schon den Grund gelegt haben werden.

In der Schule wird die ängstliche Unruhe der Jetztzeit, »es zu etwas zu bringen«, ganz verschwunden sein. Die stille, große Stimmung der Schule wird in der Jugend den Grund zu der Gewißheit legen, daß das Hervorragendste eines Menschen nicht die Wirkungen, sondern das Wesen ist. Wenn es auch ein hartes Wort ist: gemeine Naturen zahlen mit dem, was sie tun, edle mit dem, was sie sind, so birgt es doch eine tiefe Wahrheit, die in dem Jahrhundert der Tätigkeit und der Frau vergessen worden ist – aber deren man sich in dem Jahrhundert der Kontemplation und des Kindes wieder erinnern dürfte!

Dann kommt man vielleicht auch auf dem Gebiet der praktischen Arbeit dahin, daß – während Maschinen und Elektrizität die Arbeiten verrichten, die keine Schaffensfreude geben können – das Handwerk wieder ein Teil des Glücks der Menschen wird. Man wird dann eine zweite Renaissance erleben: die Erneuerung der persönlichen Freude, die der Mensch früherer Zeiten empfand, wenn der kunstvolle Beschlag, das farbenreiche Gewebe, die schöne Schnitzerei aus seiner Hand hervorging. Auch in diesem Falle führt das jetzige System der Schule zur Dutzendfabrikation von Unnötigkeiten, nicht zu

190

einer echten Liebe und echtem Verständnis für einen gewissen Berufszweig, der Liebe und dem Verständnis, aus denen in den größten Zeiten der Kunst die Künstlerschaft organisch hervorwuchs.

* * *

Erst wenn man zugibt, daß das jetzige System auf allen Gebieten das natürliche Vermögen des Kindes zu Konzentration, Kombination, Kraftentwicklung schmälert, erst wenn man einsieht, daß es im besten Falle bei der Schlußvorweisung die jungen Menschenkinder in Enzyklopädien in Taschenformat des bis jetzt von der Menschheit errungenen Wissens verwandelt vorführt; erst wenn man das nicht länger »harmonische Entwicklung« nennt – erst dann wird man zugeben, daß die Schule nichts anderes bedeuten kann und darf als eine Bereitung für die Jugend, ihre Bildungsarbeit selbst das ganze Leben hindurch fortzusetzen. Und erst dann wird die Schule eine Anstalt, wo man fürs Leben lernt, nicht wie jetzt – auch im besten Fall – fürs Leben verarmt wird. Erst dann wird jeder dort zu seinem Recht kommen; der Studierlustige wie der nicht Studierlustige; der, welcher vor allem Bücher, und der, welcher vor allem die Tätigkeit des Auges und der Hand als Bildungsmittel braucht; der theoretisch wie der praktisch Begabte, der realistisch wie der idealistisch Angelegte. Wenn jeder frei das tun darf, was er am besten kann, dann wird er sich oft verlockt fühlen, sich auch in etwas von dem zu versuchen, was andere können. So wird die Einseitigkeit natürlich korrigiert, aber nicht wie jetzt schonungslos durch die Walze des »harmonischen Bildungsideals« abgeplattet werden.

* * *

Für die Schule der Zukunft müssen ganz neue Seminarien die Lehrer vorbereiten. Die patentierte Pädagogik wird der individuellen weichen, und nur der, welcher durch Natur und Selbstkultur mit Kindern spielen, mit Kindern leben, von Kindern lernen, sich nach Kindern sehnen kann, wird in einer Schule angestellt werden, um sich dort selbst seine persönliche »Methode« zu bilden. Und angestellt werden diese Lehrer nur nach einem Probejahr, nach dem nicht nur die Prüfungsbeisitzer – die das ganze Jahr hindurch den Unterricht verfolgt haben –, sondern auch die Kinder ihr Urteil aussprechen! Man kann diesem keinen absoluten Wert beimessen, aber doch einen sehr hohen, denn der Instinkt des Kindes wählt das Vortrefflichste mit erstaunlicher Unfehlbarkeit aus.

Und was ist für das Kind das Vortrefflichste?

Goethe hat geantwortet:

> Höchstes Glück der Erdenkinder
> Ist nur die Persönlichkeit!...

Während man jetzt die Objektivität im Unterricht preist, hat im Gegenteil jeder große Erzieher dadurch gewirkt, daß er im höchsten Grade subjektiv war! Der Lehrer soll wahrheitsliebend sein, so daß er ein widerstreitendes Faktum nie dazu preßt, seinen Ansichten zu dienen! Aber darüberhinaus, je subjektiver er ist, desto besser; desto voller und reicher teilt er den Kindern Saft und Kraft seiner Erfahrungen, seiner Lebensanschauung, seiner Eigenart mit, desto mehr wird er ihre wirkliche Entwicklung fördern, vorausgesetzt, daß er ihnen nicht seine Meinungen mit dem Anspruch der Unfehlbarkeit aufdrängt, sondern der Jugend in diesem, so wie in allen anderen Fällen, freie Wahl läßt!

Die Lehrer und Lehrerinnen meiner geträumten Schule haben eine kurze tägliche Arbeitszeit; reichliche Ruhe, einen großen Lohn – die Möglichkeit einer fortgesetzten Entwicklung – und eine Dienstzeit von höchstens zwanzig Jahren. Dann treten sie in die aus Eltern und Lehrern zusammengesetzte Schuljury ein oder werden Censoren bei den Reifeprüfungen. Und diese werden sich – wie oben angedeutet – so abspielen, daß jeder Censor zusammen mit höchstens fünf jungen Leuten einen Sommer im In- oder Auslande verbringt. Bei diesem Zusammenleben ist er in der Lage, wirklich das Maß ihrer Bildungsaneignung zu ergründen; sie in der Wahl einer Lebensaufgabe zu leiten; durch eine sokratische Mitteilung der Lebensweisheit der Jugend einen Ersatz für den, wie ich hoffe, dann nicht mehr bestehenden Konfirmationsunterricht zu geben, dessen psychologischer Wert nicht in dem besteht, was man daraus lernt, sondern in der Richtung des Sinnes auf die ernsten Fragen und Aufgaben des Lebens, in der Weckung zu ethischer Selbstentwicklung, die gerade im Übergang von der Kindheit zur Jugend so bedeutungsvoll ist. Da soll die Jugend in die Kunst des Lebens eingeweiht werden – das will sagen, die Kunst, seine eigene Persönlichkeit, sein eigenes Dasein zu einem Kunstwerk zu gestalten – darin eingeweiht werden von einem weisen Manne oder einer solchen Frau, die sich selbst ihre Jugendlichkeit bewahrt haben, so daß sie die Freuden und Schmerzen der Jugend verstehen, ihr Spiel und ihren Ernst, ihre Träume und Ahnungen, ihre Fehler und Gefahren: Führer, die doch nur zaghafte Anweisungen geben, wie die Jugend ihre eigenen Melodien für das große Orchester des Lebens instrumentieren soll!

* * *

Meine geträumte Schule kommt solange nicht zustande, wie die Staaten ihre größten Opfer für den Militarismus bringen. Erst wenn dieser überwunden ist, wird man es in der Entwicklung so weit gebracht haben, daß man einsieht, daß der teuerste Schulplan – der wohlfeilste ist. Denn dann beginnt man, starke menschliche Hirne und Herzen als den höchsten Wert der Gesellschaft zu betrachten!

Es ist also, wie ich schon sagte, kein Reformplan für die Gegenwart, den ich hier mitgeteilt habe, sondern nur ein Zukunftstraum.

Aber Träume sind nun einmal die eigentlichen Wirklichkeiten in unserem wunderbaren Dasein!

* * *

Seit das Obenstehende geschrieben wurde, habe ich erfahren, daß in England die Kritik an dem bestehenden Schulsystem zu einigen Neugestaltungsversuchen auf diesem Gebiete geführt hat, die ich in aller Kürze skizzieren möchte. Das bis jetzt wichtigste positive Resultat dieser Kritik ist die von Dr. Cecil Reddie gegründete Schule in Abbotsholme, Rochester, Staffordshire, über die nun ein ausführlicher Bericht vorliegt.

Doktor Reddie sagt, daß er tiefe Eindrücke sowohl von Ruskin, Disraeli und Carlyle, wie von der Herbart-Rein'schen Schule empfangen habe, vor allem von den Gedanken dieser über die Einheit oder den organischen Zusammenhang zwischen allen Teilen des Unterrichts. Aber Dr. Reddie soll seiner Schule das Gepräge seiner eigenen Persönlichkeit und der britischen Nationalität gegeben haben, wodurch diese eine ganz selbständige und bahnbrechende höhere Normallehranstalt für – wie das Programm lautet – englische Knaben zwischen 11 und 18 Jahren, »the directing classes« angehörend, geworden ist. Bis zu 15 Jahren ist die Erziehung ungefähr dieselbe für alle; dann trennen sich die Linien, um zu verschiedenen Berufen und Lebenszielen zu führen.

Der erstrebte Zweck ist, einen natürlichen Zusammenhang zwischen den Gegenständen der Schule und den Wirklichkeiten des Lebens sowie zwischen den verschiedenen Gegenständen der Schule untereinander zu erzielen. Der mathematische Unterricht sowie die Handfertigkeit kommt bei der Ausrechnung, Ausmessung, Ausführung und Anordnung von Bootshütten, Vogelhäusern, Sportsplätzen u. dgl. zur Anwendung. Die in der Geschichtsstunde gegebenen Einblicke in die Grundsätze der Verwaltung werden bei der Arbeitsteilung in dem kleinen Gemeinwesen selbst angewandt, wo jeder seine besondere Aufgabe hat, die zu dem Gedeihen des Ganzen mitwirkt. Ein »Parlament«, aus den Knaben selbst bestehend, entscheidet gewisse gemeinsame Angelegenheiten, obgleich die Sanktion der »Regierung« für die Beschlüsse erforderlich ist. Der physischen Erziehung wird nicht nur durch Sport Rechnung getragen, sondern auch durch ernste Arbeit für wirkliche Zwecke in der Tischlerwerkstatt, im Felde und im Garten. Die englische Sprache ist das Grundlegende, danach kommt Französisch und Deutsch, und in letzter Linie Lateinisch und Griechisch. Geschichte und Geographie, für deren Studium ein außerordentliches Material vorhanden ist, sind eng verbunden. So auch Geographie und Naturwissenschaften, die soweit als möglich im Freien studiert werden und stufenweise zu »einer immer tieferen Analyse des Lebens und der Welt« führen. Die moralisch-religiöse Erziehung nimmt einen bedeutenden Platz ein, aber nicht durch Unterricht im Religionsbekenntnis, sondern durch Jesu eigene Lehren und durch das Vorbild großer Persönlichkeiten. Die Kapelle ist mit den Bildern solcher Personen geschmückt und der Gottesdienst oft der Schilderung ihrer Lebensschicksale gewidmet. Die musikalische und literarische Erziehung wird besonders bei den Abendzusammenkünften gefördert, und in einem Debattierklub wird die Fähigkeit, sich auszudrücken, entwickelt. Zeugnisse und Preise sind als künstliche und antisoziale Anreizungsmittel abgeschafft. Hier, wie in einigen anderen Reformschulen, erhalten die Eltern natürlich Angaben über das Verhalten ihrer Kinder, aber alle gradweise Bemessung der verhältnismäßigen Werte der Kinder ist ausgeschlossen. Bei der großen Elternversammlung des Sommers ist den Eltern Gelegenheit geboten, teils die Schule zu beobachten, teils mit den Lehrern Gedanken über die Erziehung der Kinder auszutauschen.

Ein Tag in Abbotsholme verfließt nach der Schlafzeit, die von 9 bis 6 Uhr dauert, in folgender Weise: erstes Frühstück, Gymnastik, erste Lektion, die wie die übrigen 45 Minuten dauert, dann Gottesdienst, zweites Frühstück, Aufräumen der Schlafzimmer, zweite Lektion, Lunch, dritte Lektion, Bad, Mittagessen, danach Musik, dann vier Stunden verschiedene Beschäftigungen, wie Zeichnen, Handwerk, Gartenarbeit, Sport usw. Nach dem Tee kommt die vierte Lektion, hierauf gemeinsames Beisammensein mit Gesang, Vorlesen von Dichtungen u. dgl., schließlich Abendbrot und Gottesdienst.

Das Programm ist sehr vielsagend durch die Proportion der Zeit, die hier für physische, praktische und ästhetische Ausbildung im Verhältnis zu der intellektuellen veranschlagt wird. Was ich in der Tageseinteilung vermisse, sind die Stunden, in denen die Knaben ganz über sich verfügen können, ohne alle bestimmten Beschäftigungen sein, frei lesen, umherstreifen oder träumen und unabhängig voneinander sein dürfen! Professor Sully hat in einem Artikel – von der Erziehung des Genies – bewiesen, was ich nur zu behaupten gewagt habe: daß beinahe alle Genies schlechte Schüler waren oder einen unregelmäßigen Unterricht bekamen, und außerdem alle Arten von wunderlichen Einfällen, Sonderlingsbedürfnissen oder anderen antigesellschaftlichen Tendenzen hatten. Und für solche eigenartigen Naturen – sowie überhaupt für Entwicklung zur Eigenart – ist es vielleicht in Abbotsholme nicht um vieles besser bestellt als in den Schulen des alten Typus.

Das Studium der Biographien bedeutender Personen sollte bei der Ausbildung eines Erziehers immer dem Studium der pädagogischen Systeme vorausgehen! Denn ein System – das eines anderen oder sein eigenes – kann leicht die Seele des Erziehers umstricken und sie von dem einzigen schmalen Pfade abbringen, der in der Erziehung zum Leben führt: nämlich ein System für jedes Individuum zu erfinden, da es sich gerade durch die Biographien zeigt, daß je merkwürdiger ein Mensch geworden ist, desto weniger normal er als Kind war; desto weniger hat er sich in die normierten Verhältnisse gefunden, desto weniger hat ihm das gut getan, was anderen gut tat, desto mehr hat er seinen eigenen Weg gehen müssen. Und da man nie mit Sicherheit wissen kann, welche Kinder Genies werden, hingegen aber weiß, daß es allen guttut, als Individuen mit verschiedenem Geschmack, verschiedenen Anlagen und Bedürfnissen behandelt zu werden, so ist wohl dieses bis jetzt unversuchte System dasjenige, durch welches man auf die Länge am weitesten kommen wird – sowohl mit den gewöhnlichen wie mit den ungewöhnlichen Kindern!

Ähnliche Grundsätze wie die in Abbotsholme werden in einer anderen Landschule, der von einem ehemaligen Lehrer in Abbotsholme begründeten Schule in Bedales befolgt, ferner in der von Dr. H. Lietz in Ilsenberg (Harz) gegründeten Schule. Auch in Frankreich hat Abbotsholme Nachfolger gefunden. Seit einigen Jahren ist auch der für England noch ungewöhnliche Gedanke der gemeinschaftlichen Erziehung beider Geschlechter teils in Blakewells gemeinschaftlicher Schule und teils in einer von der »King Alfred School Society« gegründeten Schule in die Tat umgesetzt worden. Der Plan dieser letzteren ist in erster Linie Entwicklung des Charakters bei einer Erziehung für die Wirklichkeiten des Lebens. Gemeinschaftlicher Unterricht, Zusammenwirken von Heim und Schule und der stete Kontakt der Kinder mit dem Konkreten sind dabei die vornehmsten Mittel. Auch hier wird die Handfertigkeit in Zusammenhang mit Physik und Mathematik gebracht; aber das Hauptgewicht wird auf die humanistischen Fächer gelegt, »die die Phantasie entwickeln, während diese wieder das Vermögen der Sympathie erweitert, das die Grundfeste aller echten Kultur ist« – ein in hohem Maße fruchtbarer Gesichtspunkt! Geschichte, Geographie und Literatur – neben den lebenden Sprachen, als Mittel, sich die Literatur anzueignen – sind daher mit gutem Grunde die Hauptgegenstände der Schule, während Religionsunterricht im gewöhnlichen Sinne des Wortes nicht vorkommt. Für den ersten Unterricht werden keine Bücher benutzt, nur Spaziergänge in der Natur oder rings um London, Besuche in Museen usw.

196

Die dabei gemachten Beobachtungen der Kinder bilden den Ausgangspunkt für ihren Unterricht, bei welchem sich Geographie, Mathematik und Naturkunde, sowie später Geographie, Geschichte und Literatur gegenseitig beleuchten. Handfertigkeit und Sport wird als Arbeit, nicht als Erholung betrachtet; jeder Sonnabend ist ein ganzer Ferialtag, und Zeugnisse sowie Preise kommen nicht vor. Nach zweijähriger Erfahrung hat man gefunden, daß die gemeinschaftliche Erziehung das Verantwortlichkeitsgefühl und die Arbeitslust gesteigert hat, daß der Gesundheitszustand ausgezeichnet ist und daß die Unterrichtsmethode Beobachtung, Nachdenken und Selbsttätigkeit entwickelt hat.

Die jüngste und radikalste der englischen Reformschulen ist jedoch die von Harry Lowerison eröffnete gemeinschaftliche Schule »Ruskin Home School«. Der Name besagt, welchen Einfluß Ruskins pädagogische Ansichten auf den Stifter gewonnen haben. Aber Mr. Lowerison ist nicht »Ruskinianer«, er hat alle Kennzeichen des neuen Menschen, d.h. er ist ein religiöser Freidenker, ein sozialistischer Idealist, ein naturkundiger Schönheitsanbeter und freisinniger Enthusiast für die Erziehung durch Menschlichkeit zur Menschlichkeit. Mr. Lowerison war früher Lehrer an einer board-school und lernte dieses verabscheuenswerte System hassen, bei dem schon Dreijährige viele Stunden des Tages auf schlechten Bänken sitzen, um lesen zu lernen; wo die Klassen aus hundertundfünfzig Kindern bestehen können, und wo Büffeln, mechanisches Plappern, Exerzitien und Schläge die Mittel sind, die angewendet werden, um diesen oft schlecht genährten, nicht ausgeschlafenen Kindern ein gewisses Pensum und eine gewisse Disziplin einzudrillen, und wo man überdies die Kinder prügelt, die – aus Selbsterhaltungsinstinkt – die Schule schwänzen.

Mr. Lowerison konnte es schließlich unter diesem System nicht aushalten, das der Gegensatz von allem ist, was eine Schule sein sollte. Er veröffentlichte einen Artikel über sein Erziehungsideal in dem von R. Blatchford herausgegebenen sozialistischen Blatte »Clarion« und fragte, ob es Eltern gäbe, die ihm ihre Kinder anvertrauen wollten. Ungefähr fünfundzwanzig Kinder wurden angemeldet, darunter einige Mädchen, und Mr. Lowerison beabsichtigt, immer bei einer kleinen Anzahl zu bleiben, weil nur so das familienartige Verhältnis aufrechterhalten werden kann, das er mit Recht als bedeutungsvoll für die Entwicklung der sympathischen Gefühle ansieht. Im Januar 1900 konnten Mr. und Mrs. Lowerison ihre Schule in Hunstanton in Norfolk eröffnen, wo ich in den letzten Wochen des Sommersemesters Gelegenheit hatte, dieselbe zu beobachten. Die Freimütigkeit und Offenherzigkeit der Kinder, im Verein mit ihrem Gehorsam und ihrer Haltung, sind sogleich ein gutes Zeugnis für die Methode, die hier befolgt wurde. Hurtig, manierlich und fröhlich widmeten sie sich ihren häuslichen Pflichten im gemeinsamen Heime, ihren Lektionen und ihren Spielen. Die Fehler, die begangen werden, werden von erziehenden Strafen getroffen, aber Schläge sind aus dieser Schule gänzlich verbannt. Ihr erstes Ziel ist körperliche Gesundheit und klare Einsicht in die Voraussetzungen für dieselbe. Soweit als möglich werden Lektionen im Freien erteilt, und eine Lektion im Zimmer zu unterbrechen, um den Kindern ein seltenes, schönes Naturschauspiel zu zeigen, hält Mr. Lowerison mit vollem Rechte für eine gute Methode. Der Stundenplan der Schule wird je nach Ebbe und Flut verschoben, da das Bad – ebenso wie Sonne, Luft und gesunde, reichliche Nahrung – für die Entwicklung eines harmonischen Menschen als unentbehrlich angesehen wird. Vor dem reinen Sport werden alle natürlichen Körperübungen bevorzugt, wie Schwimmen, Rudern, Fußwanderungen und Beschäftigung mit Tischlerei, Gartenbau und Pflege von Haustieren, obgleich Kricket und dergleichen nicht vernachlässigt wird. Aber hier so wie in anderen der obenerwähnten englischen Schulen hat man einen wachsamen Blick für die Gefahr, daß die Leibesübung in Sport ausartet, ein Ausarten, das Frithjof Nansen so glücklich mit den Worten charakterisiert hat: »Das Ziel des ›Idrott‹[3] ist, hinaus in die Natur, das Ziel des Sportes, einem anderen ein paar Meter vorauszukommen!«

Die Knaben lernen einsehen, daß Männlichkeit nicht in Schlägereien besteht, sondern in Mut und Ausdauer, daß Milde und Gerechtigkeit die vornehmsten männlichen Eigenschaften sind. Die Freundlichkeit und rege Hilfsbereitschaft, die diese 10–14jährigen Knaben zeigten, war auch in hohem Grade ungewöhnlich. Es schien mir, als ob hier wirklich etwas von der Zeit keimte, die George Eliots schöne Worte prophezeit haben, in der es »ebenso natürlich sein wird, anderen zu helfen, wie eine Stütze zu fassen, wenn wir selbst im begriffe sind zu fallen.« Die Schule hat keine Betstunden, kein obligates Zurkirchegehen und nur selbstgewählten Christentumsunterricht. Aber an einem Sonntag haben die Kinder am Meeresstrande von Jesus sprechen hören, an dem anderen von Buddha oder Baldur oder Apollo. Eine tiefe Ehrfurcht vor jedem religiösen Glauben, jedem ethischen Idealismus sowie vor der Göttlichkeit der eigenen Natur und des sie umgebenden Lebens ist das Leitmotiv bei all ihrem Unterricht. Auch ohne Unterricht wird ihnen durch das Zusammenleben mit ihrem allseitig gebildeten Lehrer das Verständnis und die Sympathie für alle großen Werte des Lebens mitgeteilt, die das herrlichste Resultat der Bildung sind. Bei eifrigem Naturaliensammeln und unmittelbarer Beobachtung der Formation der Felsen und Wolken, der Gestalten und des Lebens der Pflanzen und Tiere haben die Kinder einen Blick für den Platz der verschiedenen Naturerscheinungen in der Kette der Entwicklung und für ihre Anpassung an die Umgebung bekommen. Der Zeichenunterricht zielt unter anderem darauf ab, die Kinder zu lehren, die Gegenstände der Natur in einem »naturediary« abzuzeichnen und zu kolorieren, und der Lehrer ist bestrebt, diese Seite des Unterrichts dazu zu brauchen, sowohl Ordnung und Zierlichkeit als Beobachtung und Schlußfolgerungsfähigkeit zu entwickeln.

Französisch und Deutsch wird nach der neuen Sprachmethode gelehrt, und das Studium dieser Sprachen wird noch weiter durch Schulreisen in fremde Länder vervollkommnet werden, wobei außerdem beabsichtigt ist, die insularen Gehirne für kosmopolitischere Gesichtspunkte reif zu machen. Beim Geschichtsunterricht sind schon die Denkmäler der Umgegend als Ausgangspunkte verwendet worden, und mit jedem Jahre werden die Reisen im Heimatlande sich weiter erstrecken. Arithmetik und Geometrie werden nur als Kopfrechnen und Anschauungsunterricht, an die täglichen Erfahrungen anknüpfend, mitgeteilt. In dieser Schule sind nicht nur Preise und Zeugnisse, sondern auch *alle* Examina – alle Gedanken an ein Examen als Endziel – abgeschafft! Das Ziel ist das, was das einzige jeder Schule sein sollte: der Gesellschaft

»physisch und psychisch starke und behende Wesen zu geben, mit rotem Blut, klarem Auge, breiter Brust, Wesen von Selbstvertrauen und Milde erfüllt, den Blick wach für Schönheitsbilder, die Seele sehnend, Mysterien zu durchdringen, die Herzen im Einklang mit den Freuden und Schmerzen dieser wunderbaren Welt pochend.«[4]

VII.
Der Religionsunterricht

Das im jetzigen Augenblick demoralisierendste Moment der Erziehung ist der christliche Religionsunterricht.

Mit diesem meine ich in erster Linie Katechismus und biblische Geschichte, Theologie und Kirchengeschichte. Auch viele ernste Christen haben über den gewöhnlichen Unterricht in diesen Gegenständen gesagt, daß »nichts besser beweist, wie tief die Religion in der menschlichen Natur eingewurzelt ist, als daß dieser ›Religionsunterricht‹ sie nicht auszurotten vermochte«.

Aber ich meine außerdem, daß selbst ein lebendiger »Unterricht« im Christentum den Kindern zum Schaden gereicht. Diese sollen sich selbst in die patriarchalische Welt des alten Testaments sowie in die des neuen Testaments einleben (am besten in der Form, die Fehr der Kinderbibel gegeben hat). Dieses Buch wird dem Kinde teuer, es findet darin unendlich viel, was seiner Phantasie und seinem Gefühl unmittelbar lebendige Nahrung gibt, aber nur, wenn es sich in Ruhe in die Bibel versenken kann, ohne jegliche dogmatische oder pädagogische Auslegung. Nur im Hause soll dieses Buch – sowie die anderen Bücher des Kindes – zum Gegenstand von Gesprächen und Erklärungen gemacht werden, falls es das Kind wünscht. Auf einer Schulbank soll dies nie vorkommen.

Wenn das Kind so diese Eindrücke aus der Bibel erhält, befreit von aller anderen Autorität als der inneren der Eindrücke selbst, dann geraten die Mythen der Bibel ebensowenig in Widerstreit mit dem übrigen Unterricht, wie dies bei der nordischen Schöpfungsgeschichte oder bei der griechischen Göttersage der Fall ist.

Aber der für die Menschheit gefährlichste aller Mißgriffe der Erziehung ist der, daß man jetzt die Kinder als absolute Wahrheit die alttestamentarische Welterklärung lehrt, der der naturhistorische und der historische Unterricht widerspricht; daß man die Kinder lehrt, die Moral des neuen Testamentes als absolut bindend zu betrachten, deren Gebote das Kind bei seinen ersten Schritten ins Leben allenthalben verletzen sieht. Denn die ganze industrialistische und kapitalistische Gesellschaft ruht gerade auf dem Gegensatz des christlichen Gebotes – seinen Nächsten zu lieben wie sich selbst –, nämlich auf dem Gebot: »Jeder ist sich selbst der Nächste!«

Die Augen der Kinder sind in diesem wie in so vielen anderen Fällen einfältig klarsehend. Sie beobachten schon in zartem Alter, ob ihre Umgebung nach der christlichen Lehre lebt oder nicht. Ich erhielt von einem vierjährigen Kinde – mit dem ich von Jesu Liebesgebot sprach – die Antwort: wenn Jesus wirklich so sagte, dann ist Papa kein Christ! Es dauert nicht lange, so gerät das Kind in Kollision zwischen seinen Erziehern und den Geboten des Christentums. So hatte sich ein kleiner Knabe in einer schwedischen Stadt Jesu Worte von der Mildtätigkeit tief zu Herzen genommen. Er gab nicht nur seine Spielsachen, sondern auch seine Kleider den Armen – bis ihm die Eltern mit Schlägen dieses praktische Christentum abgewöhnten! So gab ein kleines Mädchen in einer finnländischen Stadt, als die Lehrerin das Gebot einprägte, seine Feinde zu lieben, die Antwort, dies sei unmöglich, denn niemand in Finnland könne Bobrikow lieben!

Ich weiß sehr wohl, mit welchen Sophismen man in beiden Fällen die unbestechliche Logik des Kindes abstumpfen kann. Aber ich weiß auch, daß es diese Sophismen sind, die in der »christlichen« Gesellschaft die Heuchelei so natürlich gemacht haben, daß sie jetzt unbewußt ist, und daß nur ein neuer Kierkegaard die Gewissen wachgeißeln könnte! Auf allen Gebieten gelten Rousseaus Worte: das Kind erhält hohe Prinzipien zur Richtschnur, aber wird von seiner Umgebung gezwungen, nach kleinen Prinzipien zu handeln, jedesmal, wenn es die großen zur Ausführung bringen will! Man hat dann, sagt er, unzählige Wenn und Aber, durch die das Kind lernen muß, daß die großen Prinzipien Worte sind, und die Wirklichkeit des Lebens etwas – ganz anderes!

Das Gefährliche liegt nicht darin, daß das Ideal des Christentums ein hohes ist: es liegt ja im Begriff jedes Ideals, unerreichbar zu sein, da das Ideal sich erhebt, je näher wir ihm kommen! Aber das Demoralisierende im Christentum als Ideal besteht darin, daß es als absolut hingestellt wird, während der Gesellschaftsmensch es jeden Tag verletzen *muß* und während er außerdem durch den Religionsunterricht erfährt, daß er als gefallenes Wesen das Ideal überhaupt gar nicht erreichen kann – obgleich seine ganze Möglichkeit, recht in der Zeitlichkeit und selig in der Ewigkeit zu leben, darauf beruht, es zu verwirklichen!

In dieses Netz von unlöslichen Widersprüchen hat Generation um Generation ihren idealen Glauben verstrickt gesehen, und allmählich hat jedes neue Geschlecht gelernt, das Ideal nicht ernstzunehmen.

Von den feigen oder großtuerischen Konzessionen an die Lächerlichkeiten der Mode und den Torheiten, mit denen man sich ruiniert, um nach seinem Stande zu leben, findet man unter anderen psychologischen Ursachen der menschlichen Haltlosigkeit im letzten Grunde diese: daß das Kind mit der Religion selbst die Erfahrung einatmet, daß Ansichten eines sind, Handlungen ein anderes. Und diese Erfahrung wirkt dann das ganze Leben hindurch auch auf jene, für die die christliche Religion ihre absolute Autorität verloren hat. Der Freidenker läßt sich trauen, tauft seine Kinder und läßt sie konfirmieren, ohne sich zu vergewissern, ob ihr eigener Wunsch oder nur der Wunsch, es anderen gleichzutun, sie dazu treibt; der Republikaner singt das Königslied und telegraphiert loyale Grüße, nimmt Orden an – aber ich breche ab! Denn wollte ich alle die kleinen und großen Untreuen gegen sich selbst aufzählen, aus denen das tägliche Leben der meisten Menschen besteht – und die sie unter dem Titel »Unwesentlichkeiten« verteidigen –, dann fände ich kein Ende! So dachten die christlichen Märtyrer nicht, die sich mit ein paar Körnern Räucherwerk auf dem Altar des Kaisers vom Opfertode hätten befreien können. Ein paar Körner Räucherwerk, welche »Unwesentlichkeit!« meint der moderne Mensch und opfert täglich mit ruhigem Gewissen vielen solchen Göttern, an die er nicht glaubt!

Wie inkonsequent der Protestantismus auch ist, besaß er doch so lange eine geistig erziehende Kraft, als der Dualismus in ihm unbewußt war, als man noch mit voller Ehrlichkeit Feiertag und Werktag jedem das Seinige gab! Aber jetzt, seit ein neuer Protestantismus innerhalb des Protestantismus lebt, ist die Doppelzüngigkeit tief demoralisierend.

Stück für Stück ist die Lehre niedergerissen, die die katholische Kirche einmal so wunderbar den psychologischen Bedürfnissen der Mehrzahl angepaßt hat, während sie die bis jetzt tiefsten Symbole aus den tiefsten Erfahrungen der Menschen bildete! Aber der Protestantismus scheut noch immer vor den Folgen seines eigenen Werkes zurück!

Im Hause, in der Schule, an der Hochschule, während der Wehrpflicht, im Amte, überall wird noch immer die nachgiebige Unselbständigkeit unter dem Namen von Disziplin, Diskretion, Pflichttreue eingeprägt, und wie all die schönen Worte heißen mögen, mit denen man lebendige Seelen in Sklaven der Disziplin umwandelt, die der »Korpsgeist« zwingt, zu jedem Mißstand zu schweigen, die »Disziplin«, sich jeder Art roher Gewalt unterzuordnen! Erst wenn alle wirklich in vollem Ernst »Protestanten« dagegen sein werden, ihren größten Lebenswert – ihre Religion – durch Autorität zu empfangen, werden sie beginnen, auch in sozialen und politischen Fragen eine selbständige Meinung zu erwerben oder als Lehrer und Führer dem Schulknaben wie dem Studenten, dem Offizier wie dem Beamten jene Freiheit des Wortes und der Tat zu gönnen, die das Recht des Mitbürgers und des Menschen ist. Wenn es zum Beispiel geschieht – wie es 1889 einem hohen schwedischen Offizier widerfuhr –, daß man in Ungnade fällt, weil man an einem würdigen bürgerlichen Fest zur Erinnerung an die Französische Revolution teilgenommen hat; oder wie es 1899 den Upsalaer Studenten geschah, die sich eine würdige Meinungskundgebung für die von den Sägewerksbesitzern Norrlands bedrohte Koalitionsfreiheit erlaubt hatten – sie wurden ermahnt, ihren Studien zu obliegen und sich nicht in soziale Fragen einzumischen –, dann begreift man, wie der Geist der Feigheit sich verbreitet, in dessen Schatten dann die großen nationalen Verbrechen blühen und gedeihen! Männer und Frauen, die in ihrem Privatleben streng ehrenhaft sind, haben es gelernt, in allgemeinen Fragen ihr Gewissen, ihr Denken, ihr Handeln unter den Befehl eines Leiters zu stellen. Und sie haben das vor allem im Namen des religiösen Glaubens gelernt!

Der Mut, in allem, was die wesentlichen Werte des Lebens

bildet, aber vor allem in seinem Glauben, sich eine eigene Meinung zu bilden, die Kraft, sie auszusprechen, der Wille, etwas für sie zu opfern, macht einen Menschen zu einem neuen Einsatz für die Kultur. Und ehe nicht Erziehung und Gesellschaftsleben diesen Mut, diese Kraft und diesen Willen bewußt fördern, wird die Welt verbleiben, was sie ist: ein Paradeplatz der Dummheit, der Roheit, der Gewalt und des Eigennutzes, ob nun radikale oder konservative, demokratische oder aristokratische Gesellschaftselemente den Befehl auf diesem Paradeplatz innehaben …

* * *

Der demoralisierendste aller Glaubenssätze war die demütigende Lehre: daß die Menschennatur gefallen und außerstande sei, aus eigener Kraft die Heiligkeit zu erreichen; daß man nur durch die Gnade und die Sündenvergebung in das richtige Verhältnis zu den zeitlichen und ewigen Dingen kommen könne. Für die Tieferstehenden ist dieser Gnadezustand zum geistigen Stillstand geworden – um nicht von all den Geschäftsleuten zu sprechen, die allabendlich Jesu Blut das Debetkonto des Tages an die Moral tilgen lassen! Nur die von Natur sehr hoch Stehenden haben an Heiligung zugenommen, seit sie ihrer Kindschaft Gottes in Christo gewiß waren. Die Menschheit in ihrer Gesamtheit hingegen zeigt die tiefe Demoralisation einer doppelten Moral. Die Zweiteilung trat schon ein, als die ersten Christen aufhörten, Jesu baldige Wiederkunft zu erwarten, eine Erwartung, während der sie ihr Leben in wirkliche Einheit mit seiner Lehre brachten. Aber die Doppelmoral hat dann durch neunzehnhundert Jahre die Seelen und die Gesellschaft im praktischen Heidentum festgehalten. Denn obgleich der eine oder der andere reine oder große Geist wirklich noch vom Christentum Flügel für sein Unendlichkeitssehnen empfängt, und obgleich im Mittelalter viele starke Herzen versuchten, dasselbe im vollen Ernst zu verwirklichen, so lebte und lebt jetzt die Mehrzahl der Menschheit in jener schwankenden Haltlosigkeit, die eine Folge beschnittener Flügel ist, während die Staatsbürger der Antike eine Ethik besaßen, die in Wirklichkeit umgesetzt wurde und sie so zu einheitlichen, stilvollen Persönlichkeiten machte.

Und da neunzehnhundert Jahre gezeigt haben, daß es keine

Möglichkeit gibt, in einer von Menschen geschaffenen Gesellschaft mit Jesu Lehre als praktischer, unfehlbarer Heiligkeitsregel zu leben – so kann man der unsittlichen Doppeltheit nur auf einem Wege entrinnen, den viele einzelne Menschen schon gegangen sind, die mit Prometheus ausriefen:

»Hast du nicht alles selbst vollendet,
Heilig glühend Herz?«

Oder mit anderen Worten: diese haben sich klargemacht, daß auch das Christentum ein Werk der Menschheit ist und ebensowenig wie irgendein anderes Werk der Menschheit die absolute und ewige Wahrheit einschließt.

Wenn der Mensch also aufhört, seinen Kindern z.B. den Glauben an eine väterliche Vorsehung einzupflanzen, ohne deren Willen kein Sperling vom Dache fällt, so wird er ihnen anstatt dessen den neuen religiösen Begriff der Göttlichkeit des gesetzgebundenen Weltverlaufs einprägen können. Und auf diesem neuen religiösen Begriff wird die neue Ethik aufgebaut werden, die den Menschen mit Ehrfurcht vor dem unausweichlichen Zusammenhang zwischen Ursache und Wirkung erfüllt, dem Zusammenhang, den keine »Gnade« aufheben kann. Sein Handeln wird wirklich von dieser Gewißheit geleitet werden, und er wird sich nicht in irgendwelche Hoffnungen auf eine Vorsehung oder eine Versöhnung einwiegen, die gewisse Wirkungen abzuwenden vermögen. Diese neue Ethik, die durch die Wirklichkeiten des Lebens bekräftigt wird, läßt sich folgerichtig durchführen. Kein einziges Gebot dieser Sittenlehre braucht ein leeres Wort zu bleiben. Und in dieser Sittenlehre wird man für alle die ewig tiefen Worte Verwendung haben, die Jesus oder Buddha oder andere große Geister den Menschen gegeben haben. Aus diesen Worten werden sie immer weiter Erbauung schöpfen – das will sagen, Material, sich selbst aufzubauen –, doch mit der vollen Freiheit, bei jedem von ihnen nur jene Baustoffe zu suchen, die gerade zu dem Stil passen, den sie der Architektur ihrer Persönlichkeit verleihen wollen, ohne doch die Aussagen und das Vorbild des einen oder anderen als das absolut Befolgenswerte zu betrachten.

Dann wird die Seele des Kindes nicht von den Tränen der Sündenreue oder der Höllenfurcht gebleicht werden; nicht beschmutzt durch den ideen- und idealitätslosen Realismus, das verächtliche Mißtrauen, das die zerstiebenden Blasen der schönen Worte gleich kaltfeuchten Flecken zurücklassen! Dann werden die Weichen sowohl wie die Starken in dem glücklichen und verantwortungsvollen Glauben an ihre eigene Persönlichkeit, ihre eigenen Hilfsquellen aufwachsen. Der Puls ihres Willens wird stark und warm werden von rotem Blut! Sie werden nicht zur Demut gebeugt werden, auch nicht zur Gleichheit mit allen anderen oder mit irgendeinem anderen, sie werden im Gegenteil in dem Rechte bestärkt werden, ihren Freuden, Leiden und Werken ihr eigenes Gepräge aufzudrücken; sie werden ermahnt werden, nur ihr eigenes Bestes zu tun, ja auch ihr eigenes Bestes zu suchen, falls sie ihre eigene Grenze dort ziehen, wo das Recht anderer beginnt.

Solange jedoch Schule und Heim zwischen zwei entgegengesetzten Lebensanschauungen Kompromisse schließen, erhält man von keiner von beiden etwas wirklich Gutes für die Erziehung der Kinder.

Ich habe schon einmal dargelegt, daß man in ein und derselben Schule kirchlichen Religionsunterricht und ein *gewisses Maß* von Kenntnis und Liebe zur Natur und Geschichte mitteilen kann; daß man auch in ein und derselben Schule den Entwicklungsverlauf der Natur und der Geschichte im Zusammenhang mit einem *religionshistorischen* Unterricht mitteilen kann, in dem das Judentum und das Christentum den ersten Platz erhalten würde, und daß man dabei die durch die Bibel schon errungene Ehrfurcht und Liebe der Kinder zu Jesu Persönlichkeit und Sittenlehre stärken kann. Man kann, auf ehrliche und ernste Gründe gestützt, den einen oder den anderen Plan wählen. Aber in den Religionsstunden Moses und Christus zu den absoluten Wahrheitsverkündern zu machen und in den Naturgeschichtsstunden Darwin auszulegen, das verursacht mehr als irgendetwas anderes die Zusammenhanglosigkeit, die moralische Schlappheit und Charakterlosigkeit, die nicht kann, nicht will ... Alles, was ich erlebt habe, seit diese Worte niedergeschrieben wurden, hat meine schon damals ausgesprochene Überzeugung hundertfach gewisser gemacht: »daß das Wichtigste nicht ist, was für eine Lebensanschauung wir haben – wie wichtig dies auch sein mag –, sondern daß wir Glaubenskraft genug haben, eine Lebensanschauung zu der unseren zu machen, Tatkraft genug, sie im Leben zu verwirklichen. Aber nichts wirkt herabdrückender auf die ethische Energie der heranwachsenden Generation als die dualistische Lebensanschauung, die in der Schule heute erworben wird. Es gilt also, für die Schule eine Wahl zu treffen – nicht eine Vermittlung zwischen zwei Erziehungsplänen und zwei Lebensanschauungen –, wenn die Glaubenskraft und die Willensstärke der Jugend nicht gebrochen werden soll. Die Frage eines Kompromisses ist in diesem Falle nicht nur eine Anwendungsfrage: sie ist die wichtigste Prinzipienfrage der Erziehung ...«

* * *

Seit ich diese Worte niedergeschrieben habe, sind in dieser Frage viele Äußerungen getan worden. Eine derselben, die Sensation erregte, als sie 1890 veröffentlicht wurde, war das Buch *Moses oder Darwin*.[1]

Der Verfasser zeigt darin, wie tief der Darwinismus in die Wissenschaft und in die Kultur eingreift, wie aber die Volksbildung gehemmt wird, weil man sie von den wissenschaftlichen Wahrheiten der Gegenwart fernhält und noch immer in den kirchlichen Vorstellungskreis hineinzwingt. Durch den Religionsunterricht begeht man ein Verbrechen gegen die psychologischen Entwicklungsgesetze, denn man teilt Kindern, die nicht imstande sind, über abstrakte Begriffe nachzudenken, ein theologisches System mit. Aber das Schlimmste ist, sagt er, daß nunmehr an den Hochschulen die Entwicklungstheorie als die wissenschaftliche Wahrheit gelehrt wird, während in der von demselben Staate errichteten und erhaltenen Volksschule noch immer in schärfstem Widerspruch zu allem, was die Wissenschaft und die lebendige Natur die Kinder lehrt, der Mythos der mosaischen Schöpfungsgeschichte mitgeteilt wird: ein unsittlicher und unredlicher Zustand, dem ein Ende gemacht werden muß!

* * *

Ein schwedischer Astronom hat in treffender Weise gezeigt, wie in demselben Maße, in dem unser Wissen vorwärts schreitet, die Religion aufhört, ein Richter über das zu sein, was unser Wissen umfaßt. Und je mehr Wissen wir erreichen,

desto mehr wird das Gebiet des Übernatürlichen eingeschränkt, desto weniger glaubt man an das Eingreifen göttli-
cher Kräfte, desto weniger konkret werden die Vorstellungen
vom Tode und einem Leben nach diesem. Aber das bedingt
durchaus nicht, daß das religiöse Gefühl erlischt, wenn es
auch nicht mehr durch den Glauben an eine göttliche Offenbarung und ein übernatürliches Eingreifen genährt wird. Als
Idealität findet es noch immer seinen Ausdruck, und ohne religiösen Glauben und Begeisterung können keine idealen Ziele verwirklicht werden. Es gilt, meint der Verfasser, die religiöse Gesinnung zu bewahren, wenn man auch die veralteten
religiösen Begriffe verliert!

Dieser Punkt ist der entscheidende in der ganzen Frage. Es
ist auch meine tiefste Überzeugung, daß der Mensch ohne Re-
ligiosität in der Gemütsanlage keine idealen Ziele verfolgen,
nicht über seine eigenen Interessen hinaussehen, nicht mit
Opferwilligkeit große Ziele verwirklichen kann. Die religiöse
Begeisterung weitet unsere Seele und verpflichtet uns zu dem
Handeln, das wir für das ideale halten. Aber weil das Christentum die Seele zusammendrängt und nicht mehr alle Momente unseres Handelns verbinden kann – darum verlassen
immer mehr ernste Menschen dasselbe gerade aus religiösen
Gründen. Und warum diese dann ihren Kindern nicht den gebräuchlichen christlichen Religionsunterricht geben sollen,
hat unter anderen Tolstoi mit seiner gewöhnlichen einseitigen
Stärke ausgesprochen. Er sagt:

»Wir sind so an die religiöse Lüge gewöhnt, daß wir nicht
merken, welche Einfältigkeit, welche furchtbare Grausamkeit
die Lehre der Kirche erfüllt. Wir merken sie nicht, aber die
Kinder fühlen sie, und ihre Seele wird durch diese Lehre unheilbar verunstaltet. Wir müssen uns nur ganz klar machen,
was wir thun, wenn wir unsere Kinder mit dem sogenannten
Religionsunterricht erziehen. Rein und unschuldig, ohne noch
betrogen zu haben oder betrogen worden zu sein, wendet sich
das Kind an uns, die wir das Leben kennen, und fragt uns,
nach welchen Gründen der Mensch sein Leben leben soll?
Und was antworten wir? Gewöhnlich kommen wir den Fragen dadurch zuvor, daß wir ihnen die jüdische Legende mitteilen, diese plumpe und unvernünftige, dumme und vor allem unmoralische Geschichte. Wir geben das als heilige

Wahrheit aus, was, wie wir selbst wissen, unmöglich ist und für uns keinen Sinn hat: daß vor sechstausend Jahren ein seltsames und grausames Wesen, das wir Gott nennen, es unternahm, diese Welt zugleich mit dem Menschen zu erschaffen; daß der erste Mensch sündigte und daß der böse Gott um dieser Sünde willen nicht nur ihn, sondern auch uns alle anderen strafte, die wir nichts verbrochen haben; endlich daß er selbst die Strafe für diese Sünde erlitten hat, indem er seinen Sohn sterben ließ, und daß unser hauptsächliches Ziel in diesem Leben darin besteht, zu versuchen, diesen Gott zu erweichen und den Leiden zu entkommen, für die er uns bestimmt hat!

Wir meinen, daß das nichts zu bedeuten hat, ja, daß es sogar für das Kind nützlich ist, und wir hören mit Wohlbehagen, wie dieses all diese Greulichkeiten wiederholt; wir reflektieren nicht über die furchtbare geistige Umwälzung, die in solchen Augenblicken, ohne daß wir es merken, in der Seele des Kindes vor sich geht. Wir stellen uns diese Seele als eine leere Tafel vor, auf die man schreiben kann, was man will; aber das ist ein Irrtum. In dem Kinde liegt eine dunkle Ahnung von einem Ursprung des Alls, von einer Macht, der es unterworfen ist, und es besitzt – nicht klar und bestimmt oder mit Worten ausdrückbar, aber als eine Empfindung, die sein Wesen erfüllt – dieselbe hohe Ahnung des Ursprungs wie der denkende Mann, und nun plötzlich, anstatt all diesem sagt man dem Kinde, daß der Urheber des Alls ein unvernünftiges, gräßliches und grausames Wesen ist. Das Kind hat eine undeutliche Vorstellung vom Ziele unseres Lebens, davon, daß dieses Glück ist, errungen durch gegenseitige Liebe. Anstatt dessen muß es lernen, daß das Ziel des Lebens in seiner Gesamtheit nur eine Laune dieses unvernünftigen Gottes ist; daß unser persönliches Ziel darin besteht zu suchen, den ewigen Strafen zu entrinnen, die für einige bestimmt sind, und den Leiden, die dieser Gott uns allen auferlegt hat. In dem Kinde schlummert ein Gefühl, daß die Pflichten der Menschen sehr zusammengesetzt und von moralischer Natur sind: anstatt dessen lehrt man es, daß die vornehmste Pflicht im blinden Glauben besteht, in Gebeten, im Aussprechen gewisser Worte bei einem gewissen Anlaß, in dem Verzehren von Wein und Brot, das Gottes Fleisch und Blut vorstellen soll. Wir meinen, daß all dies keine ernsthafte Sache ist, und dennoch ist die

Einpflanzung dieser Lehren – die wir Religionsunterricht nennen – das größte Verbrechen gegen das Kind, das man sich überhaupt denken kann!

Die Regierungen und die führenden Klassen brauchen diese Lüge; sie stützt ihre Macht, und darum werden die herrschenden Klassen immer fordern, daß sie den Kindern eingepflanzt werde und so ihren hypnotisierenden Einfluß auch auf die Erwachsenen ausübe. Die Menschen hingegen, die die gegenwärtige ungerechte soziale Ordnung nicht erhalten wollen, sondern im Gegenteil ihre Veränderung wünschen, und besonders die, die ihren Kindern wohl wollen, müssen sie mit aller Macht vor dieser gefährlichen Betrügerei retten. Wenn die Kinder vollständig gleichgültig gegen die religiösen Fragen werden, wenn jede positive Religion ihnen ganz fremd wird, so ist dies selbst dem vervollkommnetsten jüdisch-kirchlichen Religionsunterricht unendlich vorzuziehen.

Für jeden, der einsieht, was es für ein Kind bedeutet, wenn man eine Lüge für eine heilige Wahrheit ausgibt, kann es keinen Zweifel über das geben, was er zu tun hat, auch wenn er selbst dem Kinde keine persönliche religiöse Überzeugung mitzuteilen hat …

Wenn ich einem Kinde die Grundzüge der religiösen Lehre darzustellen hätte, die ich für die Wahrheit halte, dann würde ich ihm sagen: Wir sind in diese Welt gekommen und leben hier, nicht durch eigenen Willen, sondern durch den eines anderen, den wir Gott nennen. Darum handeln wir nur dann recht, wenn wir dem Willen dieses Wesens folgen. Dieser Wille besteht darin, daß wir alle glücklich seien, aber um dieses Ziel zu erreichen, gibt es nur ein Mittel: daß jeder Mensch gegen den anderen so handelt, wie er wünscht, daß andere gegen ihn handeln mögen.

Auf die Fragen: Wie ist die Welt entstanden? Was erwartet uns nach dem Tode? antworte ich auf die erste, daß ich es nicht weiß, und daß im übrigen die ganze Frage bedeutungslos ist. Auf die zweite antworte ich, daß der Wille dessen, der uns um unseres Glückes willen ins Leben gerufen hat, es wohl auch nach dem Tode vermag, uns demselben Ziele zuzuführen.«

* * *

In diesem wie in anderen Fällen, in denen die Erwachsenen darüber uneinig sind, was »das Kind« braucht, sollten wir nicht von den Erwachsenen, sondern von den Kindern selbst etwas über ihre wirklichen Bedürfnisse zu erfahren suchen.

Man findet da, daß das Kind sehr zeitig anfängt, sich mit den ewigen Rätseln der Menschheit: Woher und Wohin, zu befassen. Aber man findet zugleich, daß ein unverfälschter einfältiger Kindersinn sich gegen die christliche Welterklärung auflehnt, bis seine Ehrlichkeit abgestumpft wird und das Kind entweder schlaff das annimmt, was man es lehrt, oder in seinem Inneren das leugnet, was seine Lippen wiederholen müssen, oder – schließlich – sein Herz von der einzigen Nahrung ergreifen läßt, die man seinen religiösen Bedürfnissen bietet!

Meine eigenen Kindheitserinnerungen haben mich früh zu Beobachtungen der religiösen Begriffe von Kindern veranlaßt, und ich habe nun fünfundzwanzig Jahre umfassende Aufzeichnungen über diesen Gegenstand vor mir. Ich entsinne mich meines glühenden Hasses gegen Gott, als ich mit sechs Jahren von Jesu Tod, als durch Gottes Versöhnungsforderung veranlaßt, hörte; und mit zehn Jahren an meine Leugnung von Gottes Vorsehung, als ein junger Arbeiter von seiner Frau und seinen fünf Kindern wegstarb, die ihn so notwendig brauchten. Meine Grübelei über die Existenz Gottes nahm damals die Form einer Herausforderung an, und ich schrieb in den Sand: *Gott ist tot* und dachte dabei: Gibt es einen Gott, so tötet er mich jetzt mit einem Blitze! Aber da die Sonne immer weiter schien, war die Frage bis auf weiteres beantwortet – um doch bald wiederzukehren. Ich hatte keinen anderen Religionsunterricht als ein kurzes Bibellesen des Morgens, die Predigt am Sonntag – und Katechismuslektionen, die nie erklärt wurden. Das Neue Testament hingegen gehörte zu meinen »Unterhaltungsbüchern«. Ich lernte darin Jesus mit derselben Innigkeit lieben wie andere große Persönlichkeiten, von denen ich las. Aber als ich dann während der Konfirmationszeit Bibelerklärungen erhielt, wo jeder Punkt, jeder Name in den Evangelien ausgelegt war, jeder Satz haargespalten, um die Erfüllung der Prophezeiungen und den erbaulichen verborgenen Sinn jedes der früher so einfachen Worte zu zeigen – das Dreieinigkeitsdogma war auf diese

Weise schon im zweiten Verse der Genesis enthalten –, da war es für mich eine traurige, große Entdeckung: daß das lebendige Buch meines Kinderherzens und meiner Kinderphantasie so steintot sein konnte! Sowohl für die religiöse Gleichgültigkeit, die oft die Folge des Religionsunterrichts ist, wie für die geistigen Erkrankungen, die der Bekehrungseifer für die Seelen der Kinder mit sich bringt, könnten zahllose Beispiele angeführt werden. Ich habe Sechsjährige mit heiligem Grauen davon sprechen hören, daß ihr vierjähriger Bruder an einem Sonntag mit seinem Spaten gegraben, während ich andererseits einen Sechsjährigen, den man an einem Tage zu drei Gottesdiensten schleppte, nachdenklich äußern hörte, ob es nicht erträglicher wäre, gleich in die Hölle zu kommen?

Der jüdisch-christliche Begriff von der schaffenden und erhaltenden Vorsehung, die allem die höchste Vollkommenheit verliehen, widerstreitet so absolut dem, was die Erfahrung und der Evolutionsbegriff uns über das Dasein lehren, daß man nicht einmal als gedankliches Experiment theoretisch die beiden Vorstellungen zusammenhalten, um wieviel weniger sie praktisch mit dem Mundleim des Kompromisses vereinigen kann. Das Kind – diese scharfsinnige Einfalt – läßt sich auch nicht betrügen. Will man nicht die Wahrheit sagen – dann sprecht überhaupt nicht zum Kinde vom Leben, dem Leben in seiner Einheit und Mannigfaltigkeit, seinen unzähligen Schöpfungsakten, seinem fortgesetzten Schaffen, seiner ewigen göttlichen Gesetzmäßigkeit!

Aber das bedeutet mit anderen Worten, daß man dann dem Kinde weder den christlichen Gott retten kann, nachdem es anfängt, über diesen Gott nachzudenken, dem es gelehrt wurde, blind zu vertrauen, noch daß man das Kind für den neuen Gottesbegriff mit seiner religiösen – das heißt verbindenden und erhöhenden – Stärke vorbereitet, für den Begriff eines Gottes, dessen Offenbarungsbuch der gestirnte Himmel und die Seherahnung ist, die Abgründe des Meeres und die Tiefe des Menschenherzens, des Gottes, der im Leben ist und der das Leben ist. Nichts zeigt besser, wie schwach, wie wenig durchgearbeitet der eigene Glaube der modern Denkenden ist, als daß sie noch immer ihre Kinder das lehren, wovon sie selbst geistig nicht leben wollen, was sie aber für die Moral und die soziale Zukunft des Kindes für unentbehrlich halten.

Wenn man vom Vorsehungsbegriff zum Sühnebegriff übergeht, begegnet man bei den Kindern derselben natürlichen Logik.

Das kleine Mädchen, das – selbst das einzige Kind seiner Mutter – ausrief: »Wie *konnte* Gott sein einziges Kind töten lassen? Das hättest Du mir nicht tun können!« und der kleine Knabe, der äußerte: »Das ist doch sehr gut für uns, daß die Juden Christus kreuzigten, so daß uns nichts geschieht!« … sind die beiden Pole einer gefühlvollen und einer praktischen Betrachtungsweise des Sühnetodes, die beiden Pole, zwischen denen dann alle Parallelkreise gezogen sind. Zu dem mehr humoristischen, aber ganz naiven Ideenkreis gehört der Vorschlag eines kleinen Mädchens, Maria Frau Gott zu nennen, sowie die Erzählung eines Knaben, daß man in der Schule von unserem Herrn und den *beiden anderen Herren* gesprochen habe – das heißt: von der Dreieinigkeit!

Aus den Stunden in biblischer Geschichte und Katechismus gibt es unzählige Beweise dafür, wie die Kinder die Worte falsch lesen, die Begriffe falsch verstehen. Der Knabe, der bei der Mahnung, seine Lampe brennend zu erhalten, vergnügt ausrief: »Wir haben das Petroleum gratis!« oder der, welcher auf die Frage, willst du wiedergeboren werden, antwortete: »Nein, denn dann könnte ich ein Mädel werden« – sind in diesem Falle typische Beispiele. Das kleine Mädchen, das man damit tröstete, daß Gott im Dunkel bei ihr sei, das aber ihre Mutter bat, Gott hinauszuschaffen und Licht anzuzünden; oder die andere Kleine, die vor einem Bilde der christlichen Märtyrer in der Arena mitleidig ausrief: »Ach, der arme Tiger dort, der hat gar keinen Christen bekommen!« sind einige aus der Menge von Beispielen für die Auslegung, die Kinder den Religionsbegriffen geben, die man ihnen mitteilt, Begriffen, die sie in einen Ideenkreis zwingen, den sie entweder materiell auffassen oder dem sie blind gegenüberstehen.

In dem kindlichen Vorstellungskreis, der sich in Anekdoten wie diesen oder in dem Ausruf des kleinen Mädchens malt, das, als es hörte, daß es um elf Uhr abends geboren wurde, fragte: »Wie habe ich denn so lange aufsein dürfen?« – werden die Begriffe Erbsünde, Sündenfall, Wiedergeburt und Erlösung mit Naturnotwendigkeit zuerst leere Worte, dann erschreckend dunkle Worte! In meinem ganzen Leben hat die Höllenfurcht nicht fünf Minuten in Anspruch genommen. Aber ich kenne Kinder – und Erwachsene –, die Märtyrer dieses Schreckens gewesen sind. Ich kenne auch Kinder, die – als ihnen in der Schule der Glaube an die Hölle als unumgänglich eingeprägt wurde – darüber trauerten, daß ihre Mutter gesagt hatte, sie glaube nicht an die Hölle und folglich ein sehr schlechter Mensch sein mußte!!

Wir haben uns allerdings weit von den Zeiten entfernt, wo, um das treffende Bild eines Kulturhistorikers zu brauchen, die Teufelsangst »unablässig über dem Leben der Menschen dahinjagte, wie der Schatten der Flügel der Windmühle über die Fenster des Müllers«; weit von der Zeit, in der die göttlichen Personen sich unaufhörlich den Gläubigen offenbarten, und das Wunder ebenso unbedingt zu den alltäglichen Denkgewohnheiten gehörte, wie es jetzt – selbst von dem Gläubigen – ganz aus dem Spiele gelassen wird. Aber solange man noch durch den Religionsunterricht den Teufels-, Vorsehungs- und Wunderglauben aufrechterhält, wird der Lichtstrahl der kulturfördernden – d.h. der wissenschaftlichen anstatt der abergläubischen – Auffassung nicht die Dunkelheit durchdringen, in der die Bazillen der Grausamkeit und des Wahnsinns rein gezüchtet werden.

Die Begriffe, die sich die Kinder vom Himmel machen, sind in der Regel ausgezeichnete Beweise für den Realismus des Kindes. Der kleine Junge, der meinte, sein Bruder könnte nicht im Himmel sein, weil er doch auf einer Leiter hinaufgeklettert sein müßte, und in diesem Falle ungehorsam gewesen wäre, weil ihm verboten war, auf eine Leiter zu steigen; oder das kleine Mädchen, das, als es hörte, daß Großmutter im Himmel sei, fragte, ob Gott da sitze und sie halte, so daß sie nicht herunterfalle, sind einige aus der Zahl der vielen Beweise für den Wirklichkeitssinn des Kindes, den man mit seinen Antworten in dieser wie in so vielen anderen Beziehungen irreleitet. Und wenn man dagegen einwendet, daß die kindliche Phantasie den Mythos, das Symbol brauche, so ist die Antwort sehr einfach. Man kann und soll dem Kinde das Spiel der Phantasie nicht rauben, aber man soll das Spiel nicht für Ernst ausgeben! Daß die Kinder sich selbst realistische Begriffe über geistige Dinge bilden, ist nicht zu verwundern und soll ebensowenig bekämpft werden wie andere Äußerungen des kindlichen Seelenlebens. Erst wenn diese falschen Begriffe als die höchste Wahrheit des Lebens mitgeteilt werden, müssen sie die heilige Einfalt des Kindes stören.

Ich kenne Kinder, für die Jesu Wort: »alles, worum ihr gläubigen Herzens bittet, werdet ihr erhalten«, die Ursache zu ihrem Unglauben geworden ist. So betete ein kleines – in ein dunkles Zimmer gesperrtes – Mädchen, Gott möge den Menschen zeigen, wie sie es verkennten, indem er im Dunkel eine Edelsteinlampe leuchten lasse; eine andere bat um die Rettung ihrer kranken Mutter; wieder eine andere betete neben einer toten Spielkameradin, daß sie aufstehen möge! Und für alle drei wurde die Erfahrung, daß ihr inbrünstiges gläubigstes Gebet nicht erfüllt wurde, der große Wendepunkt in ihrem inneren Leben.

All die ethische Empörung, die die Ungerechtigkeiten des Alten Testaments, z.B. Gottes Bevorzugung Jakobs vor Esau, in einem gesunden Kinde erregt, kann ich aus meiner eigenen und der Erfahrung anderer bekräftigen, und die Erklärungen, die man in diesem und ähnlichen Fällen anführt, erfüllen das Kind mit stiller Verachtung.

Und wenn das Kind schließlich findet, daß die Erwachsenen das, was sie als Religion verkündeten, selbst nicht geglaubt haben, dann erhält das Vermögen des Kindes, zu glauben und zu verehren – jenes Vermögen, das gerade der Grund jedes religiösen Gefühls ist –, einen Schaden fürs Leben.

Ich will gar nicht von den Helden und Heldinnen der pietistischen Kinderliteratur sprechen mit ihren Bekehrungs- und Heiligkeitsgeschichten. Vor diesen können Eltern ihre Kinder ja schützen. Ich spreche hier nur von der Lebensanschauung, die mit oder gegen den Willen der Eltern den Kindern aufgezwungen wird; die ihre Begriffe von Gott, von Jesus, von der Natur verringert, die das Kind – in Ruhe gelassen – einfältig oder groß auffaßt; jener Lebensanschauung, die unnötige Leiden und schädliche Vorurteile schafft. Die Disposition des Kindes zu tiefem religiösen Gefühl, festem Glauben, warmem Heiligkeitseifer soll ihre Nahrung dadurch erhalten, daß es frei das Lebensmark aus der Bibel schöpfe, aus der Weltliteratur, auch der religiösen, z.B. dem Buddhismus; aus der Schilderung großer – auch religiöser großer – Persönlichkeiten, die ein ideales Streben offenbaren; aus solchen Kinderbüchern, die in gesunder Weise ein ähnliches Streben zeigen. Aber kein Kind hat für seine Religion oder seine Bildung im geringsten den Katechismus oder die Theologie nötig oder irgendeine andere Kirchengeschichte als jene, die organisch mit der allgemeinen Weltgeschichte verbunden wird, und bei der das Hauptgewicht auf die – Irrlehren gelegt werden soll, um der Jugend die Überzeugung einzuprägen, daß alle neuen Wahrheiten von der Mitwelt Irrlehren genannt wurden: das beste negative Mittel, das man zur Erkennung der Wahrheit besitzt!

In sich selbst die Widersprüche zu verarbeiten und zu klären, die dem Kinde selbst bei einer solchen Religionserziehung, wie ich sie mir denke, begegnen, das gehört mit zur Erziehung fürs Leben, in dem man sich ja mit unzähligen Widersprüchen zurechtfinden muß! Aber diese innere Arbeit schadet weder der Frömmigkeit noch der Gesundheit der Kinderseele, wie dies hingegen bei der hetzenden Frömmelei oder der schmeichlerischen Heuchelei, dem geistigen Fanatismus, der betrogenen Vernunft, der seelischen Trockenheit oder dem gekränkten Rechtsgefühl der Fall ist, lauter Folgen einer Erziehung zum Christentum, eines Unterrichts im Christentum nach den jetzt gebräuchlichen Methoden! In der Gegenwart wie in der Zukunft wird das Kind alle seine geistigen Probleme leichter lösen können, wenn sein feines Rechtsgefühl, seine scharfe Logik nicht durch die dogmatischen Antworten auf die ewigen Probleme abgestumpft worden ist, über die das Kind ebensogut nachgrübelt wie der Denker.

* * *

Den schwersten Grundschaden des noch immer herrschenden Religionsunterrichts hat schon Kant hervorgehoben, nämlich daß man, solange die Lehre der Kirche der Moral zugrunde gelegt wird, unrichtige Motive seines Handelns erhält: nicht weil Gott ein Ding verboten hat, sondern weil es an und für sich unrecht ist, muß es vermieden werden, nicht weil Himmel oder Hölle die Guten und die Bösen erwartet, sondern weil das Gute einen höheren Wert hat als das Schlechte, soll man das Gute erstreben. Und zu diesem Gesichtspunkte Kants kommt noch der, daß eine Anschauung, nach der der Mensch außer stande ist, aus eigener Kraft das Gute zu tun – und darum in diesem wie in allen anderen Fällen demütig auf Gottes Hilfe vertrauen muß –, ethisch schwächend ist, während das Vertrauen auf unsere eigene Stärke und das Gefühl unserer eigenen Verantwortlichkeit ethisch stärkend wirken. Der Glaube, unwiderruflich sündenbeladen zu sein, hat den Menschen dazu gebracht, es zu bleiben.

Soll daher das Geschlecht der Zukunft mit aufrechten Seelen heranwachsen, so ist die erste Bedingung dafür die, daß man mit einem kräftigen Federzug Katechismus, biblische Geschichte, Theologie und Kirchengeschichte aus dem Dasein der Kinder und der Jugend streiche!

Sich vor dem Unendlichen und Geheimnistiefen innerhalb des irdischen Daseins und jenseits desselben zu beugen; die echten sittlichen Werte zu unterscheiden und zu wählen; von dem Bewußtsein der Solidarität des Menschengeschlechts durchdrungen zu sein, und von seiner eigenen Pflicht, sich um des Ganzen willen zu einer reichen und starken Persönlichkeit auszubilden; zu großen Vorbildern aufzublicken; das Göttliche und Gesetzmäßige im Weltall, im Entwicklungsverlauf, im Menschengeist anzubeten – dies sind die neuen Handlungen der Andacht, die neuen religiösen Gefühle der Ehrfurcht und Liebe, die die Kinder des neuen Jahrhunderts stark, gesund und schön machen werden.

* * *

Und damit wird auch der Untergang des Gottesbegriffs anbrechen, der noch »Gottes Hilfe« mit Siegen verbindet, die die nationale Eroberungslust, die Unterdrückungssucht, die Gewinnsucht erringt. Man wird empfinden, daß Gottes Einmischung in die Kraftmessung menschlicher Leidenschaften eine Lästerung ist. Man wird einsehen, daß der Patriotismus, der von Egoismus und Hochmut genährt wird, die »gottloseste« – weil unmenschlichste – aller der lebenzerstörenden Sünden ist, mit denen die Menschen die Heiligkeit des Lebens schänden.

Die Köpfe, die jetzt die Widersprüche des Christentums und des Kriegs vereinigen können – ja, die aus ihnen Kraft und Trost holen – sind durch jahrtausendalte Zwangsvorstellungen entartet. Für Menschen mit solchen Hirnen kann man nichts anderes erwarten, als daß sie in der Wüste vergehen, ohne auch nur mit einem Blicke das gelobte Land gesehen zu haben!

Aber die Gehirne der Kinder können vor der unheilvollsten aller geistigen Mißbildungen behütet werden, von dem Aberglauben, daß ein Patriotismus, ein Nationalismus, der das Recht anderer Völker kränkt, etwas mit göttlichen Begriffen gemeinsam hat!

Man lehre die Kinder, daß die nationale Eigenart, die Kraftentwicklung, die Selbstbestimmung für ein Volk ebenso unersetzlich wie für das Individuum, ja aller Opfer wert sind! Man lehre sie, daß ihre Vertiefung in die Natur ihres Vaterlandes, in sein Vergangenheits- wie in sein Gegenwartsleben Voraussetzung für ihre eigene Entwicklung ist; man lehre sie schöne, warme Träume von der Zukunft ihres Landes zu träumen, von ihrer eigenen Arbeit, um diese Zukunft zu gestalten!

Man lehre sie auch früh den tiefen Abgrund zwischen dem Vaterlandsgefühl und dem Egoismus messen, der sich Patriotismus nennt! Dieser »Patriotismus« ist es, in dessen Namen die kleinen Völker von den großen gekränkt werden; in dessen Namen hat sich das Europa des neunzehnten Jahrhunderts unter der Aufreizung des »Revanche«-Gedankens gerüstet; in dessen Namen sah die Jahrhundertwende die Gewalttaten im Norden und Süden, im Westen und Osten zunehmen.

Militarismus und Klerikalismus – die beide die Autorität im Gegensatz zum Prinzip der persönlichen Prüfung darstellen – sind stets eng verbunden, aber sie sind nicht das, was sie sich nennen: Patriotismus und Religion. Diese schließen einen mitbürgerlichen Sinn, einen Freiheitssinn, einen Rechtssinn in sich, die sich über die enge Sphäre des Individuums, des Klasseninteresses, des eigenen Landes erheben; die die verschiedenen Gruppen innerhalb eines Landes zu allen gemeinsamen großen Interessen vereinigen ebenso wie die verschiedenen Völker zu allen gemeinsamen großen Lebensfragen. Aber Militarismus und Klerikalismus unterdrücken die Freiheit durch das Prinzip der Autorität, die Selbstbestimmung durch das der Disziplin, den Mitbürgersinn durch das des Kriegerruhms, das Rechtsgefühl durch das der Soldatenehre. Unter dem Zeichen der Christlichkeit und des Militarismus hat in Deutschland die bürgerliche Rechtssicherheit, die kulturelle Freiheit schwere Schädigungen erlitten. Unter der Hypnose derselben Prinzipien haben auch viele im einzelnen achtungswerte Mitglieder des russischen, des französischen, des englischen Volkes den Ungerechtigkeiten ihres Volkes zugejubelt!

Und all dies wird so weitergehen; die Völker werden unter immer größeren Rüstungen zu Boden gedrückt werden; das Recht der kleinen Nationen wird von den großen immer mehr verletzt werden, auch nachdem die jetzigen Weltgewalten, so wie alle vorhergehenden, unter ihrer eigenen Expansion zerbrochen sind! Es wird so fortgehen, bis die Mütter in den Seelen der Kinder das Menschlichkeitsgefühl vor dem Vaterlandsgefühl großziehen, bis sie bestrebt sind, die Sympathie der Kinder mit allem Lebenden zu erweitern – mit Pflanzen, Tieren und Menschen; bis sie sie sehen lehren, daß die Sympathie uns nicht nur das Mitleid, sondern auch die Mitfreude schenkt, und daß das Individuum sein eigenes Lebensgefühl steigert, wenn es lernt, mit anderen Individuen und mit anderen Völkern zu fühlen. Es wird so fortgehen, bis die Mütter in die Seelen der Kinder die Gewißheit pflanzen: daß der Patriotismus, der für die Interessen seines eigenen Landes das Recht eines anderen Volkes mit Füßen tritt, verwerflich ist! Wenn dann diese Kinder als Erwachsene einmal dazu kommen zu handeln, dann wird es in Übereinstimmung mit dieser Vorstellung geschehen. Wenn in dem Kinde der Begriff des Nationalismus von Ungerechtigkeit und Übermut befreit wird, der Gottesbegriff von einer unreinen Vermischung mit einem egoistischen Patriotismus – dann wird auch der Begriff Krieger geadelt werden, so daß er nicht mehr mit dem Begriff des blinden Gehorsams und des beschränkten Klassenhochmuts zusammenfällt. Das Wort wird dann einen Menschen und einen Mitbürger bedeuten mit denselben kulturellen Interessen, derselben Rechtsauffassung, demselben Freiheitsbedürfnis und Ehrgefühl wie alle anderen Mitbürger, einen Vaterlandsverteidiger, in dem keine andere kriegerische Glut entzündet werden kann als die zum Schutze heiliger menschlicher und bürgerlicher Rechte!

Denn Selbstverteidigung – persönliche oder nationale – soll dem Kinde entgegen den Geboten des Christentums als die erste der Pflichten eingeprägt werden. Oder richtiger gesagt: das Kind fühlt das instinktiv, und es gilt nur, diesen Instinkt nicht zu verwirren. Das Kind sieht sehr wohl ein, daß wenn man den Bösen nicht Widerstand leistete, diese Herr über die Guten werden würden! Es weiß, daß das Niedrige und Ungerechte siegen und die Rechtsinnigen, die Hochsinnigen von den Ungerechten und niedrig Gesinnten geopfert werden würden! Der Trieb der Gegenwehr ist der erste Keim zu sozialem Gerechtigkeitsgefühl, und von diesem Gefühl wird das unbeirrte Urteil des Kindes auch in der Geschichte geleitet. Es zweifelt z.B. nie daran, daß Wilhelm Tell Recht hatte, auch wenn es in der Religionsstunde die Untertänigkeit gegen die von Gott eingesetzte Obrigkeit einschärfen hört, und jede gerade Knabenseele schenkt Andreas Hofer ihren Beifall, trotz dessen unsanften Verfahrens mit der »gesetzlichen« Obrigkeit. Das Kind schneidet mit seiner natürlichen Freimütigkeit alle Sophismen ab, d.h. solche Kinder, die durch die christlichen Erklärungen nicht unheilbar verdummt worden sind!

Als Schlußsatz von allem, was ich hier gegen den christlichen Religionsunterricht gesagt habe, will ich die Äußerung eines zehnjährigen Jungen nach dreijährigem Büffeln des Katechismus und der biblischen Geschichte anführen:

»Ich glaube an nichts von all dem! Aber ich hoffe, wenn die Menschen einmal klug werden, darf jeder seinen eigenen Glauben haben, so wie man sein eigenes Gesicht hat!«

Dieser kleine Philosoph traf mit seinen Worten unbewußt den ernstesten seelischen Schaden des Religionsunterrichtes: daß er den Menschen eine Lebensanschauung als gleichförmige Maske vor ihr wirkliches Antlitz zwingt, während es doch zu den Bedingungen der Freiheit und dem Recht der Seelen gehört, sich selbstdenkend die Glaubensgewißheit auszuformen, in der man leben und sterben kann! Rückwärts geschaut zu haben, um das Ideal und die Wahrheit zu suchen; sie als ein für allemal gegeben und abgeschlossen angesehen zu haben – dies ist bis jetzt die große geistige Gefahr für den Menschen gewesen!

Wenn hingegen jedes Kind bei den ersten Schritten seines weichen Fußes auf Erden sich als ein Entdecker fühlen darf, mit Unendlichkeiten vor sich – dann erst wird der Königssohn im Reiche des Lebens nicht länger Knechtesdienste verrichten, wie ein verlorener Sohn in fremdem Lande, sondern er wird mit der ganzen Gewalt seines Willens die alten Worte wiederholen:

Ich will mich aufheben und zu meinem Vater gehen!

Als im Mittelalter Joachim von Fiore vom Reiche des Vaters, des Sohnes und des heiligen Geistes predigte –, predigte, »bis sein Haar silbergrau wurde wie der Olive Laub« – da verglich er diese drei Reiche mit der Art der Nessel, der Rose, der Lilie; mit dem Licht der Sterne, der Morgenröte, der Sonne!

Diese Predigt ertönt nun von allen Enden der Welt. Aber der lilienklare, sonnenwarme Traum vom dritten Reiche wird erst Wirklichkeit werden, wenn der Kindersinn – der der Wille zum Leben und zum Glücke ist – mit seinem frohen Freimut die Schatten des Sündenfalls und der Demütigung aus dem Dasein verjagt haben wird.

Denn ohne zu werden wie die Kinder können die Menschen nicht in dieses dritte Reich eingehen, des heiligen Geistes – des Menschengeistes – Reich!

VIII.
Kinderarbeit und Kinderverbrechen

Wenn man von der Frage der Fortpflanzung selbst zu den Bedingungen übergeht, unter denen das Kind ausgetragen, geboren und aufgezogen wird, so packt einen Entsetzen vor all den Unglücksfällen, die die Kinder infolge der mangelnden Einsicht der Mütter treffen. Die Ärzte werden z.B. nie müde zu zeigen, welche Mißbildungen das Schnüren verursacht, wie viele Kinder im ersten Lebensjahr durch Verwahrlosung blind werden – um nur einige der Leiden zu nennen, die die grobe Unwissenheit oder Gewissenlosigkeit der Mütter ihnen selbst oder den Kindern zufügt. Dazu kommt die Unruhe und Unsicherheit in der Kinderpflege, die eben eine Folge jener Unwissenheit ist. Und eine durchgreifende Besserung in all diesen Dingen ist nicht früher zu erwarten, als bis – zugleich damit, daß die Frauen das allgemeine Wahlrecht erhalten – das Gesetz festsetzt, daß die Frauen in demselben Alter, in dem die Männer ihre militärische Wehrpflicht abdienen, eine ebenso lange dauernde Ausbildung in Kinderpflege, Gesundheits- und Krankenpflege durchmachen müssen, und das ohne andere Ausnahmen als dieselben, die für die Befreiung des Mannes vom Waffendienst Geltung haben. Diese »Wehrpflicht« würde für viele Frauen gerade in die Zeit fallen, in der ihr Interesse an dem Gegenstand durch die Schließung einer Ehe oder den Gedanken an sie, die diese ihre Ausbildung noch bedeutungsvoller machen würde, eben erwacht ist. Aber auch die Frauen, die selbst niemals Mütter werden, würden so gewisse allgemeine Prinzipien der Psychologie sowie der Gesundheits- und Krankenpflege lernen, von denen sie dann in jeder Lebenslage Nutzen haben könnten. Weiter erwarte ich immer mehr jener Einschränkungen des Rechtes der Eltern über ihre Kinder, durch die man schon jetzt Verbote gegen das Aussetzen der Kinder, Strafen für Kindermord, Strafen für Kindermißhandlungen, das Gesetz des obligatorischen

Schulbesuchs usw. erwirkt hat. In England haben sich Gesellschaften gebildet, um die Lage der Kinder in den Familien zu untersuchen und um Grausamkeiten gegen Kinder zu verhüten. Auf ihre Anzeige hin können pflichtvergessene Mütter mit Gefängnis bestraft, pflichtvergessene Väter gezwungen werden, ihre Kinder zu erhalten usw. – und wo die Eltern sich unverbesserlich zeigen, hat man das Recht, ihnen die Kinder zu nehmen. In verschiedenen Staaten Deutschlands gibt es ja auch Gesetze, nach denen die Kinder jenen Eltern, die durch Mißbrauch ihrer Stellung dem geistigen oder körperlichen Wohl des Kindes schaden, genommen werden können. Die Kinder erhalten diese sogenannte »Zwangserziehung« auch in anderen Fällen, wo sie zur Rettung aus sittlicher Verderbnis notwendig ist. Die »Zwangserziehung« kann entweder in einer geeigneten Familie durchgeführt werden oder in Anstalten und soll sich bis zum achtzehnten Jahre erstrecken. Eine beachtenswerte Bestimmung ist, daß die Aufsicht über diese Kinder auch Frauen übertragen werden kann.

Eine immer größere Ausdehnung des Rechts der Gesellschaft in der eben erwähnten Richtung ist eine ihrer wichtigsten Schutzmaßregeln für sich selbst und eine ebenso berechtigte Einschränkung der individuellen Freiheit wie die Gesetze zur Verhütung der Ausbreitung ansteckender Krankheiten. Auch in Schweden hat man nun ähnliche Vorschläge gemacht, doch findet man in denselben die gleiche mechanische Auffassung des Wesens der Erziehung, die sich auch anderswo bei ähnlichen Maßregeln geltend macht. Man soll die Eltern oder Vormünder des verwahrlosten Kindes »verwarnen«, das ausgeartete Kind ermahnen und, wenn das nicht hilft, dafür sorgen, daß es gezüchtigt wird – lauter unerhörte Sinnlosigkeiten in den Fällen, um die es sich handelt! Denn man lehrt nicht durch »Verwarnungen« schlechte Eltern die Kunst der Erziehung; nicht durch Ermahnungen bringt man ausgeartete Kinder dahin, ihren Sinn zu ändern, wenn sie in der Umgebung belassen werden, die die Ausartung hervorgerufen hat. Und durch eine Züchtigung in Anwesenheit von Zeugen macht man nur das schon an Püffe und Schläge gewöhnte Kind noch verhärteter und frecher. Jeder Mensch, der nur eine Linie tief in den Gegenstand eindringt – um nach den Ursachen zu suchen, die solche Eltern und solche Kinder schaffen –, befindet sich mitten auf dem nach allen Richtungen hin unübersehbaren Gebiet der sozialen Frage. Da findet man z.B., daß die niedrigen Löhne – an denen die Kinder- und Frauenarbeit mitwirkt – elende Wohnungen, unzureichende Nahrung und schlechte Kleidung bedingen; daß die Außenarbeit der Frau die Verwahrlosung der Kinder und des Hauses mit sich bringt; daß der Wohnungsmangel das Schlafburschensystem im Gefolge hat; daß das Unbehagen im Hause den Mann zum Wirtshausleben treibt; und daß alles dieses zusammen die Unsittlichkeit und die Trunksucht hervorruft, die die physischen und psychischen Krankheiten verursachen, mit denen die Kinder oft schon geboren werden.

Wenn ich die Vorstellung ausnehme, daß mit Gottes Hilfe die Schlachtfelder sich mit zerrissenen, verstümmelten Wesen bedecken, mit deren Gehirnen unzählige Gedanken und Gefühle verlöschen, die die Menschheit hätten bereichern können, so kenne ich keinen ketzerischeren Gedanken, als wenn man, falls der Zufall ein paar Kinder vor einem Unglück bewahrt, von ihrem »Schutzengel« spricht. Wo ist dieser »Schutzengel« bei unzähligen anderen Unglücksfällen, wenn z.B. Kinder allein gelassen werden, weil die Mutter in die Arbeit muß, und sie zum Fenster hinaus oder ins Feuer fallen; wenn sie in dunklen Kellerräumen das Augenlicht verlieren; wenn sie totgedrückt werden, weil sie in den elenden Löchern das Bett mit den Eltern teilen und z.B., wenn diese berauscht sind, ihr Leben verlieren; wo, wenn Eltern aus Religionsgrübeleien oder Lebensüberdruß ihre Kinder morden, oder wenn die Kinder selbst, des Leidens müde oder aus Furcht vor Mißhandlung, sich das Leben nehmen? Wo mit einem Worte sind diese »Engel der Kinder« bei all den Gelegenheiten, wo man sie am meisten brauchen würde, vor allem in den Gäßchen der Großstädte und in den Zentren der Großindustrie, wo der Mangel an Sonnenlicht und reiner Luft sowie an allen anderen elementaren Voraussetzungen für die Entwicklung von Körper und Seele die Lebenstauglichkeit der Kinder schon vor der Geburt untergräbt?

Die Hand der Vorsehung in einer zufälligen Rettung zu sehen, aber diese Vorsehung vom Anteil an allen Naturereignissen, an allen Schrecken der Gesellschaft freizusprechen, die jede Sekunde die Erde mit Qualen erfüllen, das ist ein Überbleibsel eines Aberglaubens, das überwunden werden muß, wenn der Mensch selbst von Verantwortlichkeitsgefühl gegenüber den Verhältnissen durchdrungen werden soll, die er beherrschen und umgestalten kann! Der moderne Mensch wird immer mehr seine eigene Vorsehung. Gegen das Feuer schafft er schon Feuerwehrcorps und Feuerversicherung; gegen das Meer Lebensrettungsgerätschaften; gegen Pocken und Cholera, gegen Diphteritis und Tuberkulose findet er andere Schutzmittel. Den blinden Glauben, daß der Tod von »Gottes Wille« abhängt, mißt er an den Zeugnissen der Statistik, die besagen, daß die Lebensdauer mit verbesserten sanitären Verhältnissen steigt; daß wenn dieselbe Krankheit oder Sommerhitze die Kinder der Armen in den dunklen Baracken niedermäht, der Reiche in seiner gesunden hellen Wohnung die seinen behalten darf.

In Deutschlands aristokratischen Familien sterben z.B. nach den letzten Berichten, die ich gesehen habe, von tausend Kindern jährlich 57, aber in Berlins armer Bevölkerung 345! Eine andere Untersuchung, aus Halle, zeigt, daß die Anzahl Totgeborener in der oberen Klasse 21 von Tausend betrug, während es in der Arbeiterklasse 55 von Tausend waren! Die Proportion zwischen der Sterblichkeit der Kinder der Landarbeiter und der Industriearbeiter; zwischen ihrem Gewicht; zwischen der Anzahl der zum Militärdienst Untauglichen – in der Schweiz ist z.B. diese Anzahl in den industriellen Kantonen um ein Viertel größer als in den ackerbautreibenden – zeigt gleichfalls, wie schlechte Lebensbedingungen die Entwicklungsmöglichkeiten und die Lebenstauglichkeit der Kinder – und damit des ganzen Volkes in physischer wie in psychischer Hinsicht hemmen.

Jeder einzelne Mensch, der das Herz auf dem rechten Fleck hat, wartet nicht auf die Engel, sondern stürzt selbst herbei, um ein Kind aus einer Gefahr zu retten! Aber der Aberglaube der Mehrzahl an Gottes Vorsehung wird vielleicht denselben Menschen veranlassen, mit vollkommenem Stumpfsinn Verhältnisse anzusehen, durch die mittelbar Millionen und abermals Millionen Kinder jährlich geopfert werden. Die Ärzte wissen, daß die Verheerungen, die die Bakterien anrichten, im Vergleich zum Pauperismus als Krankheitsursache unbedeutend sind. Überanstrengte Mütter, trunksüchtige Väter, schlechte Wohnungen, z.B. solche, wo die Armen gegen billige Mietzinse den Reichen neugebaute Häuser »trockenwohnen«; ungenügende Nahrung, erbliche Krankheiten, besonders Syphilis, zu frühe Arbeit – all das zeigt seine Folgen in den ausgemergelten, welken, wunden Kinderkörpern, die in den Krankenhäusern zuweilen von der augenblicklichen Krankheit geheilt, aber nicht von den Folgen der Lebensbedingungen befreit werden können, unter denen sie geboren und erzogen werden. Bis nicht die Ärzte sowie die anderen Gesellschaftsfaktoren ihre ganze Energie dafür einsetzen, Krankheiten zu verhüten, nicht nur sie zu heilen – und was sie in diesem letzteren Falle jetzt erreichen können, ist verschwindend im Verhältnis zu all dem unheilbaren Übel, das üppig emporwuchert –, bis nicht die Gesundheitssorge in der Gesellschaft einen ebenso großen Raum einnimmt wie die Seelsorge, wird diese letztere im großen Ganzen vergeblich sein. Mag sie nun die Form der religiösen Erbauung oder der intellektuellen Aufklärung annehmen, so ist sie doch nur eine abgeschnittene Blume, in einen Kehrichthaufen gesteckt.

Mit entsprechender Gewißheit kann man aus der Verbrecherstatistik beweisen, daß die Gesellschaft selbst die entarteten Kinder schafft, und daß sie, wenn sie sie dann auf den »Weg der Tugend« züchtigen läßt, wie ein Tyrann handelt, der zuerst einem Menschen die Augen ausstäche und ihn dann prügelte, weil er nicht selbst seinen Weg finden kann!

* * *

Eine wirksame Schutzgesetzgebung für Frauen und Kinder sollte in diesem Augenblicke der kategorische Imperativ des sozialen Gewissens sein.

Überall, wo die Industrie sich entwickelt, wird die Frau dem Hause, das Kind dem Spiele und der Schule entzogen. In den Zeiten der Zunft vollzog sich die Kinder- und Frauenarbeit im Haushalt und in der Werkstatt des Mannes. Aber seit die Industrie die häusliche Arbeit der Frau immer mehr eingeschränkt hat, konnte die Großindustrie ihren Bedarf an billiger Arbeit durch die Frauenarbeit decken, die wie die Kinderarbeit an verschiedenen Orten die Löhne der erwachsenen männlichen Arbeiter gedrückt hat. Der Lohn, mit dem der verheiratete Mann durch seine Arbeit die Familie versorgen konnte, verteilt sich nun auf mehrere ihrer Mitglieder. Solange die Berufsarbeit große persönliche Körperstärke oder ausgebildete Geschicklichkeit verlangte, fiel sie in der Regel auf das Los des Mannes, nicht auf das der Frauen oder Kinder. Aber mit den Maschinen fiel dieser ihr natürlicher Schutz fort; denn um eine Maschine zu bedienen, bedurfte es in vielen Fällen weder Stärke noch Geschicklichkeit, ja in gewissen Fällen – z.B. in den Baumwollspinnereien oder unten in den Schachten – waren die zarten Finger wertvoller, weil sie geschmeidiger, die zarten Körper willkommen, weil sie schmäler waren!

In England erreichte die Frauen- und Kinderarbeit zuerst ihren Höhepunkt. Die Armenhäuser schickten z.B. ganze Ladungen Kinder in die Wollwebereien in Lancashire, Kinder, die abwechselnd an denselben Maschinen arbeiteten und in denselben schmutzigen Betten schliefen! In den Industriedistrikten verkümmerte infolgedessen die Bevölkerung; ehedem unbekannte Krankheiten entstanden; die Unwissenheit, die Roheit nahmen zu. Schwangere Frauen, Kinder von 4 bis 5 Jahren arbeiteten 14 bis 18 Stunden! Durch den Bericht über die Untersuchungen auf diesem Gebiete veranlaßt, schrieb Elisabeth Barrett ihr Gedicht *The cry of the children*, das den Zorn der Arbeitgeber hervorrief, dafür aber zu der »Zehnstundenbill« mitwirkte. Durch diese wurde bestimmt, daß Frauen, Kinder und jüngere Personen nicht mehr als zehn Stunden täglich in den Textilfabriken arbeiten durften, und nach diesem Gesetze kamen andere in demselben Sinne. Ähnliche Verhältnisse haben auch in anderen Ländern eine ähnliche Schutzgesetzgebung hervorgerufen. In Sachsen, Belgien, im Elsaß, in den Rheinprovinzen – wo schon im Jahre 1828 ein preußischer Militär darauf aufmerksam machte, daß die Zahl der Waffentüchtigen infolge der degenerierenden Einwirkung der Frauen- und Kinderarbeit gesunken sei – traten die Folgen des Systems ebenso furchtbar zutage wie in England. Aber ungeachtet der dort sowie fast überall angenommenen Schutzgesetze dauert doch noch immer die Frauen- und Kinderarbeit fort, und dies nimmt die verheerendsten Formen in jenen Berufszweigen an, die außerhalb des Gebietes der Gesetzgebung liegen. Es gibt Orte, in denen die Kinderarbeit ebenso entsetzliche Formen hat wie in England vor 1848. In Rußland hat man z.B. bei den Bastmattenwebereien Kinder von drei Jahren gefunden und Massen von Kindern unter zehn mit einer Arbeitszeit, die bis auf 18 Stunden anstieg! In Deutschland zeigt die Spielwarenfabrikation grausige Ziffern in bezug auf die Kinderarbeit, umso grausiger, als um glücklichen Kindern Freuden zu bereiten, anderen die Lebenskraft ausgepreßt wird; und die industrielle Heimarbeit beschäftigt Vier- bis Fünfjährige, während die Altersgrenze für Kinderarbeit in den Fabriken hier so wie in der Schweiz 14 Jahre ist; dieselbe Altersgrenze hat die Regierung in Dänemark vorgeschlagen. In Italien sind die meisten bettelnden Krüppel Kinder, die in den Schwefelgruben Siziliens aufgewachsen sind, zusammengehockt in niedrigen Gängen, beladen mit schweren Säcken, in einem Alter, in dem ihre zarten Glieder unter solchen Bedingungen rettungslos verkümmern mußten. Schon mit 12 bis 14 Jahren sind viele von ihnen arbeitsunfähig. In Spaniens Magnesiumgruben werden Mengen von Kindern zwischen 6 und 8 Jahren verwendet, die durch die giftigen Dämpfe von einer schweren Krankheit befallen werden, und andere Kinder müssen mit schweren Wassereimern, die sie auf dem Kopfe tragen, die trockenen Gegenden bewässern: das Kind bietet ja wohlfeilere Transportkosten als der Esel! In Frankreich, wo der Sozialist Millerand jetzt nicht mehr zu verlangen wagt als den Elfstundentag für Männer, Frauen und Kinder – um dann progressiv die Stundenzahl zu verringern –, kann man sich schon danach den Zustand der Kinderarbeit vorstellen. Aber das absolute Verbot *aller* Kinderarbeit ist dort wie überall der Wunsch der Sozialisten.

Man stimmt in diese Forderung ein, wenn man z.B. aus dem Rapport eines Arztes entnimmt, daß trotz der Schutzgesetze die Durchschnittzahl der Körperhöhe und des Gewichtes bei den Lancashirekindern noch immer niedriger ist als anderswo. Von 2000 dort untersuchten Kindern waren nur 151 wirklich gesund und stark, während 198 in hohem Grade verkrüppelt und die übrigen mehr oder weniger unter »the standard of good health« waren! Alle Arbeit in der Baumwollindustrie von 6 Uhr morgens bis 5 Uhr abends verwandelt, sagt dieser Arzt, den hoffnungsvollen Zehnjährigen in den mageren bleichgelben Dreizehnjährigen, und diese Entartung der

Bevölkerung in den Fabrikdistrikten *wird eine ernste Gefahr für Englands Zukunft.*

Wenn man überall zu der Einsicht gelangt, daß dieselbe Gefahr für alle Kulturvölker besteht, dann wird man überall die industrielle sowie die Straßenarbeit der Kinder verbieten. Und dann erst hat man siegreich den Grundsatz des Kinderschutzes durchgeführt, der auf diesem wie auf allen ähnlichen Gebieten anfangs sowohl mit ökonomischen wie mit individualistischen Gründen bekämpft wurde, unter anderem mit dem »unbestreitbaren Rechte des Vaters, selbst über die Arbeit seines Kindes zu bestimmen!«

* * *

Nicht nur die Frage der Kinderarbeit allein zeigt den niedrigen Standpunkt, den die staatlichen Autoritäten Europas einnehmen, sondern auch die bei uns und in anderen Ländern – z.B. in England – angeregte Frage der Einführung der Prügelstrafe für Gefangene.[1] Daß man in der Gefängnisverwaltung sogenannte affliktive Strafen braucht – wie Dunkelhaft, hartes Lager, eingeschränkte Kost u. dergl. –, ist wahrscheinlich, und das hat auch nichts Brutales, wenn es unter strenger Kontrolle nur bei gegen alle anderen Mittel verhärteten Unruhestiftern angewendet wird. Die Prügelstrafe hingegen, die ebenso erniedrigend für den, der sie erteilt, wie für den, der sie empfängt, ist, zeigt sich außerdem unwirksam. Von einer der hervorragendsten Autoritäten unseres Landes auf diesem Gebiete habe ich die Machtlosigkeit derselben erwähnen gehört. Weder die Scham noch der physische Schmerz haben eine andere Wirkung, als eine verhärtende, wenn die Prügel mit kaltem Blute verabfolgt werden, lange nachdem die Tat begangen ist. Die meisten sind schon so gewöhnt an Schläge, daß dieselben sie physisch wenig berühren, aber sie erwecken haßerfüllte Empfindungen gegen die Gesellschaft, die so ihre eigene Schuld rächt. Ist die Seele des Kindes empfindlich, so kann die Strafe eine tiefe Seelenqual hervorrufen, so wie dies der Fall mit dem vor einigen Jahren ertrunkenen Helden Skagens, Lars Kruse, war, den alle aus des dänischen Dichters Drachmann vortrefflicher Schilderung kennen. Lars Kruse, der in seiner Knabenzeit eine gestrandete Planke genommen und verkauft hatte, wurde dafür zu einer Züchtigung verurteilt. Bis spät in sein Mannesalter verzehrte ihn die Scham nicht über die Handlung, aber über die Strafe – ein ganzes Leben so verbittert, und das Leben eines großen Menschen!

Diese »gesellschaftlich« erteilten Prügel – Kindern erteilt, deren Armut und vernachlässigte Erziehung in den meisten Fällen an ihren Fehlern die Schuld trägt, Kindern, oft abgemagert vor Hunger, zitternd vor Scham oder Angst –, die rufen keine einzige Seelenerregung hervor, die der Ausgangspunkt einer moralischen Veränderung werden könnte![2]

Wenn man eine Statistik über die Lebensverhältnisse dieser Geprügelten aufstellte, dann würde man finden, daß die Mehrzahl aus einem Heim kommt und in ein solches zurückkehrt, wo die Mutter – infolge von Außenarbeit – verhindert ist, sich um die Kinder zu kümmern, oder wo das Schlafburschensystem – infolge der Wohnungsnot – seinen demoralisierenden Einfluß ausübt; oder daß das Kind auf der Straße als Bote, Zigarren- oder Zeitungsjunge oder dergleichen seine Erwerbsarbeit angefangen und aus nächster Nähe das Luxusleben der oberen Klasse gesehen hat, das er dann bestrebt ist zu reproduzieren! Es vergeht ja kaum eine Woche, ohne daß der Gassenjunge von Unterschlagungen und Veruntreuungen in der besitzenden Klasse liest, häufig begangen von ergrauten Männern, die doch ihre Kindheitseindrücke in »der guten alten Zeit« erhalten haben, als »die schlappe Erziehung« der Gegenwart noch nicht ihre Einwirkung ausüben konnte!! Kein Tag vergeht, ohne daß er sieht, wie die Angehörigen dieser oberen Klasse, die Älteren wie die Jüngeren, ihre Genußsucht befriedigen. Aber von ihm – dem Kinde der Baracke und der Gasse – fordert man spartanische Tugend oder sucht sie ihm einzubläuen! Es ist schwer zu sagen, was hier größer ist, die Einfalt oder die Roheit.

* * *

Solange die Oberklasse sich selbst roh, maßlos, genußsüchtig, träge zeigt; solange es der Lebenszweck der Mehrzahl ist, Geld zu verdienen und Geld zu verschleudern; solange viele essen können, ohne zu arbeiten, und viele keine Arbeit finden, die welche suchen; solange liederlicher Luxus Seite an Seite mit liederlicher Not lebt, solange hat die Oberklasse nicht einen Schatten von Recht, eine bessere Unterklasse zu

234

erwarten. Die jetzige Gesellschaft schafft und erhält das soziale System, dessen Wirkungen ihr dann in den ökonomischen Verbrechen der Oberklasse wie der Unterklasse begegnen. Es ist nicht wunderlicher, daß eine Großstadt voll Vagabunden und Gassenjungenbanden ist, wie daß ein verdorbener Käse voll Maden steckt!

Ein zerstörtes häusliches Leben, ein wahnsinniges Schulsystem, ein zu frühzeitiges Fabriksleben, ein abstumpfendes Straßenleben – das gibt die Großstadt den Kindern der Unterklasse, und es ist weit erstaunlicher, daß die besseren Instinkte der Menschennatur doch meistens in der Unterklasse siegen, als daß sie es zuweilen nicht tun!

* * *

Noch ein Argument gegen die Kinderarbeit ist, daß diese sich mittelbar an der Industrie selbst rächt.

Die schulgebildeten Arbeiter sind es, die sich überall als die tauglichsten zeigen. Selbst in Rußland, wo die Volksbildung noch so mangelhaft ist, hat man schon diese Erfahrung gemacht; und der lese- und schreibkundige Arbeiter erhält darum ausnahmslos einen höheren Lohn als die Analphabeten, die nur zu der gröbsten Arbeit gebraucht werden können. Der jetzige Aufschwung der deutschen Industrie vor z.B. der englischen ist u.a. der höheren Schulbildung des deutschen Volkes zuzuschreiben. Die intensive und intelligente Arbeit des amerikanischen Arbeiters hat teilweise denselben Grund. Aber wenn die Kinder, erschlafft von der Fabriksarbeit, in die Abendschule kommen oder vorzeitig aus der Schule genommen werden und unter fortgesetzter schwerer Arbeit die Lust sowie die Möglichkeit verlieren, sich eine höhere Bildung anzueignen, da werden sie zu organischen Maschinen gemacht, die die unorganischen speisen – und damit muß auch der Wert der Arbeit sinken. Diese organischen Maschinen sind passiv; sie suchen nicht ihre Lebensbedingungen zu verbessern, wie die höheren Arbeiter es tun. Aber diese lebenden Maschinen werden auch nicht die Arbeitsresultate heben! Die intelligenten Arbeiter, die über ihre Rechte wachen und sie erweitern, sind auch diejenigen, welche am leichtesten neue Arbeitsmethoden lernen, selbst neue Erfindungen machen, die ihrem Berufe zu gute kommen und so auch den Produktionswert desselben steigern. Nur indem ein Land immer mehr die letztere Kategorie von Arbeitern entwickelt, kann es heutzutage im Konkurrenzkampf bestehen. Aber die Hauptbedingung hierfür ist, daß die Körper- und Seelenkräfte des Kindes bis zum fünfzehnten Jahre für seine eigene Ausbildung gebraucht werden durch Schule, Sport und Spiel, während gleichzeitig seine Arbeitstätigkeit durch häusliche Beschäftigung und die Fachschule geübt wird, nicht aber durch Industriearbeit.

Von Preußens – sowie von Schwedens – Agrariern hört man freilich darüber klagen, daß die Volksschule den Kindern zu viel Wissen beibringt! Aber diesen Behauptungen wurde auch mit gutem Grunde die Forderung der Umgestaltung des Bildungsideales nach der sozialen Entwicklung gegenüber gestellt, eines Bildungsideales, das für alle Gesellschaftsklassen gleich sein und zur Teilnahme aller an dem geistigen Leben des Volkes führen sollte!

Ich kehre später zu diesem Gegenstande zurück und will in diesem Zusammenhange nur darauf hinweisen, daß der Kampf um die Kinder im letzten Grunde ein Ausdruck der Reaktion ist, die überall gleich bleibt, der Reaktion, die unter lauten Wehrufen über die Schlechtigkeit der Zeit die Entwicklung zurückzuschrauben sucht, anstatt in den Fällen, wo sie auf Abwege geraten ist, die neue Straße zu bahnen, die sie weiter vorwärts führt.

Aber die neuen Wege – die fürchtet man eben so sehr! Bis auf weiteres sucht man mit Zwangsgesetzen der großen Organisation entgegenzuwirken, die die jüngste der Geschichte ist, den Fachvereinen, und die, wie alle früheren großen Organisationen, ihre Aufgabe in der sozialen Entwicklung zu erfüllen hat. Denjenigen, die bis auf weiteres bei uns die Macht in Händen haben, fehlt jeder Blick für große Gesellschaftsfragen; sie fördern Klasseninteressen, nicht das Interesse des Ganzen; sie vertreten kleine Provinzrücksichten, nicht große menschliche und vaterländische Gesichtspunkte. In den Fragen der Arbeitergesetzgebung, der Versammlungs-, Gedanken- und Glaubensfreiheit sowie in bezug auf die Entwicklung des Rechtswesens sind wir Schweden zurückgeblieben; und das wird nicht anders werden, bis nicht die Generation, die jetzt zwischen dem 15. und dem 30. Lebensjahr steht, einstmals über unser politisches Leben entscheidet. Denn in dieser jungen Generation wächst schon die ernste Entschlossenheit des sozialen Verantwortlichkeitsgefühls.

* * *

Vor einigen Jahren ist ein Gedicht über die ganze zivilisierte Welt erklungen, von Kanada bis zu den Inseln im Stillen Ozean. Der Verfasser desselben[3] war von Millets einfachem wunderbaren Bilde inspiriert worden, dem Manne mit der Hacke, dem Erdarbeiter, der mit gebeugtem Rücken die eine Hand auf der anderen ruhend auf den Griff der Hacke gestützt dasteht. Millet hat in ihm den Ausdruck verewigt, den man so oft bei alten Arbeitern sieht, insbesondere bei abgeplagten Tagelöhnern. Er ist leer, nichtssagend, in menschlicher Beziehung erloschen; nur dem Blick des geduldigen Lasttiers begegnet man bei ihnen. Denn während die maßvolle Arbeit das Tier im Menschen veredelt, tötet die unmäßige Arbeit den Menschen im Tiere.

Millets Bild wurde für den Dichter, der selbst ein Sklave der physischen Arbeit gewesen war, eine Offenbarung, der ewige künstlerische Typus der Entartung des Menschen, der von Kindheit an unter das Arbeitsjoch gebeugt wird. Und in Strophe um Strophe der großangelegten Dichtung schildert er »dieses Ding, das nicht trauert und niemals hofft, diese erloschene Seele, für die Plato und die Pleiaden, die Morgenröte und die Rose, alle Schätze des Geistes und der Natur nichts sind!« Der Dichter fragt Herrscher, Meister und Regenten, wie sie diesem Dinge seine Seele wiedergeben, ihm die Musik und die Träume wiederschenken wollen? Was, fragt er, wird aus ihnen allen werden, die dieses Wesen zu dem machten, was es jetzt ist, wenn nach jahrtausendelangem Schweigen jene Stimme des Entsetzens einst Gott auf die Frage antworten wird, was aus seiner Seele geworden?

Viele solcher Arbeitsherren gehen auch in die Kirche. Sie hören dort Auslegungen von Texten wie dieser: Was Ihr dem Kleinsten Gutes getan, das habet Ihr mir getan ... alles, was Ihr wollt, das andere Euch tun, das tut auch ihnen ... Aber es fällt ihnen nicht ein zu bedenken, wie Jesus – dieser am richtigen Orte Rücksichtsloseste der Menschen – ihre Forderungen charakterisiert hätte, diese »Kleinsten« schon mit zehn Jahren in den Glashütten verwenden zu dürfen, oder sich zu fragen, ob sie ihre eigenen Kinder in diesen oder anderen Fabriklokalen sehen wollten?! –

Dieser schneidende Dualismus zwischen Leben und Lehre in unserer jetzigen Gesellschaft wird nicht früher aufgehoben werden, als bis man zu der Einsicht kommt, daß die Lebensanschauung, die die Menschen mit ihren Lippen bekannt, aber mit ihren Taten Lügen gestraft haben, nicht mehr als absolute Lebenserklärung und Lebensregel verkündet werden soll.

Erst jene Lebensanschauung, die den Menschen als Herren über das Christentum ebenso wie über alle seine anderen Schöpfungen betrachtet, wird das verwirklichen können, was das Christentum an unvergänglichem in sich birgt. Des galiläischen Zimmermanns flammender Gedanke – der Brüderlichkeit – wird den Menschen keine Ruhe lassen, bis er nicht den letzten Rest von Ungerechtigkeit in den Gesellschaftsverhältnissen ausgetilgt hat. Aber der Gedanke wird nicht durch jene zur Wirklichkeit werden, die Jesus als das absolute Ideal betrachten! Denn diese Betrachtung ist es, die das Gewissen der Menschen gelähmt hat, wenn es die Verwirklichung dieses und aller anderen Ideale galt. Ein unter den gewöhnlichen Voraussetzungen des Menschenlebens unausführbares Ideal, dem man dessen ungeachtet die Autorität der göttlichen Offenbarung gegeben, als absolut zu begreifen – das ist die große Ursache der Demoralisation seit 1900 Jahren gewesen, während derer die Geschichte der Menschheit eigentlich nur zeigt, wie sie dieses ihr absolutes Ideal verraten hat! Erst wenn diese Ursache der Demoralisation aufhört, wird das Dasein ernstlich von jenen neugestaltet werden können, die der Ansicht sind, daß Ideale wirklich verpflichten können!

Dann wird man nicht wie jetzt unter dem Mißbrauch des Vatersnamens, den Jesus den Menschen auf die Lippen legte, einander zur Lösung politischer und ökonomischer Machtfragen auf den Schlachtfeldern massenmorden. Dann wird nicht eine Gesellschaft, die sich christlich nennt, Todesstrafe und Prostitution, Börsenspiel und Kindersklaverei aufrechterhalten. Dann wird man nicht, wie jetzt, Menschen, die auf dem Schoße ihrer Mutter gelernt haben, daß sie ihren Nächsten lieben sollen wie sich selbst, in den Fußstapfen ihres Vaters sich gegenseitig im Kampfe ums Brot niedertreten sehen!

Dann wird unsere Gottesverehrung darin bestehen, das Dasein zu vermenschlichen durch Humanisierung des Menschengeschlechts.

* * *

Die Jugend unserer Tage ist aber nicht immer in glücklicher Weise von dem christlichen Ideenkreise in einen anderen gekommen. Die glückliche Weise besteht darin, sogleich neuen Aufgaben gegenüberzustehen, an die man glaubt und für die man leben will. Aber viele unter der Jugend von heute wissen oft von keinen neuen Aufgaben, an die sie glauben können. Daher stammt jene geistige Mattigkeit, die sich eines großen Teils der jungen Generation bemächtigt hat. Ohne die Einflüsse der Umgebung zu unterschätzen, glaube ich doch nicht, daß die Jugend, die ihre Ideale verloren, ohne an deren Stelle neue zu erhalten, nur beklagenswert ist. Denn die Jugend, die nicht aus ihrem eigenen Innern Ideale schafft, würde auch zu keiner anderen Zeit das Ideale gefunden haben. Eine solche Jugend hätte Sokrates ins Lächerliche gezogen; sie würde mit einem Achselzucken den Zimmermann aus Nazareth ans Kreuz haben schlagen sehen; sie wäre ohne Zweifel 1789 mit den Bourbonen ausgewandert!

Wenn die Jugend einer Zeit ohne Ideale dasteht, dann erleben wir ein Jahrhundertende, gleichviel wie die Jahreszahl lauten möge. Aber wenn eine Jugend mit dem Gefühl dasteht, große Aufgaben zu haben, dann beginnt ein neues Jahrhundert.

Es ist überall das glückliche Recht der Jugend, vor allem den Individualismus zu fördern. Sie tut es jedesmal, wenn ein junger Mensch in gesundem Egoismus voll und stark seine eigene Persönlichkeit entwickelt, sich kühn in den Kampf für das eigene Glück stürzt. Jedermann, der seine individuelle Entwicklung tief ernst nimmt, wird doch finden, daß er schwerlich dadurch eine freie, feine, vornehme Persönlichkeit wird, daß er die Persönlichkeiten anderer niedertritt. Und er wird weiter finden, daß es seine persönlichen Kräfte stärker in Anspruch nimmt zu versuchen, mit neuen Mitteln neue Werte zu schaffen, seine junge Energie neuen Aufgaben zu widmen, als auf schon verbrauchte Ideale zurückzublicken. Aber noch eines wird das junge Menschenkind bald erfahren: je rückhaltsloser ein Individuum sich in den Kampf des Lebens stürzt, desto wahrscheinlicher ist es, daß es dort verwundet wird; je reicher entwickelt ein Individuum ist, desto mehr verwundbare Punkte gibt es, an denen es verbluten kann. Der große Schmerz sowohl wie die große Seligkeit ist für den großen Menschen ein Teil von des Lebens Fülle, und die Niederlagen einer Persönlichkeit sind oft bessere Bürgen dafür, daß sie über den Durchschnitt hinausragt, als ihre Siege. Aber diese Niederlagen, die uns oft nur Fetzen dessen übriglassen, was unsere innerste Persönlichkeit war, können ertragen werden, wenn wir gelernt haben, daß es einen Verband gibt, der uns hindern kann, an unseren Wunden zu verbluten – den Verband, den wir auf die Wunden anderer legen!

Kein echter Mensch braucht jedoch zu warten, bis das Leben ihn zerrissen, um Mitgefühl empfinden zu können. Das edelmütige Alter der Jugend vermag dieses Gefühl gleichzeitig mit einer starken individuellen Kraftempfindung zu fühlen. Und manche bleiben in diesem Sinne immer jung, immer imstande, inspirierte Augenblicke zu durchleben, solche, wo eine große Tat, eine große Wahrheit, eine große Schönheit oder ein großes Glück unser Wesen erfüllt, Augenblicke, wo die Tränen strömen, die Arme sich ausstrecken, das Weltall zu umfangen, die Gedanken es durcheilen. Solche Augenblicke schließen die intensive Empfindung unserer eigenen Persönlichkeit ein, zugleich mit ihrem vollsten Aufgehen im Gemeingefühl mit dem ganzen Dasein.

Ein großes Leben – das ist, solchen inspirierten Augenblikken im Handeln Kontinuität geben.

Es gibt jedoch junge Menschen, die auf keine solchen Augenblicke zurückzublicken haben; die vornehm auf die Fragen der Zeit von der Höhe ihrer Übermenschentheorien oder ihrer gelehrten Bildung oder der »ehernen Gesetze der historischen Entwicklung« herabsehen. Solche hat es zu allen Zeiten gegeben.

Es gibt jedoch kein Gebiet, für das es verhängnisvoller wäre, wenn sich die Jugend in solcher Weise exklusiv davon zurückzöge, als jenes Gebiet, auf dem die sozialen Kämpfe ausgefochten werden. Die Forderung der Zeit, besonders an die Jugend, ist, daß sie diese Fragen von allen Gesichtspunkten prüfe, daß sie alle anderen Ideen im Verhältnis zu diesen erforsche; und daß sie jeden Reformplan mit Rücksicht auf seine Einwirkung auf die Probleme des Individualismus und Sozialismus untersuche. Von der Jugend hat man etwas für die Zukunft zu hoffen. Aber diese Hoffnung setzt voraus, daß die Jugend, wenn sie sich in Denken oder Handeln den vielen nähert, deren Los zu verbessern die nächste Aufgabe der Zukunft ist, die Worte Walt Whitmans auf dem Schlachtfelde zu den ihren macht: *»Ich frage nicht, ob mein verwundeter Bruder leidet. Ich werde selber dieser Verwundete.«*

Anhang: Anmerkungen

In den Anmerkungen wurden die Literaturnachweise überprüft und ergänzt. Aufgrund der fehlerhaften und unvollständigen Nachweise in der Originalausgabe war der vollständige und korrekte Titel- bzw. Veröffentlichungsnachweis nicht immer möglich. Frühere Nachdrucke verfügen über keine Editionsapparate.

I. Das Recht des Kindes, seine Eltern zu wählen

1 Professor Schenk in Wien und Professor Axenfeld in Perugia. Beider Sätze gehören noch in das Gebiet der sehr fraglichen Hypothesen. Aber in diesen wie in so vielen anderen Fällen wird es sich vielleicht zeigen, daß die kühnen Hypothesen neue Entdeckungen veranlassen.

2 Nicht nur in diesem grundlegenden Werk (London 1869), sondern auch in »Inquiries into human faculty and its development« (London 1883), in »Life history album« (London 1902), »Record of family faculties« und »Natural inheritance« (London/New York 1894) hat Galton seine Gesichtspunkte dargelegt.

3 G.J. Romanes ist der Verfasser von »Mental evolution in animals«, (New York 1900), »Mental evolution in man« (New York 1902) usw.

4 Zum Beispiel W.R. Gray, der die Frage in »Enigmas of Life« behandelt hat [nicht ermittelt].

5 Zum Beispiel in J.F. McLennans (Primitive marriage: An inquiery into the origin of the form of capture in marriage ceremonies. 1865) oder in E.A. Westermarcks (The human marriage. – Nachgewiesen ist: The history of human marriage. London 1925).

6 Besonders in: The Psychology and Pathology of the Mind. New York 1872. Eine der bekanntesten Arbeiten über diesen Gegenstand ist: Prosper Lucas: Traité philosophique et physiologique de l'hérédité naturelle. Paris 1847–1850.

7 Mitte der 90er Jahre in: Die Zukunft.

8 H.7S. Chamberlain: Die Grundlagen des 19. Jahrhunderts. 1. Aufl., München 1889.

9 Westermarck: The human marriage (s.o. Anm. 5).

10 Man sehe den Roman »Das Recht der Mutter« (Stuttgart 1896) von Helene Böhlau.

11 Unter dem männlichen Pseudonym »Harald Gote« erschienen, worunter sich jedoch eine Frau verbirgt.

12 Nach George Sand, die zuerst den Mut hatte, dieses Thema zu behandeln, hat die neuere Litteratur es nicht selten berührt, z.B. Erik Skram in »Gertrude Colbjörnson« (Kopenhagen 1879), Jules Case in »Jeune ménage« (3. Aufl. Paris 1891) und noch andere.

13 Man sehe: Mißbrauchte Frauenkraft. München 1898.

14 Onni Granholm »Die Liebe«, ein Buch, das ich kurz nach meinem Vortrag über »Das Jahrhundert des Kindes« erhielt und in dem ich gewisse Forderungen fand, die mit den damals von mir gestellten übereinstimmten. – Auch Lou Andreas-Salomé hat in einem interessanten

Essay interessante Gesichtspunkte in dieser Richtung gegeben: Der Mensch als Weib, in: Neue Deutsche Rundschau 10 (1899), S. 225–243.

15 Ohne irgendwelchen Anspruch auf Vollständigkeit will ich hier einige ältere und neuere Schriften über diesen Gegenstand anführen, in dem die Literatur fast täglich anwächst.

In einem speziellen Gebiet der großen Frage habe ich durch einen von Darwins Söhnen, Professor G. Darwin in Cambridge, Mitteilungen über die Untersuchungen erhalten, die er in den 70er Jahren begann, um die Wirkung zu ergründen, welche die Ehe von Geschwisterkindern auf die Nachkommenschaft ausübt. Er hatte die Frage über »Beneficial restrictions to liberty of marriage« (Contemporary Review 22 [1873], S. 412–426) aufgenommen und führte dann im »Journal of the Statistical Society« 1875 seine eigenen Untersuchungen als Beweis für die Gefahren einer Ehe zwischen Blutsverwandten an. Er zählt mehrere Arbeiten auf, die dieselbe Frage behandelt haben und zu demselben Schlußsatz gekommen sind, so

Mitchell, Arthur: On blood relationship in marriage [nicht erm.].

Huth, …: The marriage of near kin considered with respects to the laws of nations, the results of experience and the teaching of biology. 2. Aufl., London/New York 1887.

Mantengazza, Paolo (der mehrere andere Arbeiten über einschlägige Themen geschrieben hat): Studio sui matrimoni consanguinei. 2. Aufl., Mailand 1868.

Chipault, Antony: Étude sur les marriages consanguins et sur le croisement dans les règnes animal et végétal. Paris 1863.

und mehrere Arbeiten über Idiotismus und Taubstummheit, die diese Erscheinungen in Zusammenhang mit konsanguinen Ehen bringen. Diese sollen außerdem nach verschiedenen anderen Schriftstellern zu Unfruchtbarkeit und erhöhter Sterblichkeit der Nachkommenschaft führen. Wenn die Kinder den Folgen entrinnen, zeigen sich dieselben dafür bei den Kindeskindern. Seit den 70er Jahren ist noch viel mehr über diesen Gegenstand geschrieben worden, obgleich schon Mantengazza 57 Schriftsteller anführt, die vor konsanguinen Ehen warnen, und nur 15, die sie für unschädlich ansehen.

Was die Erblichkeit der verbrecherischen Anlagen betrifft, so sind Lombrosos, Tardes, Krafft-Ebings und andere Arbeiten so bekannt, daß ich hier nur an dieselben zu erinnern und ein paar neuere zu nennen brauche:

Fleury, Maurice: L'âme du criminelle. Paris 1898.

Hamon, A.: Déterminisme et responsabilité. Paris 1898.

Trotz meiner Versuche, von Sachverständigen genaue Mitteilungen über die neuere Literatur über »eugenics« zu erhalten, ist es mir in dieser Richtung nur gelungen, mir folgende Arbeiten zu verschaffen:

In englischer Sprache:

Straham, S.A.K.: Marriage and disease. A study of heredity and the more important family degenerations. New York 1892.

Orr, Henry B.: A theory of developement and heredity. London 1895.

Eine populäre Abhandlung:
Haycraft, John Barry: Darwinism and race progress. 2. Aufl., London 1900; dt. übers.: Natürliche Auslese und Rassenverbesserung. Leipzig 1895.

In französischer Sprache hat man vor allem:

Ribot, Théodule Armand: L'hérédité, étude psychologique sur ses phénomènes, ses lois, ses causes, ses conséquences. Paris 1873. Dt. übers. von Hans Kurella u.d.T.: Die Vererbung. Psychologische Untersuchung ihrer Gesetze, ethischen und socialen Konsequenzen. Leipzig 1895.
Ders.: L'hérédité psychologique. Paris 1873, 5. Aufl. 1897.
Magnan, Valentin/Legrain, Maurice Paul: Les dégénérés; état mental et syndromes episodiques. Paris 1895.
Lairent, E.: Marriages consanguins et dégénérescences [nicht erm.].
Dallemagne, Jules: Dégénérés et déséquilibrés. Paris 1895.
Legrain, Maurice Paul: Hygiène et prophylaxie: dégénérescence sociale et alcoolisme. Paris 1895.
Ders.: Hérédité et alcoolisme; étude psychologique et clinique sur les dégénérés buveurs et les familles d'ivrognes. Ouvrage couronné par la Société médico-psychologique (1888). Paris 1889.
Robin, Paul: Dégénération de l'espèce humaine, causes et remèdes. Paris 1896.
Vallet, Pierre: La vie et l'hérédité. Paris 1891.
Féré, Charles Samson: La famille nevropathique; théorie tératologique de l'hérédité et de la prédisposition morbides et de la dégénérescence. 2. Aufl., Paris 1898.
Le Dantec, Félix Alexandre: Évolution individuelle et hérédité; théorie de la variation quantitative. Paris 1898.
Simon, P. Max : Hérédité morale et dissemblance physique. Lyon 1885.
Sollier, Paul Auguste: The influence of heredity on alcoholism. New York 1890. [Der französische Titel: Du rôle de l'hérédité dans l'alcoolism, ist nicht nachzuweisen.]
Battesti, Felix: Le mariage au point de vue de l'hérédité. Paris 1886.
Fournet, Jules: De l'hérédité psychique ou morale, discours prononcé au congrès médico-psychologique de 1878. Paris 1880.
Dejerine, Joseph Jules: L'hérédité dans les maladies du système nerveux. Paris 1868.

Im Deutschen behandeln folgende Arbeiten denselben Gegenstand:

Berger, Paul: Die Bedeutung von Krankheiten für die Ehe mit besonderer Berücksichtigung der Erblichkeit. Berlin 1886.
Buckmann, S.S.: Vererbungsgesetze und ihre Anwendungsart auf den Menschen. Autoris. dt. Ausg. Leipzig 1893.
Roth, Emanuel: Die Thatsachen der Vererbung in geschichtlichkritischer Darstellung. 2. Aufl., Berlin 1885.
Arndt, Rudolf: Artung und Entartung. Greifswald 1895.

Hirsch, William M.D.: Genie und Entartung, eine psychologische Studie. 2. Aufl., Berlin 1894.

Krause, Ernst: Statistischer Beitrag zur Sterblichkeitsfrage bei Geisteskrankheiten, Jena 1885.

Lange, F. (ein Däne): Über den Einfluß der Erblichkeit bei Geisteskrankheiten [nicht erm.].

II. Die ungeborene Generation und die Frauenarbeit

1 In »Mißbrauchte Frauenkraft«.

2 »Frau Bürgelin und ihre Söhne« von Gabriele Reuter. Berlin 1899, 4. Aufl. 1900.

3 Bei der Maifeier 1894, als ich über die Frau und den Normalarbeitstag sprach.

4 Wer sich wenigstens einen Begriff von der Einwirkung der Grubenarbeit auf die Frauen machen will, muß Zolas »Germinal« lesen.

5 In England soll der Durchschnittslohn 6–7 Schilling wöchentlich sein, oft für 80 Arbeitsstunden; in Deutschland 6–9 Mark und – als Ergänzungsverdienst wird auf die Straße hingewiesen! In Österreich 6–8 Kronen, aber in der toten Saison oft nichts.

III. Erziehung

1 In England hat man bei der Diskussion über diese Frage hervorgehoben, daß die geschlechtliche Perversität, die zuweilen an Knabenschulen auftritt, teils zwischen den Schülern, teils zwischen Schülern und Lehrern, in unmittelbarem Zusammenhang mit der körperlichen Züchtigung steht. Diese Tatsache sowie die stets wiederkehrenden Fälle von Kindermißhandlungen müssen schließlich ein absolutes Gesetzverbot gegen alle Züchtigung in der Schule erzwingen. In Frankreich haben zwei große Arbeiten den Zusammenhang zwischen der körperlichen Züchtigung und der geschlechtlichen Perversität bewiesen, nämlich die von Jean de Villot verfaßten: La flagellation à travers la monde; Étude sur la flagellation au point de vue médical et historique [nicht ermittelt].

2 In dem Knabenbuch »Der kleine Karl« von Karl August Tavatstjerna können die Eltern sehen, welche Leiden eine phantasievolle Knabennatur durch das jetzt noch gebräuchliche Erziehungssystem erduldet.

3 Man sehe »Frau Bürgelin und ihre Söhne« von Gabriele Reuter.

4 Von einer sachverständigen Persönlichkeit habe ich folgende Übersicht der Literatur über Kinderpsychologie erhalten:
Die erste Standardarbeit auf dem Gebiete der Kinderpsychologie ist:
Wilhelm Thierry Preyer: Die Seele des Kindes. Zuerst 1881, 4. Aufl., Leipzig 1895. – Ders.: Die geistige Entwicklung der ersten Kindheit. Stuttgart 1893.
Als vortrefflich gelten auch die Arbeiten von B. Perez:
– Les trois premières années de l'enfant. 5. Aufl., Paris 1892
– L'éducation morale dès le berceau. Paris 1896.

– L'art et la poésie chez l'enfant. Paris 1888.
– L'éducation intellectuelle dès le berceau. 2. Aufl., Paris 1901.
– La psychologie de l'enfant de à sept ans. 3. Aufl., Paris 1894.
In den letzten Jahren haben mehrere Bücher und Zeitschriftenaufsätze die Psychologie des Kindes behandelt. Davon mögen erwähnt werden:

In englischer Sprache:

Brown: H.W.: Some records of the thoughts and reasoning of children. In: Pedagogical Seminary 2 (1892), S. 358–396.

Chrisman, Oscar: One year with a little girl. In: Educational Review (New-York) 9 (1895), S. 52–71.

Ders.: Child study, a new department of education. In: Forum and Century 16 (1894), S. 728–736.

Mangasarian, M.M.: The punishment of children. In: International Journal of Ethics 4 (1893/94), S. 493–497.

Barus, Annie Howes: Methods and difficulties in Child-Study. In: Forum and Century 20 (1895), S. 113–119.

Louch, Mary: A laboratory for Child-Study. In: Journal of Education (London) 17 (1895), S. 21–24, 208–211.

Lowden, Thomas Scott: The first half year of an infant's life. (Diss. Univ. of Wooster.) Wooster, O.: The Harald Printing Co. 1895.

Maitland, Louise M.: What children draw to please themselves. In: Inland Educator 1 (1895), S. 77–81.

Oppenheim, Nathan: Why children lie. In: Popular Science Monthly 47 (1895), S. 382–387.

Roark, Ruric Nevel: Psychology in education; designed as a textbook; and for the use of the general reader. New York/Cincinnati 1885.

Chamberlain, Alexander Francis: The child and child-hood in folk-thought. (The child in primitive culture.) New York/London 1896.

Lewis, Henry King: The child; its spiritual nature. London/New York 1896.

Hall, Stanley: The methods, status and prospects of the child-study of today. In: Trans. III Soc. Child. St. 1897.

Louch, Mary: Difference between children and grown-up people from the child's point of view. In: Pedagogical Seminary 5 (1897/98), S. 129–135.

Darrah, Estelle M.: A study of children's ideals. In: Popular Science Monthly 53 (1898), S. 88–98.

Dutton, …: Management of precocious children. In: Cleveland Med. Mag. 1898.

Gould, George M.: Child fetiches. In: Pedagogical Seminary 5 (1897/98), S. 421–425.

Taylor, Albert Reynolds: The study of the child; a brief treatise on the psychology of the child, with suggestions for teachers, students, and parents. New York 1898.

Warner, Francis: The study of children and their school training. New York/London 1897.

Wilson, Louise N.: Bibliography of Child Study. In: Pedagogical Seminary 6 (1898/99), S. 386–410.

Harris, William Torey: Psychologic foundation of education; an attempt to show the genesis of the higher faculties of the mind. New York 1898.

McCosh, James: Psychology – the motive powers, emotions, conscience, will. New York 1887, 1891.

In französischer Sprache:

Compayré, Gabriel: L'évolution intellectuelle et morale de l'enfant. Paris 1893. – Dt. übers. von Christian Ufer: Die Entwicklung der Kinderseele. Altenburg 1900.

Ders.: Notions élémentaires de psychologie. Paris 1887.

Queyrat, Frédéric: L'imagination et ses variétés chez l'enfant. Paris 1893.

Ders.: Les caractères et l'éducation morale. Paris 1896.

Defert, Louis: L'enfant et l'adolescent dans la société moderne. Paris 1897.

Schinz, A.: La moralité de l'enfant. In: Revue Philosophique de la France et de l'Etranger 23 (1898), Bd. 45/I, S. 259–295. – Dt. übers. von Christian Ufer: Die Sittlichkeit des Kindes. In: J.L.A. Loch/J. Trüper/Chr. Ufer (Hrsg.): Beiträge zur Kinderforschung mit bes. Berücks. pädagogischer Zwecke. (Beiheft zur Zs. »Die Kinderfehler«.) Langensalza 1898.

Marion, Henri: Leçons de psychologie appliquée à l'éducation. Paris 1882.

Bérillon, Edgar: Les principes de la pédagogie suggestive. Paris 1898.

Fleury, Maurice de: Le corps et l'âme de l'enfant. Paris 1899ff.

Lesorbonnard, J.-B.: Du gouvernement du soi-même. Essai de psychologie physiologique. 1887.

Lacombe, Paul: Esquisse d'un enseignement basé sur la psychologie de l'enfant. Paris 1899.

Von dem nun verstorbenen, sehr bedeutenden Denker Jean-Marie Guyeau: Education et hérédité. Etude sociologique. Paris 1889. – Erziehung und Vererbung. Eine soziologische Studie. Übers. von E. Schwarz und M. Kette. (Philos.-soziolog. Bücherei, Bd. 31.) Leipzig 1913.

Von mittelbarer Bedeutung für die Erziehung sind auch seine Arbeiten:

– Esquisse d'une morale sans obligation ni sanction. Paris 1885. – Sittlichkeit ohne Pflicht. Dt. Übers. von E. Schwarz. Eingeleitet von A. Fouillée. Mit Randbemerkungen von Friedrich Nietzsche. (Philos.-soziolog. Bücherei, Bd. 8.) Leipzig 1909.

– L'irreligion de l'avenir. Paris 1887. – Die Irreligion der Zukunft. (Philos.-soziolog. Bücherei, Bd. 20.) Leipzig 1910.

Binet, Alfred: Etude de psychologie experimentale. Le fétichisme dans l'amour, la vie psychique des micro-organismes, l'intensité des images mentales, le problème hypnotique, note sur l'écriture hystérique. Paris 1888.

Ders.: La fatigue intellectuelle. Paris 1898.

Ders.: La suggestibilité. Paris 1890.

Fouille, Alfred: La psychologie des idéés-forces. Paris 1893.

Richet, Charles: Essai de psychologie générale. Paris 1887.

Joly, Henri: Notions élémentaires de psychologie, suivis de l'application de ces notions à l'éducation, rédigées conformément au programme de première année des écoles normales primaires. Paris 1890.

Ders.: Notions de pédagogie. Suivies d'un résumé historique et d'une bibliographie. Paris 1884.

Ders.: Psychologie des grands hommes. Paris 1883.

Von mittelbarer Bedeutung auch für die Psychologie des Kindes sind die folgenden Arbeiten von Théodule Armand Ribot:

- Les maladies de la mémoire. Paris 1881. – Dt. übers.: Das Gedächtnis und seine Störungen. Hamburg 1882.
- Les maladies de la volonté. Paris 1884.
- Psychologie de l'attention. Paris 1889. – Die Psychologie der Aufmerksamkeit. Nach der 9. Aufl. übers. von Dr. Dietze. Leipzig 1908.
- Psychologie des émotions. Nicht nachgewiesen; der englischsprachige Titel »The psychology of the emotions« ist die Übersetzung von »La psychologie des sentiments«, s.d.)
- La psychologie des sentiments. Paris 1896. – Psychologie der Gefühle. Übers. von Chr. Ufer. (Internationale paedagogische Bibliothek, Bd. 5.) Altenburg 1903.

In deutscher Sprache:

Fritz, Albert: Ergebnisse der Analysen des kindlichen Bewußtseins und Folgerungen daraus. In: Bayerische Lehrerzeitung (Nürnberg) 28 (1894), S. 49–52, 81, 103.

Heydner, Georg: Beiträge zur Kenntnis des kindlichen Seelenlebens. Leipzig 1894.

Strümpell, Ludwig Heinrich: Die Verschiedenheit der Kindernaturen. Leipzig 1894.

Andrae, Carl: Über die Faulheit. In: Deutsche Blätter für erziehenden Unterricht 23 (1896), Nr. 1, S. 1–4; Nr. 3, S. 23–25; Nr. 4, S. 31–33; Nr. 5, S. 39–42; Nr. 6, S. 47–49.

Aschaffenburg, Gustav: Welchen Nutzen kann die experimentelle Psychologie der Pädagogik bringen? In: Die Kinderfehler 1 (1896), Nr. 2, S. 37–41.

Hohmann, L.: Grundlinien des Seelenlebens, dargestellt unter steter Berücksichtigung der Schulpraxis. In: Pädagogische Blätter für Lehrerbildung und Lehrerbildungsanstalten 25 (1896), S. 501–527.

Boehme, Franz Magnus: Deutsches Kinderlied und Kinderspiel. Volksüberlieferungen aus allen Landen deutscher Zunge, gesammelt, geordnet und mit Angabe der Quellen erläuternder Anmerkungen und den zugehörigen Melodien. Leipzig 1897.

Jahn, Max: Psychologie als Grundwissenschaft der Pädagogik, 2. Aufl., Leipzig 1897.

Nieden, Johannes: Allgemeine Pädagogik auf psychologischer Grundlage und in systematischer Darstellung. 2. Aufl., Straßburg 1896.

Lukens, Hermann T.: Die Entwicklungsstufen beim Zeichnen. In: Die
Kinderfehler 2 (1897), S. 166–170.
Schäfer, Rudolf: Die Vererbung. Ein Kapitel aus einer zukünftigen
psychologischen Einleitung in die Pädagogik. Berlin 1898.

In italienischer Sprache:

Colozza, Giovanni Antonio: Il giuoco nella psicologia e nella pedago-
gia. Turin 1895. – Dt. Über. von Chr. Ufer: Psychologie und Pädagogik des Kinderspiels. Altenburg 1900.
Ferrari, G.C.: Manifestazioni artistiche accessuali in una bambina. In:
Archivio de psichiatria, antropologia criminale e scienze penali, Jg.
1898, S. 238–256.
Marescalchi, Arturo: I desideri dei bambini. Casale 1897.

VI. Die Schule der Zukunft

1   Ch. Stretton: Women and Economics. Boston 1898, Reprint New York
1970.
2   Ein hervorragender Lehrer wies in einem Gespräche darauf hin, welch
großes Absatzgebiet sich so einer ganzen Anzahl von Künstlern eröffnen würde, deren Technik wohl ausgebildet ist, denen aber die persönliche Auffassung, die schaffende Phantasie fehlt. Es bedeutet für eine
Schule mehr, eine gute Kopie eines großen Werks zu haben, als zehn
kleine Fotografien von mehreren! Aber es gilt, die richtigen Werke
zum Kopieren herauszufinden! Man darf nicht mit Kunstwerken anfangen, die nur wirkliche Kunstbildung selbst im Original genießbar
macht! Vor Botticelli und anderen Präraphaeliten z.B., vor Porträts un-
bekannter alter Damen und Herren – sie mögen nun Valesquez oder
Franz Hals, Holbein oder Rubens signiert sein – bleiben die Kinder in
der Regel ebenso unberührt, als wenn man versuchte, den Grund zu
ihrem Literaturinteresse durch Hans Sachs, Chaucer oder Montaigne
in der Originalsprache zu legen. Die Bilder der Kunst aus ihrem eigenen Leben, dem Arbeitsleben, Heimleben, Tierleben, Naturleben, sowie dem Leben *bekannter* Persönlichkeiten bilden die natürliche Brük-
ke zwischen der Kunst und dem Kinde oder dem Volke. Eine phanta-
stische und mystische Stimmung, von der das kindliche Phantasie
dann träumen und weiterdichten kann, das macht vor allem ein Kunstwerk dem Kinde teuer. Man sollte schon jetzt bei der Ausschmückung
der Schulen den eigenen Geschmack der Kinder bei der Auswahl entscheiden lassen, so daß eine Menge Fotografien von Meisterwerken
der Kunst – der Architektur wie der Plastik und Malerei – ihnen vor-
gelegt würden; und jene Werke, die die Kinder durch Abstimmung
selbst wählten, würden dann ihrer Schule geschenkt.
3   »Idrott« ist Heldentat, Heldenstück, auch edlere Leibesübung.
4   Man sehe von Harry Bellerby Lowerison: Sweet-Briar-sprays: being
poesis plucked in a random walk through this still beautiful England.
London 1899. Später hat Mr. Lowerison einen Bericht über sein erstes
Schuljahr in der Broschüre »Ruskin School-Home« veröffentlicht.

VII. Der Religionsunterricht

1   Von Dr. Dodel, Professor der Botanik in Zürich.

VIII. Kinderarbeit und Kinderverbrechen

1   In Schottland hat sich doch die Polizei geweigert, als Profoss zu funk-
    tionieren, und The Humanitarian League hat eifrig der sogenannten
    whipping bill entgegengearbeitet, die für voriges Jahr fiel, weil das
    Parlament nicht dazu kam, sie zu behandeln.

2   Man empfiehlt Prügel, weil nur der Schmerz und die Demütigung die
    Verhärteten gefügig machen. Man hat z.B. geltend gemacht, daß die
    bloße *Drohung* mit Prügeln genügte, um einen Nordlund zu einem
    schicklichen Betragen im Gefängnis zu zwingen. Aber – *das hinderte
    ihn nicht, sein Verbrechen zu begehen, als er wieder herauskam!* Und
    es wird sich zeigen, daß nicht einer von jenen, denen man im Gefäng-
    nis Unterwürfigkeit einbläute, dadurch reformiert wurde. Ebenso roh
    oder noch roher werden sie in die Gesellschaft zurückkehren, die
    durch brutale, grausame Strafen nur die Verbrechen vermehrt, die der
    Brutalität und Wildheit entspringen.

3   E. Markham, ein in mittleren Jahren stehender amerikanischer Schul-
    lehrer.

Personenregister

Die »Majestät des Kindes« – Ellen Keys polemische Provokationen

Nachwort von Ulrich Herrmann

»Wer liest das Buch vom ›Jahrhundert des Kindes‹, das in ein paar Jahren in 22 000 Exemplaren… in der deutschen Ausgabe verkauft worden ist? Ich weiß es nicht; daß Männer es lesen, glaube ich nicht; bleiben die höheren Töchter. In der Tat, ich denke mir, daß es so ziemlich durch die Hände aller Backfische Berlins gegangen sein wird. Wer sollte auch sonst imstande sein, dieses Gemisch von wohlmeinender Trivialität, schwungvoller Beredsamkeit, maßlosen Anklagen, kritikloser Kritik, unverdauten Lesefrüchten aus allen Modernen, dissoluter Dünkelei und Meinerei, mit Zwischenreden des gesunden Menschenverstandes zu lesen, in dem jeder Satz wider den anderen ist, die Forderungen des extremsten Individualismus friedlich neben sozialistischen Ideen stehen; denn Nietzsche ist modern, August Bebel ist aber auch modern: die Schulen und Kindergärten sind der Fluch der Menschheit, denn sie vernichten die individuelle Erziehung durch die Mutter; aber die jungen Mädchen müssen alle eine von der Gesellschaft organisierte Dienstzeit der Kinderpflege und -erziehung durchmachen, um mit pädagogischer Normalweisheit getränkt zu werden. Wer in der Welt, frage ich, sollte ein solches Buch zu lesen aushalten, ausgenommen die vereinigten Backfische von Berlin?«[1]

Der Verfasser dieser Zeilen – Friedrich Paulsen (1846–1908) – war renommierter Professor für Philosophie und Pädagogik an der Berliner Universität, Verfasser von historischen und systematischen Standardwerken der Pädagogik, einer der kundigsten Kommentatoren und Kritiker der Schulpolitik im Wilhelminischen Kaiserreich; sein bekanntester Schüler: Eduard Spranger. Paulsens Abhandlung »Väter und Söhne« von 1907, der die zitierte Passage entnommen ist, diagnostizierte in den mannigfachen Krisen- und Übergangserscheinungen der Zeit um 1900 einen wichtigen mentalitätsgeschichtlichen Vorgang: den Wandel der Generationenbeziehungen und der Formen ihres Umgangs. Für diesen Wandel machte Paulsen neben den realgeschichtlichen Faktoren nicht zuletzt eine Publizistik verantwortlich, die sich darin gefalle, die Spannung zwischen den Generationen, zwischen Jung und Alt, zwischen Lehrern und Schülern, zu verschärfen, zuzuspitzen, polemisch zu überhöhen:

»Dieser Geist kritischen Niederräsonierens und Niederreißens alles Bestehenden, der durch unser ganzes Leben geht, der unsere ganze Literatur beherrscht, der wirkt nun auch auf die Stimmung und den Verkehrston in den engsten Lebenskreisen, in der Familie und Schule, zurück: Achtung vor der Autorität und den geltenden Ordnungen ist eine Sache, die auf diesem Boden nirgends recht gedeihen will.«[2] – »Durch tausend Kanäle fließen derartige Empfindungen und Betrachtungen der heutigen Jugend zu: man liest sie in Broschüren und Romanen, man sieht die Typen dazu inkorporiert auf der Bühne, man kann kein Zeitungsblatt in die Hand nehmen, das nicht in eigenen Artikeln oder Berichten aus Reden und Versammlungen weiblicher und männlicher Reformer die dringende Notwendigkeit einer vollständigen Reform der Schule und Erziehung behandelte, vor allem und zuerst den gänzlichen Abbruch des völlig verrotteten Alten als unbedingte Pflicht hinstellte. Überall ist von den Rechten und Ansprüchen des heranwachsenden Geschlechts die Rede, von seinen Pflichten darf im Jahrhundert des Kindes überhaupt nicht gesprochen werden. In der Tat, es ist der Jugend in unserer Zeit nicht leicht gemacht, das innere Gleichgewicht zu bewahren und zu den alten Autoritäten, die nun doch einmal die äußere Stellung noch innehaben, das rechte Verhältnis zu finden. Es ist verständlich, wenn sie vielfach, von dem Recht der Jugend und der Verblödung des Alters durch ihre neuen Autoritäten überzeugt, zähneknirschend das Joch trägt und den Tag herbeisehnt, wo sie es abwerfen kann.«[3]

Die Provokation hatte offensichtlich gewirkt, wenn ein Mann wie Friedrich Paulsen nicht anders konnte, als solche polemisch-aggressiven Sätze zu formieren. Ellen Keys »Jahrhundert des Kindes« akzentuierte und verstärkte offenbar einen ohnehin als problematisch wahrgenommenen Trend im geistigen und kulturellen Habitus der jungen Generation:

»... sie nimmt die Farbe der Zeit und der Umgebung an, in der sie aufwächst. Sie hört den Ton der Ehrfurcht selten; dagegen schlägt der Ton aufgeregter, leidenschaftlicher, überheblicher, gehässiger, hämischer Kritik von allen Seiten an ihr Ohr: im Hause, in der Zeitung, im Witzblatt, in der Flugschrift, in der Literatur; wer hat denn noch vor etwas Respekt, ja wer schämte sich nicht, heutzutage noch vor etwas Respekt zu haben?... Alles in Frage stellen, alles wegwerfen, alles für tot erklären, besonders das, was nach Autorität von ferne aussieht, das ist der Ton, auf den unsere Schriftsteller gestimmt sind; nichts gemeiner, als etwas anerkennen, als der Ehrfurcht vor dem Alten und Großen, als der angeborenen Schafs- und Herdennatur folgen. O pfui, wer noch an etwas glaubt, wer noch etwas für wahr und gut und groß hält, das ist das Zeichen der gemeinen Seele! Ist's zu verwundern, daß diese Beredsamkeit unserer Jugend leicht eingeht, daß es wie eine Erleuchtung über sie kam, als sie Nietzsche entdeckte«?[4]

Mit der Erwähnung von Friedrich Nietzsche und damit – das assoziierte der Leser sofort, auch wenn er das Motto zum ersten Kapitel in Ellen Keys Buch nicht kannte – durch den Hinweis auf den Mythos vom »Übermenschen« und auf den Mythos »Jugend« im »Zarathustra« verweist Paulsen auf einen andern Mythos der Epoche: den Mythos »Kind« bzw. »Kindheit«. Warum werden in beiden Fällen – Kindheit und Jugend – die literarische Form und die rhetorischen Topoi des Mythos verwendet? Weil es offensichtlich darum geht, den zu zeigenden Sachverhalt in seiner Idealität – ja geradezu in seiner »Göttlichkeit«, wie Ellen Key sagt – einer nachschaffenden Imagination zugänglich zu machen, weil auf diese Weise sowohl zunächst Ergriffenheit und moralische Zustimmung als auch dann (emotionales) Innewerden und Überzeugtsein von der Wahrheit des Geschauten sich einstellt, die mit rational-logischen Mitteln allein nicht zu bewirken ist. Die mythologische Redeform initiiert einen geistigen Verkehr zwischen einer Botschaft und einer Sehnsucht und beschwört das Heil (oder auch den Untergang). Auf diese Weise stiftet der Mythos – das ist eine seiner wesentlichen Funktionen in der Moderne – eine geschichtliche Kontinuität des historisch Getrennten, eine Konsistenz und Kontinuität der geistigen Welt zum Zwecke der identitätsstiftenden Orientierung in ihr[5]: Denjenigen, die an dieser geistigen Stiftung teilzuhaben gewillt und imstande sind, öffnet sich der seherische Blick und das Sendungsbewußtsein für die Kräfte aus mythischen Ursprüngen, denen man sich als ihr Werkzeug verpflichtet weiß. Diese Haltung stiftet Verantwortung für die Zukunft im ganzen: für das »neue Jahrhundert«, die »neue Gesellschaft«, den »neuen Menschen«, wie es Ellen Key im Motto ihres Buches selber zum Ausdruck bringt.

Dem nüchtern denkenden Bildungshistoriker, Erziehungstheoretiker und Schulpolitiker Paulsen wären Ellen Keys Enthusiasmus und Pathos nicht so anstößig erschienen, ihre übersteigerten Visionen und ihre naive Wissenschaftsgläubigkeit, auch der überwältigende Erfolg ihres Buches[6] hätten Paulsen weniger überrascht, wenn er auf mythologische bzw. mythos-stiftende Rhetorik geachtet und durch sie die Grundannahmen Ellen Keys als *mythologisch* verstanden hätte:

- der Mythos von der Selbstentfaltung der Natur: Evolution als Höherentwicklung und Fortschritt (»Heiligkeit der Generation«);
- der Mythos von der Selbstvollendung der Natur: Natürlichkeit als Sittlichkeit (»Heiligkeit des Kindes«);
- der Mythos von der Ursprünglichkeit als Sittlichkeit (»Heiligkeit des Heimes«);
- der Mythos von der Beherrschbarkeit der Zukunft *via educationis* (Erziehung als »Lebensfrage der Menschheit«).

Diese Mythen bilden den Hintergrund für Ellen Keys Diskurse: den eugenischen, den anthropo-genetischen, den soziologischen und den pädagogischen.[7] Dabei handelt es sich insofern um Diskurse, als es der Verfasserin ja nicht um wissenschaftliche Beweisführungen und theoretischen Erörterungen geht, sondern um das Schauen des Wesentlichen, das unser Denken und Handeln bestimmen soll. Demzufolge können die Gegenstände und Erörterung auch nicht anders als in utopischer Artikulation[8] zur Sprache gebracht werden:

- die »Selbstpurifizierung« der menschlichen Gattung und die Entwicklung der Menschen zu einem »höheren Typus«

- des genialen »Übermenschen« – durch staatliche Erbgesundheitspflege;
- die Zeugung und das Aufziehen von Kindern nur in »Liebe und Reinheit«, »Gesundheit und Schönheit«, in »Glück« und »Harmonie«;
- das Rousseau'sche Konzept der *éducation negative:* »Ruhig und langsam die Natur sich selbst helfen lassen und nur sehen, daß die umgebenden Verhältnisse die Arbeit der Natur unterstützen, das ist Erziehung«;
- die Gesamtveränderung aller Lebens- und Gesellschaftsverhältnisse: »Wir brauchen neue Heime, neue Schulen – sowie neue Ehen und neue Gesellschaftsverhältnisse – für die neuen Seelen mit ihrer unendlich vielfältigen, noch nicht einmal nennbaren neuen Art zu fühlen, zu lieben, zu leiden, das Leben zu fassen, zu ahnen und zu hoffen, zu glauben und zu beten«;
- die Umwandlung aller Schulen aus Stätten der Wissensvermittlung in solche der Selbsttätigkeit und des Glücks,
- die Rückkehr zu Verhältnissen der gesellschaftlichen und privaten Arbeitsorganisation und der Geschlechterverhältnisse, die die Mütter zu ihren Aufgaben im Hause und bei der Kindererziehung zurückführen; denn das Resultat der Emanzipationsbewegung der Frau – ihre Mehrfachbelastung in Haus und Beruf, Ehe und Familie – sei lediglich, die »Freiheit immer mehr verloren zu haben – das ist, im großen gesehen, das traurige Resultat der sogenannten Befreiung der Frau in unserem Jahrhundert, wenn man weiter sieht, als auf einige tausend Frauen der oberen Klassen in gut bezahlten Stellungen!«

Es sind dies die Träume vom vollkommenen Leben, von einem Leben in Glück und Harmonie, ohne Entfremdung und ohne innere Zerrissenheit – eine irreale Welt des Wünschbaren, ein Entwurf der »natürlichen«, »vernünftigen«, »richtigen« Ordnung der Dinge als Orientierungsrahmen und als Ausdruck »handlungsmotivierender Bedürfnisse«, eine überschwengliche Überschreitung der realen sozialen Erfahrung – eben eine Utopie.[9] Wenn Utopien normalerweise gekennzeichnet sind durch die fehlende Vermittlung von Orientierung und Erfahrung, Hoffnung und Erfüllbarkeit, und wenn ihre Plausibilität darauf beruht, Bedürfnisse oder Ängste in-

nerhalb bestimmter Erwartungshorizonte zur Sprache zu bringen[10], dann trifft dies auch auf Ellen Keys Visionen vom
»Jahrhundert des Kindes« zu. Zugleich aber erhöht sie die
Plausibilität ihrer Anregungen und Impulse durch die Einfü-
gung von Passagen, die realitätsnah sind in der Weise, daß in
ihnen die noch nicht eingelösten Möglichkeiten einer besseren Wirklichkeit in den Unzulänglichkeiten der konkret vor-
findlichen Wirklichkeit ausgeführt werden. So wird auf faszi-
nierende Weise aus dem Noch-Nicht des Möglichen unverse-
hens der Maßstab des Einzufordernden. Beispielhaft dafür
sind:
- die Ausführungen über die »Frauensache« als »Klassen-
  kampf«, über Frauenarbeit und Mutterschutz;
- über Familienleben und Elternschaft;
- über Kinderschutz und Prügelstrafe;
- die eindringlichen Darlegungen von den »Seelenmorden«
  in der herkömmlichen Schule und die Grundzüge der
  »Schule der Zukunft«;
- die Kritik am Religionsunterricht.
Ellen Key erweist sich in diesen Texten als engagierte Sozia-
listin und Sozialkritikerin, die ihre Kritik mit Substanz und
Gewicht vorbringt, man lernt eine Frauenrechtlerin mit eigenem Standpunkt kennen[11]; eine versierte Psychologin und
Pädagogin zeigt Alternativen zur Erziehungs- und Schulpraxis, denen man schwerlich die Zustimmung versagen kann,
auch nicht am Ende jenes Jahrhunderts, das dasjenige des
Kindes hätte sein sollen; ihre Verurteilung der unheiligen Al-
lianz von Klerikalismus und Militarismus traf ein folgenrei-
ches Übel (nicht nur) ihrer Zeit.

Ellen Key wußte, wovon sie sprach. 1849 wurde sie als erstes Kind – nach eigenem Bekunden – »junger und glücklicher Eltern« geboren und wuchs in einer harmonischen und
förderlichen Familienatmosphäre mit viel Entwicklungs- und
Entfaltungsfreiheit auf. Eine Schule besuchte sie nicht, sondern erhielt häuslichen Privatunterricht und las sich durch die
Bibliothek ihres Vaters. Mit Zwanzig wurde sie Journalistin
und Mitarbeiterin ihres Vaters, der als schwedischer Reichs-
tagsabgeordneter eine reformpolitische Position vertrat. Später war Ellen Key Lehrerin an einer Mädchenschule, Dozentin
am Stockholmer Arbeiterinstitut, Leiterin von Bildungskursen

für junge Arbeiterinnen und Vortragsreisende an skandinavischen Volkshochschulen. Sie starb im Frühjahr 1926.[12]

Über die Zusammenhänge von Gesellschaftspolitik und Sozialkritik, Frauenfrage und Sozialpolitik, Schulkritik und Kulturpolitik urteilte sie mithin aus eigener Anschauung und Erfahrung. Im Zentrum der Botschaft ihres hier wieder vorgelegten Buches stand jedoch ihr Bild von der »Majestät« und »Heiligkeit« des Kindes, worin die europäische Reformpädagogik um 1900 ihren unübertroffenen Ausdruck fand:

»Bevor nicht Vater und Mutter ihre Stirn vor der Hoheit des Kindes in den Staub beugen; bevor sie nicht einsehen, daß das Wort Kind nur ein anderer Ausdruck für den Begriff Majestät ist; bevor sie nicht fühlen, daß es die Zukunft ist, die in Gestalt des Kindes in ihren Armen schlummert, die Geschichte, die zu ihren Füßen spielt – werden sie auch nicht begreifen, daß sie ebensowenig die Macht oder das Recht haben, diesem neuen Wesen Gesetze vorzuschreiben, wie sie die Macht oder das Recht besitzen, sie den Bahnen der Sterne aufzuerlegen.

Aber wenn die Mutter von derselben Ehrfurcht vor den unbekannten Welten, die ihr in den großen Blicken des Kindes begegnen, durchlebt wird, die vor den Welten, die ihre weißen Blüten über das blaue Dunkel des Himmels rieseln lassen; wenn der Vater in seinem Kinde den Königssohn sieht, dem er in Demut mit seinen eigenen Kräften dienen soll – dann kommt das Kind zu seinem Rechte!« Hierauf bezieht sich wohl vor allem Paulsens Einrede gegen Ellen Keys Pädagogik, die von einem neuen, höchst problematischen Generationenverhältnis ausgehe; wie überhaupt seither, besonders intensiviert durch den Mythos Jugend in der Jugendbewegung, in das Verhältnis der Generationen nachhaltig eine Verzerrung eingetreten ist.[13]

Der Umgang mit dem Kind müsse eine »unablässige Inspiration« sein: für den Erzieher nämlich zum Zwecke seiner Selbsterziehung und Selbstkontrolle, gemäß Ellen Keys »pädagogischem Imperativ«: »Würde ich selbst damit einverstanden sein, so behandelt zu werden, wie ich eben mein Kind behandelt habe?« Angesichts der Macht der Natur und des Eigenrechts des Kindes müssen Resignation und Optimismus die leitenden pädagogischen Maximen sein; Erfahrungslernen und Kraftentwicklung sollen die pädagogische Praxis prägen; Sitte und Form – die prägenden Lebenserfahrungen und die bildenden Lebensformen – sind die Medien der Erziehung. Die Reformpädagogik hatte damit ihren identitätsstiftenden Kern gefunden: »Pädagogik vom Kinde aus« sein zu wollen, von der Rilke sagte:

»Freie Kinder zu schaffen, wird die vornehmste Aufgabe dieses Jahrhunderts sein. Ihr Sklaventum ist schwer und schrecklich; es beginnt noch ehe sie geboren sind, und endet damit, daß sie schließlich Erwachsene und Eltern, das heißt wieder Unterdrücker von neuen Kindern werden. Wie die Verhältnisse heute liegen, kann man ruhig sagen, daß sowohl die guten wie die schlechten Eltern, sowohl die guten wie die schlechten Schulen, Unrecht haben dem Kinde gegenüber. Sie verkennen das Kind überhaupt, sie gehen von einer falschen Voraussetzung aus, von der Voraussetzung des Erwachsenen, der sich dem Kinde überlegen fühlt, statt zu erkennen, daß es das Streben der größten Menschen war, dem Kinde in gewissen Augenblicken gleich und ebenbürtig zu sein.«[14]

Damit fand Ellen Keys Buch Eingang in alle impulsgebende reformpädagogischen Konzeptionen der damaligen Zeit in Deutschland[15] und später in die Dokumentationen[16] und Darstellungen[17] der Reformpädagogik. Der Text ist in seinem Argumentationszusammenhang sorgfältig komponiert. Er beginnt mit der Frage nach dem »Anfang«, von dem her die Zukunft als Fortschritt gedacht werden kann. Dieser Anfang ist notwendigerweise ein Rückgang auf den Gang der *Natur* als Evolution (im Sinne von Höherentwicklung), natürliche Auslese und Erbgesundheitspflege. Darwins Evolutionstheorie, Galtons Humangenetik und Eugenik, Spencers »survival of the fittest« und – als Richtpunkt – Nietzsches »Übermensch« bilden die Ausgangspunkte (1. Kap.). Die Erbgesundheitspflege wird jedoch durch die kapitalistische Arbeitsorganisation und die Ausbreitung und Depravierung der Arbeitskraft – besonders derjenigen der Frauen – unmöglich gemacht, so daß sich sozialkritische und gesellschaftspolitische Analysen über Frauenfrage und Frauenarbeit anschließen (2. Kap.). Erziehungsreform ist nur sinnvoll und möglich unter der Voraussetzung der Schaffung besserer erbgenetischer und gesellschaftlicher Lebensbedingungen für die kommenden Generationen. Des weiteren muß sie praktisch durchgeführt werden auf naturwissenschaftlich psycho-physiologischer Basis, orientiert an der »wirklichen Natur« und den »wirklichen Bedürfnissen« der Kinder in der Tradition Rousseaus (3. Kap.). Das Leben der Kinder ist jedoch von Anfang an auch ein Prozeß der Vergesellschaftung, der primären sozialen Erfahrungen, so daß die pädagogische Atmosphäre in der Familie für die geistige und emotionale Entwicklung und Gesundheit des Kindes ausschlaggebend ist (4. Kap.). Neben der Familie steht die Schule als Erfahrungs- und Lernraum. Von der Familienkritik geht es weiter zur Schulkritik (5. Kap.) und zum Entwurf der neuen »Schule der Zukunft« (6. Kap.). Der Religionsunterricht (7. Kap.) spielt dabei eine Sonderrolle, weil an ihm besonders sinnenfällig gezeigt werden kann, wie das christliche Menschenbild dem pädagogisch-positiven widerstreitet und wie die christliche Weltdeutung der kindlichen Welterfahrung inkommensurabel ist und den Aufbau einer natürlichen Weltauffassung unterminiert. Dieser so charakterisierte Religionsunterricht ist demzufolge eine extreme Gegenposition zur »Pädagogik vom Kinde aus«. Mit dem Blick auf die Zukunft schließt Ellen Key mit einem Plädoyer gegen die Kinderarbeit und mit einem Appell an »Jugend« als Garant der Zukunft (Kap. 8). Und damit schließt sich der Kreis zur Eingangsthematik von der »Heiligkeit der Generation« und der Pflege erbgesunden Nachwuchses.

Ellen Key wurde allenthalben gelesen und diskutiert, jedoch: die Bezugnahmen von seiten der reformpädagogischen Literatur waren höchst selektiv! Der eugenisch-rassebiologische Ansatz wurde zumeist ebenso ausgeblendet wie dessen naturalistische und sozial-darwinistische Ausformung; der Zusammenhang von sozialistischer Gesellschaftskritik mit der Frauenfrage und zugleich mit der Kritik an der Institution Schule konnte in dieser Form von der dominierenden (akademischen) Reformpädagogik in Deutschland vor und nach dem Ersten Weltkrieg nicht thematisiert werden; wohl ebensowenig wie die scharfe Kritik am Religionsunterricht; es blieb eigentlich nur der für die deutsche Reformpädagogik so wohltuende Traum von der »Schule der Zukunft«, deren Verwirklichung immerhin in Ansätzen bei Hermann Lietz zu sehen war. Und es blieb bei der beruhigenden Botschaft, daß es nicht um die Verbesserung der Erziehung und des Unterrichts im Detail gehen dürfe, sondern um eine »Revolution« des Systems im ganzen gehen müsse:

»Einzelreformen in der modernen Schule bedeuten nichts [sic!], solange man durch dieselben nicht bewußt die große Revolution vorbereitet, die, welche das ganze jetzige System zertrümmert, und von diesem nicht einen Stein auf dem anderen läßt. Ja, es müßte eine Sintflut der Pädagogik kommen, bei der die Arche nur Montaigne, Rousseau, Spencer und die neue kinderpsychologische Literatur zu enthalten brauchte! Wenn dann die Arche aufs Trockene käme, würden die Menschen nicht Schulen bauen, sondern nur Weingärten pflanzen, wo die Lehrer die Aufgabe hätten, ›die Trauben zur Höhe der Lippen der Kinder zu erheben‹, anstatt daß diese jetzt den Most der Kultur in hundertfacher Verdünnung zu kosten bekommen!«

Diese Rhetorik – in der Zeit durchaus geläufig[18] – beansprucht den Gestus von Reform, ohne diese doch selber praktisch herbeiführen zu können. Ja, sie will es im Grunde auch gar nicht, weil »Einzelreformen« nichts – *nichts*?! – bedeuten. Die Gesamtreform ist aber nicht verfügbar; denn sie tritt ein wie eine »Natur«-Katastrophe (»Sintflut«), also nicht als Resultat von Politik. Das ist hilfreich und tröstlich; denn diese Vorstellung entlastet von der Reformarbeit in und für Familien und Schulen, sie entbindet von der Aufgabe, Verbündete und Realisierungsmöglichkeiten zu suchen, und entbindet damit von der Probe aufs praktische Exempel.

Für die Reformpädagogik wird damit eine bis heute wirksame, aber höchst ambivalente Argumentationsfigur vorgegeben: alles im wesentlichen besser zu *wissen,* aber nicht *machen* zu können; und da man »alles« nicht (auf einmal) machen kann, hilft das Einzelne, das Stückwerk nicht *wirklich* weiter. Mit pädagogischem Enthusiasmus und Engagement dieser Provenienz geht einher Realitätsverlust, wenn nicht Realitätsverleugnung, gepaart mit Illusionierung. Deshalb ist auch hier das Geschäft der Entmythologisierung angezeigt, das Auskühlen des Überschwenglichen, die Pflege von »Tatbestandsgesinnung« (Bernfeld).

Gewiß. Aber jeder aufs Neue anrührende »große Blick« eines Kindes, der Blick in den dunklen Spiegel seiner Seele und seines Lebens, fordert mit emotionaler Macht Eltern und Erzieher heraus, zu sein oder zu werden, was Rilke an Ellen Key rühmte: »Anwälte und Apostel« des Kindes. *Mehr kann nicht* und *weniger darf nicht* gefordert werden – um der Kinder in ihrer Unbehilflichkeit und wegen der ihnen versprochenen Zukunft willen. *Deshalb* sind auch heute dem Buch viele Leser zu wünschen – manches mögen sie befremdlich finden, anderes abwegig, jenes unsinnig, dieses übertrieben oder unrealistisch: wenn sie wenigstens anfangen, ihren eigenen Umgang mit Kindern und Heranwachsenden auch einmal mit *anderen* Augen zu sehen.

Anmerkungen

1 Friedrich Paulsen: Väter und Söhne (1907). Wiederabgedr. in: Ders.: Gesammelte Pädagogische Abhandlungen. Hrsg. v. Eduard Spranger. Stuttgart/Berlin 1912, S. 497–516, S. 507.
2 Ebd., S. 503.
3 Ebd., S. 508.
4 Ebd., S. 504.
5 Artikel »Mythos, Mythologie«, in: Historisches Wörterbuch der Philosophie, 6. Bd., Basel/Stuttgart 1984, Spp. 281–318.
6 Dazu die Angaben bei Reinhard Dräbing: Der Traum vom »Jahrhundert des Kindes«. Geistige Grundlage, soziale Implikationen und reformpädagogische Relevanz der Erziehungslehre Ellen Keys. Frankfurt a. M./Bern usw. 1990. Diese Untersuchung enthält auch eine vollständige Bibliographie der Veröffentlichungen von und über Ellen Key.
7 Dräbing, S. 42 ff. – Jürgen Reyer: Alte Eugenik und Wohlfahrtspflege. Freiburg in Br. 1991.
8 Vgl. Wilhelm Voßkamp (Hrsg.): Utopieforschung. Interdisziplinäre Studien zur neuzeitlichen Utopie. 3 Bde., Frankfurt a. M. 1982.
9 Jörn Rüsen: Utopie und Geschichte. In: Voßkamp (Hrsg.), Bd. 1, S. 356–374.
10 Rüsen, S. 358.
11 Vgl. dazu die Schriften von Ellen Key: Mißbrauchte Frauenkraft. München 1898, u.ö.; Über Liebe und Ehe. Berlin 1904 u.ö. sowie ihre Aufsatzsammlungen (Bibl. bei Dräbing)
12 Biographischer Abriß bei Dräbing, S. 37 ff.
13 Theodor Wilhelm in seiner Einleitung zu den »Grundschriften der deutschen Jugendbewegung«, hrsg. von Werner Kindt, Düsseldorf/Köln 1963 (= Dokumentation der Jugendbewegung, Bd. I.), S. 7–29.
14 Rainer Maria Rilke: Sämtliche Werke. Hrsg. von Ernst Zinn. Bd. 5, Frankfurt a. M. 1965, S. 584 ff., S. 586 f.
15 Vom Kinde aus. Arbeiten des Pädagogischen Ausschusses der Gesell-

schaft der Freunde des vaterländischen Schul- und Erziehungswesens zu Hamburg. Hrsg. von Johannes Gläser. Hamburg/Braunschweig 1920. – Theo Dietrich (Hrsg.): Die pädagogische Bewegung »Vom Kinde aus«. Bad Heilbrunn [4]1982.

16 Wilhelm Flitner/Gerhard Kudritzki (Hrsg.): Die deutsche Reformpädagogik. Band I: Die Pioniere der Pädagogischen Bewegung. Stuttgart [2]1982. – Hermann Röhrs (Hrsg.): Die Reformpädagogik des Auslands. Stuttgart [2]1982.

17 Wolfgang Scheibe: Die Reformpädagogische Bewegung 1900–1932. Weinheim 1969 u.ö. – Theodor Wilhelm: Pädagogik der Gegenwart. Stuttgart [5]1977. – Jürgen Oelkers: Reformpädagogik. Eine kritische Dogmengeschichte. Weinheim/München 1989. – Hermann Röhrs: Die Reformpädagogik. Ursprung und Verlauf unter internationalem Aspekt. Weinheim [3]1991.

18 Oelkers, S. 59ff.: Pädagogische Reformdiskussion am Jahrhundertende.

Die Aktivität des Lernenden

JEAN PIAGET

Über Pädagogik

BELTZ
Taschenbuch

»Über Pädagogik«, 1998 erstmals erschienen, vereinigt bisher unveröffentlichte und völlig unbekannte Aufsätze von Jean Piaget zur Pädagogik des Kindes und wurde in Frankreich als wissenschaftliche Sensation gefeiert.

Der bekannte Entwicklungspsychologe beschäftigt sich darin mit der Formulierung von Grundsätzen einer »modernen Pädagogik«, welche die Aktivität des Kindes und seine Wissensbedürfnisse in den Vordergrund stellt, was der Autor »self government« des Kindes nennt. Er geht davon aus, daß im Rahmen der kognitiven Entwicklungsstufen des Kindes nur die selbständige geistige Aktivität zu wirklichen Lernerfolgen führt und wendet sich damit gegen eine einseitige Wissensvermittlung von seiten des Lehrers. Aktuell und bisher weitgehend unbekannt ist sein Plädoyer für eine national übergreifende und Feindbilder abbauende Pädagogik, die er im Rahmen seiner Arbeit für die UNESCO propagiert hat: Eine Erziehung zum Frieden ist für ihn nur möglich, wenn die Pädagogik auf Strukturen gegenseitiger Achtung und länderübergreifender Kooperation auch der Kinder zurückgreift.

Jean Piaget
Über Pädagogik
Deutsche Erstausgabe
Beltz Taschenbuch 1, 288 Seiten
ISBN 3 407 22001 4

BELTZ
Taschenbuch